复旦大学"外文学院多语研究创新团队"成果

高等教育
国际化背景下的多语教育与复旦模式

郑咏滟　黄　婷　主编

复旦大學出版社

作者简介

> 按章节顺序排列

郑咏滟 ｜ 香港大学应用语言学博士，复旦大学外文学院教授、博士生导师。国家级重大人才计划青年学者、复旦大学"卓识人才"、中美富布赖特研究学者(2016—2017)、香港大学田家炳计划访问学人资助获得者(2014年2月)、上海市浦江人才(2012)、香港大学太古学者(2006—2010)。近年来在国际、国内学术刊物发表中英文学术论文90余篇。出版中英文专著3本，主持国家社科基金后期资助重点项目、国家社科基金一般项目、国家语委重点项目、上海市哲学社科、教育部人文社科项目等省部级以上项目，主持国家级线上线下混合式一流课程、上海市重点课程、上海市重点教改项目、复旦大学校级教改重点项目等。担任国际高水平期刊 Language, Culture and Curriculum 主编，国际高水平期刊 System 联合主编。

黄 婷 ｜ 荷兰格罗宁根大学应用语言学博士，复旦大学外国语言文学博士后流动站博士后(2021—2023)。曾获得"国家建设高水平大学公派研究生项目""中国博士后交流计划引进项目"以及"中国博士后科学基金面上资助项目"等资助。研究方向为第二语言习得、第三语言习得、复杂动态系统理论、多语学习者写作与口语能力水平发展以及多语制等。主要研究成果发表于 Journal of Second Language Writing，International Journal of Bilingual Education and Bilingualism，International Journal of Multilingualism，System 以及《现代外语》等国内外期刊。

邱译曦 ▎复旦大学外国语言学及应用语言学博士生,复旦大学与澳大利亚新南威尔士大学联合培养博士生。研究方向为语言政策与规划、全英文学位项目等。主要研究成果发表于 Journal of Multilingual and Multicultural Development, Language and Education, 以及《语言战略研究》等期刊。

崔惠玲 ▎复旦大学应用语言学博士,复旦大学外文学院韩国语言文学系副教授。研究方向为语言政策与规划、语言与身份认同、话语分析等。已主持完成多项国家级和省部级以上科研项目,出版两部学术专著和一部译著,主要研究成果发表于 Journal of Multilingual and Multicultural Development,《民族语文》《中国语言战略》《复旦外国语言文学论丛》等国内外学术期刊。

冯予力 ▎香港城市大学语言学博士,复旦大学英文系副教授。研究方向为形式语义学,主持国家社科项目2项、教育部人文社科项目1项。曾获得上海市哲学社科优秀成果二等奖等荣誉,并入选复旦大学"卓越2025"人才计划。主要研究成果发表于 Language & Linguistics,《中国语文》《外语教学与研究》《当代语言学》《外国语》等期刊,并为 Oxford research encyclopedia of linguistics,《中国大百科全书》等权威学术百科撰写语言学条目。

戴俊伊 ▎复旦大学外国语言学与应用语言学专业硕士研究生。

曾　婷 ▎复旦大学俄语语言文学博士,上海第二工业大学外语与文化传播学院副教授,俄罗斯科学院语言研究所访问学者。主持教育部人文社科基金项目和上海市教育科学研究一般项目2项,参与国家社科基金重大专项1项,出版学术专著2部、译著2部,参编教材1部,在国内外核心刊物发表学术论文20余篇。

陈　豪　西班牙马德里康普顿斯大学语言学院西班牙语语言文学方向博士，复旦大学西班牙语系讲师。研究方向主要为西班牙语世界的国际中文教育、语言学等。在国内外核心刊物上发表多篇论文，主持中华学术外译项目1项，出版专著1部。

颜　滢　复旦大学外国语言学与应用语言学博士生在读，云南大学外国语学院讲师。研究方向为语言政策与规划、教育语言学、双语和多语研究。

梅子雯　加拿大不列颠哥伦比亚大学语言与语言素质教育博士生在读，本科毕业于复旦大学英语语言文学专业，硕士毕业于哈佛大学教育学院。目前研究方向为语言政策及规划、多语实践与教育、移民与流动家庭语言政策、身份认同与语言投资、社会物质性等。过往研究发表于美国教育研究协会（AERA）、亚洲读写学术会（AWRA）和学术期刊 *Current Issues in Language Planning* 等。

廖　静　上海外国语大学阿拉伯语博士，复旦大学外文学院阿拉伯语副教授，复旦外文学院多语种中心副主任，复旦大学中东研究所兼职研究员。研究方向为阿拉伯语语言教育、阿拉伯文化等。出版学术专著、教材各1部，发表论文20余篇，主持教育部社科等省部级项目3项，获得上海市研究生优秀成果等省部级奖励2项。

刘佳琦　日本早稻田大学应用语言学博士，复旦大学外文学院副教授，外国语言研究所副所长，日文系副主任，上海市浦江人才，复旦大学卓学人才。研究方向为跨语言语音习得发展、语音可视化教学、多语学术实践与发展。近年来主持省部级以上科研项目5项，出版学术专著3册，以第一作者在 *Circle of Applied Linguistics for Communication*, *SAGE Open*, *Waseda Studies in Japanese Language Education*,《外语学刊》《当代外语研究》《日语学习与研究》等发表学术论文30篇。

鹿秀川 | 西班牙马德里自治大学语言学博士,现任复旦大学外文学院西班牙文系副教授、硕士生导师,英国伯明翰大学教育学院访问学者,上海市浦江人才。复旦大学多语研究创新团队成员。研究方向为二语习得,多语及多语教育研究,汉西英语法对比等。主持国家社科项目1项,省部级人才项目1项,语合中心项目1项,参与省部级以上项目多项。近年来以中英西三语发表论文20余篇,其中包括多篇 Language Teaching Research, Applied Linguistics Review, The Modern Language Journal, Círculo de Lingüística Aplicada a la Comunicación 等 SSCI 索引期刊文章,出版学术专著2部、译著2部。

前　言

　　世界上的语言多种多样，文明形态各有特色，交织成一幅绚烂的语言文化多样性图景。然而，据 Ethnologue 统计表明，世界上目前存在的 7 000 多种语言的使用人口分布极其不均衡，其中 200 种语言使用者就已覆盖全世界 88% 的人口。这 200 种语言涵盖了 88% 的人口的第一语言或者第二语言。与之对应的是，40% 的语言属于濒危状态。如何保护、发扬不同的语言，成为语言政策与规划的一个重要议题。如何通过语言教育来维护世界语言文化多样性，成为当今学界的一个热点。

　　语言教育规划是语言政策与规划领域的一个新兴方向。美国语言学家罗伯特·库珀率先在《语言规划与社会变迁》(1989)一书中提出了"语言教育规划"或"语言习得规划"的概念，使得教育领域中语言规划的努力得以正名，该方向也获得更为广阔的发展前景。语言教育规划指的是为了培养和维护个体乃至群体的语言熟练程度（作为语言环境或语言生态的一部分）所采取的措施，这些语言学习的目标一般通过正规的、外在的教学系统完成。因此，在全球化日益深化的今天，无论是母语、外语、民族语言、祖承语的学习都是在语言教育规划的管理范畴内。本书集中讨论外语教育规划。

　　我国的外语教育规划与我国的现代化、国际化进程同频共振。改革开放四十多年以来，我国外语教育成绩斐然，特别是英语教育取得了巨大成效，培养了大批能够熟练使用这门国际通用语的各行各业人才。近年来，随着我国"一带一路"倡议的提出与全面推进，国家对掌握多种外语能力的"复语型"人才的需求日益加强。2018 年教育部提出第二外语、第三外语公共外语教学改革,标志着我国外语教育规划的多语转向。在党的"二十大"精神指引下,高等教育的多语人才培养成为外语教育工作者新的任务和挑战,更是增强国际传播力、讲好中国故事、传播好中国声音的高端人才基础。

复旦大学外国语言文学学院的多语研究创新团队成立于2015年,历经多轮资助,该团队为2015—2016年度复旦大学人文社会科学青年创新团队(外文学院语言学方向),2017—2019年度复旦大学"双一流"建设"多语种能力培养模式及第二外语习得理论研究"创新团队,2020年获批复旦大学人文社科青年融合创新团队,2022年得到持续资助。通过八年来的持续建设,团队聚焦双语与多语研究,已经成为国内领先的多语研究创新团队,在国际上形成较大影响。团队在内部横向打破语种壁垒,纵向联通人才培养,以问题为导向,多语融合,创建一套适合外国语言文学学科研究型人才培养的文科研究生组合模式,以多语研究创新团队为平台,设立了三个研究方向的研究小组,为人才培养提供了有力保障。团队在外部积极探索国际学术交流与合作,构建国际研究合作平台。以多语研究的共同兴趣为基础,开展跨国、跨校联合指导研究生、联合组织论坛和国际会议,分享最新研究成果。复旦外文多语研究创新团队联合德国汉堡大学和澳大利亚麦考瑞大学,成功申请到德国教育部 Next Generation Partnerships Scheme(下一代合作伙伴计划)项目,并作为核心参与者创立了超过40位全球知名学者参与的 Next Generation Literacies Network(新世代读写网络)研究联盟。复旦外文多语研究创新团队如今站在更广阔的国际平台上传播中国学者的学术成果,并向国际听众讲好中国语言教育的故事、分享中国语言教育的经验。

本书对团队成立以来的成果进行了阶段性总结。本书的作者既有英语、西班牙语、日语、韩语、俄语、阿拉伯语研究方向的教师,也有博士后、博士生和往届毕业学生的参与,充分体现了科研育人、师生共研的精神内涵。本书的内容植根于外语教育规划领域,既有宏观的国别区域语言政策研究,也有微观的语言教育和语言习得研究。我们试图在书中促成理论与实践的对话,形成宏观与微观衔接研究的交集。我们希望借本书出版的机会,向国内学界呈现比较完整的国际视野下的多外语教育图景,也为我国的多语教育政策与规划行动提出更多启示。目前在我国外语教育领域,高等院校机构层面的多语教学理论与实践尚属空白,缺乏同类著述。我们希望本书能够为那些对高校多外语教育规划、课程设置感兴趣的老师、同学提供有用的信息,为语言教育与规划领域补充一些参考资料。不过,由于本人学识和能力有限,书中难免有疏漏错误,敬请学界同仁和读者多多指正、不吝赐教。

郑咏滟
2023 年 12 月
于复旦大学外文楼

目 录

第一部分 理论溯源

第一章 高等教育国际化与外语教育 001
1.1 知识生产与传播领域的单语化倾向 002
1.2 世界范围内外语教育的衰落 004
1.3 中国外语教育的多语战略 006
1.4 本书结构 008
参考文献 009

第二章 多语能力发展与多语教育教学 011
2.1 引言 011
2.2 多语制概况 011
2.3 多语世界中的多语教育与研究 013
2.4 多语学习与教育的三个重要理论和方法论模型 014
2.5 "动态多语模型""聚焦多语制"以及"超语实践"对多语教育与研究的启示 020
2.6 结语 027
参考文献 028

第二部分 国际视野

第三章 日本高校的多外语教育 033
3.1 引言 033

3.2　斯波斯基的语言政策理论　　　　　　　　　　　　034
3.3　新自由主义和高等教育国际化中的英语化倾向　　035
3.4　日本高等教育国际化中的语言政策与国际留学生　036
3.5　研究问题与方法　　　　　　　　　　　　　　　037
3.6　结果　　　　　　　　　　　　　　　　　　　　038
3.7　讨论　　　　　　　　　　　　　　　　　　　　043
3.8　结语　　　　　　　　　　　　　　　　　　　　046
参考文献　　　　　　　　　　　　　　　　　　　　　047

第四章　韩国高校公共外语政策经验及启示　　　　　050
4.1　引言　　　　　　　　　　　　　　　　　　　　050
4.2　韩国政府及高校的外语教育政策　　　　　　　　052
4.3　韩国高校公共外语培养模式　　　　　　　　　　054
4.4　韩国高校公共外语教育经验及启示　　　　　　　059
参考文献　　　　　　　　　　　　　　　　　　　　　060

第五章　大湾区的多外语教育　　　　　　　　　　　062
5.1　引言　　　　　　　　　　　　　　　　　　　　062
5.2　大湾区的教育合作发展与语言教育　　　　　　　063
5.3　香港高校多外语教育　　　　　　　　　　　　　068
5.4　澳门高校的多外语教育　　　　　　　　　　　　082
5.5　结语　　　　　　　　　　　　　　　　　　　　088
参考文献　　　　　　　　　　　　　　　　　　　　　090

第六章　中亚地区高校的多外语教育　　　　　　　　091
6.1　引言　　　　　　　　　　　　　　　　　　　　091
6.2　中亚地区高校的外语教育政策　　　　　　　　　093
6.3　中亚地区高校的外语教育规划　　　　　　　　　098
6.4　中亚地区高校外语使用状况　　　　　　　　　　103
6.5　中亚地区高校外语教育政策实施特点　　　　　　108
6.6　中亚地区高校外语教育政策对我国的启示　　　　112
6.7　结语　　　　　　　　　　　　　　　　　　　　115

    参考文献　　115

第七章　西班牙高校的多外语教育政策——自治区横向对比　　117
    7.1　引言　　117
    7.2　西班牙高校的外语使用状况　　119
    7.3　西班牙高校外语教育政策的演进　　120
    7.4　西班牙双语自治区高校外语教育政策的实施情况　　127
    7.5　西班牙高校多外语教育政策评价和对我国的启示　　140
    7.6　结语　　146
    参考文献　　146

第八章　北欧高校的多语教育政策　　151
    8.1　引言　　151
    8.2　北欧多语教育政策演进的历史背景　　152
    8.3　北欧的平行语言政策　　153
    8.4　研究问题与方案　　154
    8.5　结果　　159
    8.6　讨论　　168
    8.7　结语　　171
    参考文献　　172

第九章　中东欧高校的多外语教育　　176
    9.1　引言　　176
    9.2　中东欧四国的多外语教育　　177
    9.3　中东欧四国的多外语教育对我国的启示　　200
    参考文献　　204

第十章　阿拉伯国家外语教育政策：成效与问题　　207
    10.1　引言　　207
    10.2　研究设计　　208
    10.3　推行一门外语为主、多门外语兼修的外语教育政策　　210
    10.4　推行教学媒介语多元化的外语教育政策　　213

10.5　外语教育政策与母语教育政策的平衡　　　　216
10.6　阿拉伯国家外语教育政策的问题与思考　　　218
10.7　结语　　　　221
参考文献　　　　222

第三部分　复旦模式

第十一章　复旦多语教学模式探索　　　　224
11.1　引言　　　　224
11.2　高等院校多外语教育现状与挑战　　　　226
11.3　复旦大学外文学院"一体双翼"多外语人才培养模式　　　229
11.4　结语　　　　233
参考文献　　　　233

第十二章　中国学生多外语语音习得的路径研究　　　　236
12.1　引言　　　　236
12.2　文献综述　　　　237
12.3　研究方法　　　　242
12.4　研究结果　　　　245
12.5　讨论　　　　248
12.6　结语　　　　252
参考文献　　　　252

第十三章　中国大学生英西双语动机探索研究　　　　257
13.1　引言　　　　257
13.2　文献回顾　　　　258
13.3　研究方法　　　　261
13.4　结果与讨论　　　　264
13.5　结语　　　　269
参考文献　　　　270

重要术语中英对照　　　　273

表格目录

编号	标题	页码
表 3-1	日本 37 所"顶尖全球化大学计划"试点大学	038
表 3-2	日本 37 所"顶尖全球化大学计划"EMI 项目对留学生的语言分数要求	040
表 4-1	韩国六所高校现状	051
表 4-2	韩国高校公共外语课程设置	055
表 4-3	韩国高校公共外语修读政策	056
表 4-4	韩国高校公共外语教学方式	057
表 4-5	韩国高校公共外语师资规定	058
表 4-6	韩国延世大学 2018 年春季学期公共外语听课人数统计	059
表 5-1	香港八所 UGC 资助高校开设外语课程的语种	069
表 5-2	香港八所高校中负责外语教学的单位	070
表 5-3	香港八所高校的英语课程主要分类	071
表 5-4	香港高校非英语外语课程开设情况	078
表 6-1	中亚国家语言人口情况简表	092
表 6-2	卡拉干达国立技术大学冶金专业各年级多语课程一览表	104
表 6-3	卡拉干达国立技术大学 2017—2020 年多语教育实施计划一览表	104
表 7-1	西班牙高等教育发展概览	117
表 7-2	西班牙高校开设外语相关学位及专业情况统计	119
表 7-3	外语教学进入西班牙国民初、中等教育体系的标志性文件及其规定	121

表 7-4	UCM 外语等级学分认定情况表	128
表 7-5	UCM 2018—2019 年双语授课专业一览	129
表 7-6	UCM 2018—2019 年开设英语或其他外语课程的专业一览	130
表 7-7	UB 本科全英语授课专业列表	134
表 7-8	UPV/EHU 部分院所教学计划中的多语主义计划	137
表 8-1	欧洲 EMI 项目数综合排名——前 12 国	162
表 8-2	北欧高校学术发表的英文使用比例	162
表 8-3	北欧各国 2017—2021 年 EMI 项目数对比	163
表 8-4	北欧各国典型高校语言管理机构及职能	166
表 9-1	保加利亚高校提供的外语课程	180
表 9-2	保加利亚大学中文系教学情况	182
表 9-3	外语课程和英语作为教学用语课程（EMI）的数量	194
表 9-4	外语课程：教学用语	194
表 9-5	波兰高校中最受欢迎的 15 个英语作为教学用语的专业	194
表 9-6	基于全国学习总人数的外语学习者权重	198
表 9-7	18 岁以上学生学习的第一外语和第二外语	199
表 10-1	参与者的背景情况	209
表 10-2	西亚主要阿拉伯国家的外语教育政策	210
表 10-3	北非主要阿拉伯国家的外语教育政策	211
表 10-4	英语作为教学媒介语的阿拉伯国家	213
表 10-5	法语作为教学媒介语的阿拉伯国家	215
表 12-1	汉语普通话的送气音和不送气音的 VOT 平均值	238
表 12-2	英语词首塞音的 VOT 平均值	239
表 13-1	被试者分组情况表	263
表 13-2	两组均同意与均不同意的陈述和对应 Z 值	264
表 13-3	因子 1 的动机态度描述	265
表 13-4	因子 2 的动机态度描述	266

图表目录

图 2-1 "聚焦多语制"方法论视角下整体语言观 ·················· 018
图 6-1 谢福林农业技术大学多语专业数量增长图 ·················· 105
图 7-1 2005—2006 学年和 2013—2014 学年开设通用英语和技术英语
       课程的西班牙高校数量比较 ·················· 125
图 9-1 2001—2022 年高等教育阶段外语学习人数 ·················· 189
图 12-1 PRAAT 6.0 "EXPERIMENT MFC 6"感知实验画面 ·················· 244
图 12-2 学习者 L2 的清浊塞音 VOT 分布情况 ·················· 246
图 12-3 L3 的清浊塞音感知实验的平均正确率 ·················· 246
图 12-4 L3 学习者的感知正确率(ACC)与母语者的清塞音 VOT 值之间
        的相关性 ·················· 247
图 12-5 三语的清塞音 VOT 值的分布区间 ·················· 249
图 13-1 Q 排序量表 ·················· 262
图 13-2 英语专业学生学习西班牙语的双外语动机分类 ·················· 268

第一部分

理 论 溯 源

第一章

高等教育国际化与外语教育

◎ 郑咏滟

人类社会进入全球化时代以来,整个世界经历了翻天覆地的变化:新经济模态、新科技带来的变革势不可挡,技术革命、互联网、大数据、人工智能等新名词、新现象让人猝不及防。瞬息万变的国际局势、突发公共卫生危机、环境恶化,都给世界各国人民带来了巨大挑战。这些挑战是由全人类共同面对的,不可能由一个国家、一个民族、一个机构仅仅依靠自身力量解决,而是需要世界各国从各个不同层面、不同维度共同参与与合作。而达成高效率合作的有效途径之一便是通过教育合作提供知识、人才和解决方案。教育不仅是经济全球化进程中的竞争工具,更是构建人类命运共同体、实现人类社会美好未来的重要途径。因此,全世界高等教育联合起来,能够为破解全球性难题提供丰富的人力资源和方法路径。

联合国教科文组织所属的国际大学联合会把高等教育国际化定义为将跨国和跨文化的观点和氛围与大学的教学、科研和社会服务等主要功能结合的过程。高等教育国际化是一个不断发展的概念,在不同国家和地区也呈现不同的发展态势。《国家中长期教育改革和发展规划纲要》提出,中国的高校需要培养大批具有国际视野、通晓国际规则,能够参与国际事务和国际竞争的国际化人才。这样的人才,需要具有多元文化沟通、交流和理解能力,而这些能力都离不开语言能力。在此背景下,我们有必要依托高等教育国际化的大背景来探讨外语教育的重要作用与核心任务。

1.1 知识生产与传播领域的单语化倾向

世界著名的语言研究服务网站"民族语言网"(The Ethnologue)①2021年发布的第24版世界语言状况报告估计,全世界共有7 139种"活"语言,即仍然在被人使用的语言。但是,其中有40%的语言属于濒危状态,使用其中某一种语言的人口数量不超过1 000人。与此同时,全世界一半以上的人口使用了23种语言。换言之,语言的使用呈现出典型的长尾效应:全世界94%的人口使用不到5%的语言种类。其中,世界上使用人口最多的语言依次是:英语、汉语、印地语、西班牙语、标准阿拉伯语、孟加拉语、法语、俄语、葡萄牙语、乌尔都语。从语言生态学的视角看,这些不同的语言之间相互交织,平衡互补,构成了丰富多彩的地球语言生态。

然而,尽管世界上的语言多姿多彩,这种人类文明形态和语言使用的多样性却并未在知识生产和传播领域得到相应的体现。相反,语言单一化的倾向愈发明显。皮勒(Piller, 2016)调查了维基百科词条中使用的语言,发现仅有295种语言用于全球知识传播。这些语言并非势均力敌。其中291种语言仅有很少词条被使用,而15种语言的词条达到了100万条以上。在这15种语言中,英语位居第一,其词条数量是第二名的2.5倍。维基百科作为全球最大的免费知识库,英语的词条占有的统治地位彰显了在知识生产与传播领域语言的单语化效应。换言之,人类的知识已经逐渐从千种语言储存、传播的模式,慢慢过渡到由英语单一语言储存、传播的方式。

纵观历史,我们其实可以看出,英语并非一直处于统治地位,英语的崛起也绝对不是一蹴而就的过程,而是杂糅了复杂社会文化、历时政治因素的结

---

① 引自 https://www.ethnologue.com/about,2021年6月2日读取。

果。语言变迁是世界政治变动的结果,现今的全球语言系统很像是18、19、20世纪政治地图合并而成(de Swaan, 2001),语言的崛起(或衰落)受世界政治影响的程度可见一斑。欧洲中世纪通用的学术语言是拉丁语。15世纪开始,随着文艺复兴运动,拉丁语的地位逐渐被取代,法语、英语、德语、意大利语和俄语陆续成为欧洲的科学语言。18世纪伊始,英语的地位随着大英帝国的崛起逐渐提升。然而,一直到20世纪初,英语并非唯一的学术语种,法语、德语、俄语在当时都平分秋色。英语真正完成其对学术交流语言的统治是在第二次世界大战之后。战争摧毁了德法学术界。大量德国和法国的科学家移民到美国,帮助美国巩固了其在学术界的霸主位置。在该历史条件下,英语超越了德语、法语、西班牙语等传统的学术语种,一跃成为最主要的国际学术语言(Ammon, 1998, 2001)。新千年以来互联网的迅猛发展使英语全球化愈发变得势不可挡,进一步加剧了在知识生产与传播领域的英语单语化倾向。

  普林斯顿大学著名的历史学家迈克尔·戈丁(Michael Gordin)专注于科学史研究。在其著作 *Scientific Babel: How Science was Done Before and After Global English* 一书中,从历史的角度描述了科学语言在几个世纪以来的变迁(Gordin, 2015)。他认为英语并不比其他语言高级,用中文或斯瓦希里语做学术研究不会阻碍人类科学技术的进步。只不过由于各种经济和地缘政治的博弈,英语成为了科学研究的主要语言。统一语言做研究可以集中力量、提高效率。试想,全球如今的7 000多种语言,如果全部用于学术交流,大量知识难免流失。在18和19世纪,欧洲的科学家为了跟上学科动向,不得不去花费大量时间学习法语、德语和拉丁语。随着英语成为主流,科学家的语言学习负担大大减轻。一种统一的国际语言能使科学交流变得更加高效,而正因为近百年来科学专业术语主要用英语定义,英语凝结了百年来的人类知识和经验,英语在科学研究上的统治地位还会持续相当长的时间。但这种情况也造成了很多不平等,在非英语国家中,除了受过良好教育的人,其他人的科学探索之路恐怕从一开始就被封死。从知识竞争的角度,英语单一化的倾向已经成为无法忽略的现实。

1.2　世界范围内外语教育的衰落

事实上,维基百科的词条的语言多样性缺失仅仅是冰山一角。更为显著的是在整个教育体系中多语言教育的衰落。2017年2月23日,《泰晤士报高等教育》发表了一篇题为"在全球化的世界里,我们还需要现代语言毕业生吗?"的文章①,六位作者分别是来自英国、美国、丹麦和澳大利亚的应用语言学家和现代语言教育专家,他们纷纷就当前民粹主义氛围下和英语全球传播时代中现代外语学习的"衰落"表达担忧。文中也列出了一些数据:16岁之前至少学习一门现代语言的英国在校学生人数从1995年的55%降至2013年的22%;离开中学时掌握三门现代语言的丹麦学生人数从2000年的40%骤降至2016年的仅4%(Kelly et al., 2017, February 23; Tinsley, 2018)。

在英美国家,由于财政问题和重大政治事件——英国脱欧(Brexit)和美国特朗普咄咄逼人的孤立主义兴起——都对整体的现代语言教育产生非常深远的影响(Lanvers, Doughty & Thompson, 2018)。2017年,英国曼彻斯特大学由于财政紧张,决定裁掉德语、法语、意大利语、希伯来语和西班牙语专业的相关教师,引发了大规模的媒体讨论。②

特别是在英国脱欧之后,英国本地学生学习外语的热情显著下降。原先在英国高校里的外语专业学习课程中规定,三年级学生需要去其他国家交换一年才能取得对象语言的学位,但是由于英国不再参与EU Erasmus交换计划,传统的欧洲语言交换项目受到了签证政策、资金支持等客观条件变化的影响。事实上,2020年英国各个大学的现代语言专业招生与十年前相比已经降低了30%③。诸如此类现代语言衰落的现象,反映了全球英语崛起与学习其他语言兴趣减弱之间的矛盾,前者在全球学校课程中占据重要地位。

---

① 在国际学界,现代语言(modern languages)教育便是我们所说的外语教育,属于国民教育体系的一个重要组成部分。
② https://www.theguardian.com/education/2017/may/20/alarm-raised-over-modern-languages-cuts-at-manchester-university.
③ https://www.theguardian.com/education/2021/feb/19/fears-language-degrees-at-risk-as-erasmus-replacement-focuses-on-uk-trade-agenda.

2020年全球疫情以来，由于经济衰退，现代语言的教育雪上加霜。美国西弗吉尼亚大学作为弗吉尼亚州最大的公立大学，面对4 500万美元的预算削减，于2023年8月宣布计划取消28个专业，其中包括三分之一的教育专业和全部外语专业。经过学生和老师的抗议和协商，最终9月份大学决定仅仅保留2个外语专业。该事件引起了广泛讨论。正如美国现代语言学会（Modern Language Association）发表的声明①，语言和文化在人类命运共同体的构建中一直扮演着不可或缺的角色：

> 考虑COVID-19的传播、全球环境退化以及这个国家在种族问题上的深刻分歧，我们对这些挑战的集体回应源于对人类行为的理解、对引导我们的故事和信仰的理解、对我们建立和共享的文化和价值观的理解，以及对过去和现在的思想家的远见卓识的理解。詹姆斯·鲍德温写道："远见消失之处便是人之灭亡。"
>
> 在这历史的关键时刻，人文知识——语言、历史、文化、艺术、人类学、哲学、政治学、心理学、修辞学、社会学、区域研究和跨学科领域的研究——对于展望和实现世界更美好的未来至关重要。因此，我们认为人文教育和学术研究必须继续成为校园社区和对话的核心。

正因为如此，知识生产领域中的语言单一性、世界范围内（尤其以英美国家为主）外语教育的衰落，都对人类命运共同体的语言多样性、文化多样性产生了深远的负面影响。文化的差异常常蕴藏在不同语言的语义结构甚至修辞传统中，这就使得很多概念无法有效翻译（Belcher，2009；Hyland，2015）。从语言生态学观点看，随着本土语言的消失，许多蕴含在语言中的本土知识也会随之消亡，为全球的语言生态、生物多样性带来灾难性影响（Skutnabb-Kangas & Phillipson，2008）。地球生态圈需要保持生物多样性以保持物种繁衍的活力，人类知识与文明的生态圈同样也需要保持知识传统、研究问题、知识种类以及

---

① https://www.mla.org/Resources/Advocacy/Executive-Council-Actions/2020/Joint-Statement-on-COVID-19-and-the-Key-Role-of-the-Humanities-and-Social-Sciences-in-the-United-States.

承载这一切的语言媒介的多样性。在这个过程中,外语教育起到了至关重要的作用。

1.3　中国外语教育的多语战略

由于人口众多,中国外语学习者人数稳居世界第一位。全球化时代见证了全球英语学习者人数的显著增长,全世界英语使用者人数约为17.5亿,占世界人口的四分之一。其中,亚洲是世界上讲英语人数最多的地区(Cheng, 2012),中国有近4亿不同水平的英语使用者(Wang, 2015)。在中国的教育体系中,英语自20世纪80年代初以来一直是中学和大学课程中的必修课,并于2001年成为国家规定的小学课程中的必修课。英语教育与中国政府扩大和深化中国在国际舞台上参与政治、经济和文化活动的努力密切相关(Bolton & Graddol, 2012)。

当前的语言教育图景也凸显了英语在中国外语教育中的主导地位。反过来说,中国在促进和维持英语的全球主导地位方面也发挥了至关重要的作用。然而经常被忽视的是,中国语言学习者总体数量庞大,也可能成为促进和维持非英语外语教育的关键角色。例如据日本国际交流基金会估计,2012年中国的日语学习者人数达到全世界第二位,比2009年增长了26.5%。中国大陆也是向法国、德国和西班牙等非英语国家输送留学生最多的地区。2014年,中国有19 792名学生参加了大学俄语测试和俄语专业测试,17 649名学生参加了大学德语测试和德语专业测试,10 741名学生参加了法语专业测试,10 563名学生参加了不同层次(本科、硕士和博士)的西班牙语专业课程(Wang & Xu, 2015)。由此可见,中国的外语教育不仅对英语作为全球语言的持续发展做出了最重要的贡献,对促进非英语多语种教育也起到了关键推进作用。

上文提及在世界很多国家和地区,尤其是英美两国,外语教育(现代语言教育)遭受了一定挫败,引发了众多媒体讨论和学者忧心。与之相反的是,中国政府已经充分意识到全球化不等于全球英美化,全球化过程中必然隐含多语言、多文化教育。从2015年开始中国提出的"一带一路"倡议,建设八年来取得了夺目的成果。尤其是其中提出的"民心相通",强调文化与学术交流、人才交换与合作、媒体合作、青年与妇女交流以及志愿者服务活动,在这些过程中都包含了对除英语以外多语种语言的学习教育需求。

2016年,教育部印发《推进共建"一带一路"教育行动》①,提出要与沿线国家一道,扩大人文交流,加强人才培养,特别是要提供人才支撑,培养大批共建"一带一路"急需人才,支持沿线各国实现政策互通、设施联通、贸易畅通、资金融通。该文件中,特别强调了语言的作用:

> 促进沿线国家语言互通。研究构建语言互通协调机制,共同开发语言互通开放课程,逐步将沿线国家语言课程纳入各国学校教育课程体系。拓展政府间语言学习交换项目,联合培养、相互培养高层次语言人才。发挥外国语院校人才培养优势,推进基础教育多语种师资队伍建设和外语教育教学工作。扩大语言学习国家公派留学人员规模,倡导沿线各国与中国院校合作在华开办本国语言专业。支持更多社会力量助力孔子学院和孔子课堂建设,加强汉语教师和汉语教学志愿者队伍建设,全力满足沿线国家汉语学习需求。

该文件中特别强调了"推进基础教育多语种师资队伍建设和外语教育教学工作""倡导沿线各国与中国院校合作在华开办本国语言专业"。这都为外语教育规划中的多语种战略转向提供了关键的政策指导性意见。2017年4月,教育部批准了超过30个高校设立20个非通用语专业,包括波斯语、希伯来语等,以往这些"一带一路"沿线国家的语言在中国外语教育课程体系中占有率较小,除了传统的外国语大学(例如北京外国语大学、上海外国语大学),少有其他大学开设相关专业。2018年,教育部相继组织出版了德语、法语、西班牙语的基础教育课程指南,至此这三个语种正式成为高考可选考的外语,在初中、高中课程体系中大规模铺开教学。目前,全国通过日、俄、法、德、西进行高考进入高校的学生达到50万人。2018年9月,教育部高教司召开公共外语教学改革的重要会议,对高校明确提出推动"一带一路"全球治理复合型人才培养要求,公共外语教学被纳入"国家战略"。这一系列的政策,都指向外语教育改革亟待展开。

---

① http://www.moe.gov.cn/srcsite/A20/s7068/201608/t20160811_274679.html.

多语种外语教育规划绝非一蹴而就。"一带一路"沿线国家近70个,语言近2500种,官方语言也有50余种。这些语言形成了一个丰富多彩的语言文化共同体(沈骑,蔡永良,张治国,韩亚文 & 董晓波,2019),也为我们的"一带一路"教育行动计划实施过程提出了诸多挑战。沈骑等(2019)就指出,为了提高国家外语能力,外语教育规划需要完成三大任务:(1)外语语种规划,特别是在"一带一路"语种布局和类型上需要合理安排,科学规划;(2)英语专业建设,"一带一路"的推进仍然离不开英语这个国际通用语,需要将英语专业建设更新换代,符合"一带一路"的建设需求;(3)大学外语改革,大学英语教育应该逐步扩大到大学外语教育,丰富公共外语语种,大力培养"一精多会""一专多能"的复合型人才,方能满足国家建设的需求。

如此大规模地扩展多语种外语教育可以说是史无前例的。在后特朗普时代和后英国脱欧时代,多语种的外语学习和教学如何有助于维持和促进多语制?何种机制能够促进多外语教育的可持续发展?教师、学生、语言政策制定者对此持有何种态度?新语言教育政策的实施如何影响教师,尤其是从事非英语多语种教学的教师个体职业发展?通过回答这些问题,我们或许能够更好理解如何在全球英语兴起的当今世界,更有效地在教育领域维护语言多样性、促进文化多样性,最终从中国视角、从亚洲视角来探讨多语种教育的可持续性发展,达到东西文明互鉴的目的。

1.4 本书结构

本书由三个部分组成。第一部分"理论溯源"从理论角度阐释国际上多语教育发展的趋势、多语教育规划与国家政策之间的联系、多语习得的特点和多语教育在中国本土环境中的特点;第二部分"国际视野"以国别方式分析东亚地区(日本、韩国、大湾区)、中亚、南欧(西班牙)、北欧、中东欧、阿拉伯地区等国家和地区在高等院校多语教育政策规划与实施的模式与特点;第三部分"复旦模式"以复旦大学的多语教育模式为分析案例,兼顾中观层面的项目实施与微观层面的学习者多语发展,着重讨论复旦多语教育模式推广到我国其他综合性大学人才培养计划的可行性。

本书是复旦外文多语研究创新团队集体智慧的结晶。围绕世界上多个国家和地区多语教育政策与规划,团队成员充分利用多语言优势展开深度研究,近年来产出了丰硕的成果,在国内重要的核心期刊和国外一流学术期刊中显示度较高,已经形成了较大的国内外影响力。因此,我们希望借本书出版的机会,将这些成果整理集成,构建出比较完整的高等教育国际化背景下多外语教育的图景,也为我国的多语教育政策与规划行动提出更多启示。

参考文献

Ammon, U. (1998). *Ist Deutsch noch internationale Wissenschaftssprache? Englisch auch für die Lehre an den deutschsprachigen Hochschulen*. Berlin: de Gruyter.

Ammon, U. (Ed.) (2001). *The dominance of English as a language of science*. Berlin: Mouton de Gruyter.

Belcher, D. (2009). How research space is created in a diverse research world. *Journal of Second Language Writing*, 18(4): 221-234.

Bolton, K. & D. Graddol. (2012). English in China today. *English Today*, 28(3): 3-9.

Cheng, L. (2012). Editorial: The power of English and the power of Asia: English as lingua franca and in bilingual and multilingual education. *Journal of Multilingual and Multicultural Development*, 33(4): 327-330.

De Swaan, A. (2001). *Word of the world: Global language system*. Cambridge: Polity Press.

Gordin, M. D. (2015). *Scientific Babel: How Science was Done Before and After Global English*. Chicago, IL: University of Chicago Press.

Hyland, K. (2015). *Academic publishing: Issues and challenges in the production of knowledge*. Oxford: Oxford University Press.

Kelly, M., Verstraete-Hansen, L., Gramling, D., Ryan, L., Dutton, J. & C. Forsdick. (2017, February 23). Do we need modern language graduates in a globalized world? *Times Higher Education* 2294: 32-39.

Lanvers, U., Doughty, H. & A. S. Thompson. (2018). Brexit as linguistic symptom of Britain retreating into its shell? Brexit-induced politicization of language learning. *The Modern Language Journal*, 102(4): 775-796. doi:10.1111/modl.12515

Piller, I. (2016). Monolingual ways of seeing multilingualism. *Journal of Multicultural Discourses*, 11(1): 25-33.

Skutnabb-Kangas, T. & R. Phillipson. (2008). A human rights perspective on language ecology. In A. Creese, P. Martin & N. H. Hornberger (Eds.), *Encyclopedia of Language and Education* (2nd ed., pp. 2898-2910). New York, NY: Springer.

Tinsley, T. (2018). Languages in English secondary schools post-Brexit. In M. Kelly

(Ed.), *Languages after Brexit: How the UK speaks to the world* (pp. 127-136). London: Palgrave Macmillan.

Wang, W. (2015). Teaching English as an international language in China: Investigating university teachers' and students' attitudes towards China English *System*, 53: 60-72.

Wang, W. & H. Xu. (2015). *Annual report on foreign language education in China* (2014) (F. L. T. a. R. Press Ed.). Beijing.

沈骑、蔡永良、张治国、韩亚文、董晓波.(2019).语言政策与规划大家谈——"一带一路"外语教育规划.《当代外语研究》(1):23-31.

第二章

多语能力发展与多语教育教学

◎ 黄　婷　郑咏滟

2.1 引言

本章首先介绍多语制的概况,浅析多语制与多语者的定义,随后指出个体成为多语者的最常见途径为接受多语教育,并从这一角度切入介绍多语教育,详细介绍了多语能力发展的心理语言学理论模型"动态多语模型"(Dynamic Model of Multilingualism, Herdina & Jessner, 2002)、多语教育与研究的方法论"聚焦多语制"(Focus on Multilingualism, Cenoz & Gorter, 2011)以及多语教育教学与研究的理论"超语实践"(Translanguaging, García & Li, 2014; Li 2018)。接着本章从多语能力发展的复杂动态性、多语学习者自身优势、多语系统的整体性以及多语学习和多语教育的社会文化属性四个方面探讨了以上三个理论和方法论模型对多语教育教学的启示,并在此基础上提出"教学超语实践"是本章对未来多语教育的展望。

2.2 多语制概况

据 Ethnologue(SIL 2022)统计,世界上目前存在 7 168 种语言,在这 7 168 种语言中,人口分布极其不均衡,其中 200 种语言就已覆盖全世界 88% 的人口。这 200 种语言涵盖了 88% 的人口的第一语言或者第二语言。全世界大部分人口都生活在多语环境之中,多语制(multilingualism)是现当代社会存在的一个不争的事实。由此可见，多语制是世界各地目前的普遍现象，随着全球化进程的加快，这一现象会在将来得到进一步的巩固和加深（Bhatia & Ritchie，2013）。

2.2.1 多语制

多语制指在一个特定的社会中存在着不同语言，且各语言之间相互接触，产生交互影响，生活在此社会中的人们掌握并使用多门语言的一种现象（Bhatia & Ritchie，2013；Li，2013）。多语制是一个包含了社会学、心理语言学以及语言学等方面的高度复杂的现象，因此多语制的研究通常宽泛且复杂，包括了个体多语者学习掌握和使用多门语言的具体实践和社会层面多语实践给社会文化带来的影响（Bhatia，2013）。因此，多语制现象又可分为个人层面的多语制和社会层面的多语制两个维度，其中，个人层面的多语制并不具有永久性，而社会层面的多语制往往具有相对持续的特质（Edwards，2013；Li，2013）。个人层面的多语制研究主要考察语言本体和个体心理语言学两个维度的多语现象，而社会层面的多语制研究则主要关注历史、教育、政治等社会维度上的多语并存现象与多语实践以及两者之间的交互关系（Edwards，2013）。

多语现象的形成有着多方面的社会因素。语言接触（language contact）是多语制形成的根本原因，是个体成为多语者以及社会成为多语社会必不可少的条件（Li，2013；Stavans & Hoffmann，2015）。语言接触通常是操不同语言的人群之间的接触，导致人口流动和人群接触的原因多种多样，包括殖民、联盟、新国家的建立等政治军事因素；饥荒、洪水、火山喷发等自然灾害因素，工作和生活等经济因素，旅游、学习等文化和教育因素，移动通信工具和互联网的普及等科技因素以及种族或宗教因素，等等（Edwards，2013；Li，2001，2013）。语言接触导致个人层面和社会层面的多语制的形成（Li，2013）。社会层面的多语制研究通常聚焦于语言规划与管理、语言维持与变迁等偏向语言社会学的研究。而个人层面的多语制研究则往往关注影响个体成为多语者的因素。这些因素主要为个体内部和外部社会文化环境两大类因素，前者包括个体心理或认知能力水平等，后者包括对待语言的态度、语言学习的动机、语言输入的质与量、语言教育以及语言政策和社会互动的模式等（Li，2013；

Stavans & Hoffmann，2015）。本章则主要探讨个体层面的多语制。

2.2.2 多语者

多语者是个体层面多语制的核心。多语者指能够使用两种或更多种语言进行社会交际活动的个体（Li，2013）。斯塔文斯和霍夫曼（Stavans & Hoffmann，2015）区分了五种类型的多语者：(1)在双语家庭里长大的人，且其家庭语言非该单语社群主流语言；(2)在双语社群长大的人，且其家庭语言非该双语社群主流语言；(3)学习语言的儿童或成人，这类人群可以是在学校或其他机构学习第二语言的来自单语家庭和社区的单语者，也可以是学习第三门语言的双语者；(4)通过移民成为多语者的儿童或成人，这类人群本是单语者或者双语者，但移民以后在自然语境下学习了另外一门语言；(5)多语社群的儿童和成人。

虽然处于多语社会背景下的个人有更高概率接触多种语言，且有更多机会与来自不同语言背景的人群互动，因此更有可能成为多语者，然而社会层面的多语制与个人层面的多语制没有必然的联系，所以并不是多语社会中的个体都是多语者（Li，2013；Stavans & Hoffmann，2015）。大多数情况下个体成为多语者并非自然发生，而是需要社会提供一定环境并且个体为之付出长期努力，如个体接受学校或者社会团体提供的多语教育。个体是否能够成为多语者以及能够达到何种语言水平取决于个体内部和外部社会环境等一系列因素。个体成为多语者的动机和原因多种多样。对于生活在多语社会的个体而言，习得多门语言是在日常生活中参与多语社会群体活动的必要途径，而对于一些人来说，成为多语者是实现教育或职业目的重要条件（Stavans & Hoffmann，2015）。因此，接受多语教育成了大多数人成为多语者的重要途径。

2.3 多语世界中的多语教育与研究

随着全球化进程加快，不同语言群体在世界范围内的流动与交流需求日益凸显，习得多门语言被赋予了极大的价值，个体学习新语言的要求与日俱增，因此开展多语教育与研究已十分紧迫（Edwards，2004）。多语教育在教育中广泛存在,世界各地的学校通常把该社会第二语言、少数族裔语言,或者在该社会中广泛应用于交际的外语等纳入课程设置(Cenoz & Gorter, 2015)。多语教育常以培养学生多语能力和多语文化素养为目标(Cenoz & Gorter, 2015)。学校的多语教育大致可分为两种:一种是把语言作为科目来教授,二是把语言作为其他学科内容的教学媒介(Stavans & Hoffmann, 2015)。

在多语教育系统中,特别是在把语言当作学习科目来教授的多语教育中,语言学习和该门语言的使用往往同时进行(Cenoz & Gorter, 2015)。多语教育以培养学生多语语言能力为教学目标。因此多语教育研究重要目标之一便是鉴定有利于二语或者外语学习最优条件、策略以及教学方法,以帮助学习者快速且高效地成为一个多语者。而在学习二语或外语的过程中多语学习者不可避免使用目标语言,因此我们又可以说多语学习和多语使用相辅相成,不可分割(Cenoz & Gorter, 2015)。具体来讲,多语学习便是个体通过自身努力"成为多语者"的一个过程,而多语使用则是学习者"作为多语者"在现实场景中恰当使用语言资源与外部环境实现有效沟通的一个动态实践(Cenoz & Gorter, 2015)。

由于受到语言特点、社会使用情况以及教育层面上各种因素的影响,多语教育呈现出高度多样性(Cenoz & Gorter, 2015)。就语言特点来说,语言学习者母语或已有语言与目标语言之间的语言距离会影响语言学习过程。就社会使用情况来说,环境中的多语者数量、各语言的社会地位、媒体与语言景观中的各语言使用情况以及学习者与其他社会成员之间的语言使用情况等社会因素都会影响个体学习语言的动机。就教育层面来说,学校授课所使用的语言、语言教学的强度、学生接受语言教学的年龄、教师的多语能力以及教学方法等因素影响着多语教育的成效(Cenoz, 2009; Cenoz & Gorter, 2015)。因此多语教育是一个十分复杂的社会现象,受到多种因素影响与制约。

2.4 多语学习与教育的三个重要理论和方法论模型

在过去的二十几年中,语言习得与双语制研究领域出现了从个体认知视角到社会视角以及多语视角的过渡(Firth & Wagner, 1997; Canagarajah, 2007; May, 2014; Ortega, 2014)。这种多语视角转向和社会视角转向拉近了二语习得与多语制这两个研究领域,同时也对传统语言教育中的一些构念(如单语意识形态等)提出了挑战(Cenoz & Gorter,2015)。本节首先介绍三语习得领域中的"动态多语模型"(Dynamic Model of Multilingualism),该模型由赫迪纳和耶斯纳从心理语言学个体认知角度出发提出(Herdina & Jessner,2002);其次介绍多语学习与教育领域中的"聚焦多语制"(Focus on Multilingualism),这一多语教学与研究方法论由瑟塔兹和高特尔从三语习得以及双/多语制的角度出发提出(Cenoz & Gorter,2011,2014);本节最后介绍了多语教育领域中的"超语实践"(Translanguaging)理论,该多语教育与研究的理论由加西亚和李等人从多语制与多语社会文化的角度提出(Li,2011;García & Li,2014)。

2.4.1 "动态多语模型"

多语系统的发展随时间的变化而变化,发展过程复杂且可逆,呈现非线性发展态势,且伴随着其他语言的发展,系统中某一语言或多门语言会出现磨蚀甚至丧失的情况(Jessner 2008)。在充分认识到多语发展复杂非线性等特征的基础之上,针对多语习得的动态性与整体性,赫迪纳和耶斯纳(Herdina & Jessner,2002)结合多语制的研究与动态系统理论(Dynamic Systems Theory,de Bot et al.,2007),提出了"动态多语模型"。对于"动态多语模型"的讨论主要基于对心理语言系统的假设。心理语言系统即指第一语言、第二语言、第三语言、第 N 语言等语言系统(language system 1/2/3/n,即 LS1/LS2/LS3/LSn)。这些语言系统是基于心理因素和社会因素而存在的开放系统,它们相互依存而非独立存在。

"动态多语模型"提出,从动态系统理论出发,多语动态系统的发展遵循以下五个特征:

(1)多语的发展呈非线性。动态系统理论认为语言的发展呈非线性(de Bot et al.,2007;de Bot & Larsen-Freeman,2011),因此"动态多语模型"这一理论模型认为各语言的发展都是非线性的,且各语言发展最终并不一定能达到本族语水平。语言发展过程包括了正向发展阶段、系统重组阶段、停滞甚至是倒退阶段。(2)多语系统发展的稳定性依赖于语言维持(language maintenance)。学习者在多语学习和发展过程中需调配相应的时间和精力等学习资源以维持新增语言的发展,同时避免前期习得的语言的磨蚀,因此这种语言维持行为成为了维持多语者整个多语系统稳定性的关键。多语发展过程中当维持某一语言发展的资源得不到有效保障时,该语言出现停滞不前甚至有可能出现倒退现象。因此,多语发展又具有可逆性,即多语能力有可能会发生退化。(3)各语言系统之间存在相互依赖性。不同于语码转换(code-switching)和语言迁移(language transfer)等传统研究,"动态多语模型"认为各语言系统并非相互独立的语言系统,相反,"动态多语模型"把多语者心理语言系统看作一个整体,在这个整体中各语言系统相互依赖。因此"动态多语模型"认为脱离整体去单独研究某个语言系统的发展实则意义不大。(4)多语系统具有复杂性。"动态多语模型"认为语言迁移和语言干扰(language interference)看似是两个相似的语言现象,但它们却在不同的语言系统中引起不同的结果。究其原因,"动态多语模型"认为多语系统中相互干扰的语言系统并非常量,这些语言系统长期处于发展变化状态,因此各语言自身的动态性以及各语言系统之间的交互影响导致整个多语系统的发展极为复杂。(5)多语学习最终引起多语系统的质变。学习多门语言会使得学习者的心理语言系统发生质的变化。换言之,整体心理语言系统不停地调节自身以适应新的心理层面以及社会交际层面的需求,在此过程中心理语言系统的属性也随之发生变化。多语者不仅拥有区别于单语者的语言能力,学习新的语言也促使学习者习得或发展新的技能,这种新的技能被称为多语因素(multilingualism factor,简称 M-factor),多语因素也是多语库存(multilingual repertoire)的重要部分。

  以上五个特征详细阐释了"动态多语模型"对于多语发展的全新解读。除此之外,"动态多语模型"也提出了对多语学习者的重新定义。"动态多语模型"认为多语学习者是一个特殊的群体,他们在学习语言时也享有一系列单语者或二语学习者不具有的优势。然而这些优势却往往被传统研究所忽视。"动态多语模型"认为,多语者,特别是通过语言教育掌握多门语言的学习者,在学习多门语言的同时发展了一系列单语者所不具备的语言和认知方面的优势:(1)多语学习者具有更强的语言意识;(2)多语者具有更高的认知灵活性以及更高的创造力;(3)学习者在多语学习过程中会出现有别于单语者的特定属性,如更强的元语言或元认知能力。这些属性使得学习者能够更加高效地学习语言。赫迪纳和耶斯纳(Herdina & Jessner, 2002)将以上这些多语者在多语学习过程中出现的特质(如语言学习技能与语言管理技能等)统称为多语因素。它是学习者多语系统特有的一些属性,是多语系统发展过程中各语言系统交互作用下出现的一种功能系统或元系统,能在三语习得中引起催化效应。

2.4.2 "聚焦多语制"

"聚焦多语制"是由瑟诺兹和高特尔(Cenoz & Gorter, 2011, 2014, 2015)提出用于研究三语习得与三语教育的一个方法论框架。"聚焦多语制"主要从三个方面关注三语习得和三语教育,这三个方面分别是多语学习者个体、多语学习者的整体语言库存(whole linguistic repertoire)以及多语学习的社会情境。

就多语学习者个体而言,传统语言习得与双语制研究常把多语学习者个体与目标语单语者进行对比,然而这种对比实际上并不恰当,因为多语者具有多语能力,这种多语能力不同于普通的语言能力(Grosjean, 1985, 1989; Cook, 1992)。瑟诺兹和高特尔支持(Herdina & Jessner, 2002)有关多语学习者个体优势的论点,并提出二语学习者和双语者不同于单语者,双语者和多语者在学习新语言的过程中发展了一系列新技能,如更高的元语言意识、语言管理技能等。库克(Cook, 1992)将这一系列新技能称之为"多元能力(multi-competence)",赫迪纳和耶斯纳(Herdina & Jessner, 2002)则将其称之为多语学习中的多语因素,而这些新技能是单语者所不具备的。因此研究中不能用评判单语者的标准来衡量其语言能力(Cenoz, 2013),"聚焦多语制"关注不同类别的多语学习者,认为多语学习者在学习多语的过程中本质上也是多语使用者,并主张通过聚焦于多语使用者本身来取得对三语学习者这一群体更深层次的理解(Cenoz, 2013)。

就多语学习中学习者语言而言,传统二语习得与双/多语制研究局限于单语思维,往往一次只关注一门语言的学习与发展。尽管一些聚焦于三语习得的研究结合了双语制研究和附加语言习得研究的结果,如关注双语者在学习附加语言时享有的认知优势,但是这类研究只是把学习者的双语背景作为了影响三语习得的一个自变量,因此本质上依然采用传统二语习得研究中的"单语视角"。同样,在多语教育领域,虽然多语学校以多语制为教育结果导向,但在此过程中采用的教学与评估方法却往往忽视了语言之间关系的重要性(Cenoz & Gorter, 2011)。与之不同的是,"聚焦多语制"认为各语言并不是相互独立存在的个体,强调采用整体的观点来看待多语学习者学习和使用的语言,并指出学习者多语系统中的语言存在关联性。因此"聚焦多语制"主张在开展研究、语言教学以及语言评估时应关注多语者的整体语言库存以及各语言系统之间的交互影响关系(Cenoz & Gorter, 2011)。图 2-1 体现了传统方法与"聚焦多语制"方法中各语言之间关系的不同理念。

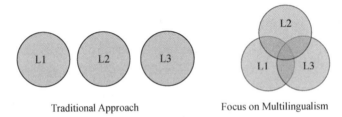

图 2-1 "聚焦多语制"方法论视角下整体语言观(Cenoz & Gorter, 2011: 360)

最后,就多语学习环境来说,传统三语习得研究鲜有提及社会层面的因素在三语习得中的作用,少数将社会层面因素纳入考量的研究也通常只是把社会因素作为分析和解释研究结果的背景因素而非主要研究对象(Cenoz, 2013)。"聚焦多语制"认为多语者在与社会环境的互动中建立多语能力。语言知识不仅仅是一种心理表征,双语制和多语制是一种交际实践和社会性的过程,是一种意识形态(Li, 2017)。多语个体利用语言资源参与社会交际,多语者在语言实践中去学习和使用语言,并在多语实践中构建多语者的自我身份意识,这些过程都受到社会环境的影响(Cenoz, 2013)。因此"聚焦多语制"认为三语习得研究中应该承认社会环境的重要性,需要突出阐释三语如何整合于多语者的语言实践之中。

2.4.3 "超语实践"

顾名思义,"超语实践"的概念主要由"超(trans)"和"语言处理(languaging)"两个部分构成。李(Li, 2018)指出对现今"超语实践"中的"语言处理"这一概念的理解最初源自贝克尔(Becker, 1991)。贝克尔(Becker,

1991，p. 34)提出"语言实际上并不存在，存在的只有连续不断的语言处理，而语言处理是人类存在于这个世界的活动。"一方面，后结构主义批判语言学家认为语言是说话者的一系列社会实践，他们主张应打破语言静态观，接纳语言实践的流动本质(Flores，2013)。另一方面，社会语言学家指出语言是人们深度参与社会和文化活动的产物，而非一个结构性系统或者符号系统，这一观点使用了语言处理这一概念来强调语言实践是一个过程，并强调说话者在交互式的意义构建中的能动性以及社会环境对于这一过程的影响(Makoni & Pennycook，2005；Canagarajah，2007；Pennycook，2010；García & Li，2014)。

在"语言处理"这个词前面加上"超"这个前缀可以很好地捕捉多语使用者语言实践中的流动性与动态性。"超语实践"中的"超"则具有三层含义，分别是：超越系统、结构和空间、转换性以及跨学科。首先，这一概念超越系统、结构和空间：超语实践跨越并超越不同的语言系统和结构，包括不同的模态(如说、写、手语等)以及交际情境或空间。"超语实践"涵盖了多语使用者的所有语言行为，且这些语言行为的目的超越了结构组合、系统交替、信息传输、信息语境化以及价值观、身份和关系的表达。其次，这一概念蕴含着转换性："超语实践"本质上是转换性的；"超语实践"糅合了多语者的语言、认知和社会技能、社会性的知识和经验，以及他们的态度和信仰的不同方面，并在此过程中，发展和转换着多语者自身的技能、知识、经验、态度和信仰，以此为多语使用者创造新的身份。最后，这一概念预示着跨学科实践："超语实践"视角将多语实践视为了解人类社会性、人类认知、社会关系和社会结构的窗口。它以一种综合和整体的方式来研究多语实践的结构以及多语实践背后所蕴含的认知和社会文化(Li & Zhu，2013；Li，2011，2018)。

"超语实践"往往指说话者在无意识状态下超越社会或政治定义的语言边界，调动整体语言库存来进行交际的行为(Otheguy et al.，2015)。"超语实践"并不是简单地把不同语言结构加以混合，超语实践是多重语言实践，双语者参与这些语言实践并以此构建其双语世界的意义(García，2009；Li，2015)。同时，"超语实践"又是一个动态的过程，在这个过程中多语使用者通过策略性地采用多种符号意义以调节复杂的社会性和个体认知性活动是多语者的行动方式、认知方式以及存在方式(García & Li，2014；Li，2016)。"超语实践"可以作为一种应用语言学语言实践理论(Li，2018)。"超语实践理论"为语言学研究提供了一个跨学科研究视角，这个研究视角超越了传统研究对于语言学、心理学、社会学等学科的划分，因此"超语实践"研究摒弃了单语视角下孤立看待学习者各语言系统的理念和分析方法，主张分析多语者如何和谐运用其多种资源以构建意义的过程。

2.5 "动态多语模型""聚焦多语制"以及"超语实践"对多语教育与研究的启示

全球化进程加深以及当今世界面临的多语现实突显了多语教育在现当代的重要性。然而多语教育仍然是应用语言学界最具挑战性的议题之一(Herdina & Jessner，2002)。本节旨在从多语学习与发展的复杂动态属性、多语系统的整体性以及多语学习与发展的社会文化属性三个方面探讨"动态多语模型""聚焦多语制"以及"超语实践"这三个多语研究方法与理论模型对多语教育的启示。基于上述分析与讨论，本节最后从"教学超语实践"的角度提出了对多语教育的展望。

2.5.1 重视多语学习与发展的复杂动态属性

多语系统的发展具有高度的可变性，这是由于多语系统的发展依赖于社会因素、心理语言因素、个体等因素，以及不同形式的语言学习场景(Jessner，2008b)。多语者在不同多语情境中学习和使用多种语言本质上可以归纳为"成为多语者"和"作为多语者"两个过程。其中，不论是"成为多语者"还是"作为多语者"，都是一个复杂且动态的过程，这两个过程在发展中必然会有交互，从而使多语学习和发展变得极为复杂(Cenoz & Gorter，2015)。

赫迪纳和耶斯纳(Herdina & Jessner，2002)将复杂动态系统理论引入多语制研究，提出"动态多语模型"。动态系统理论的引入改变了多语制研究的视角。"动态多语模型"的核心在于该模型认为多语系统的发展随时间而变化，具有非线性、可逆性(表现为如语言磨蚀或语言丧失等形式)以及复杂性(Herdina & Jessner，2002)。系统所依赖的社会与心理因素以及语言学习和使用场景都是语言系统发展所依赖的资源。然而这些资源又具有有限性(de

Bot & Larsen-Freeman, 2011)。资源有限性引起系统发展过程中各子系统的竞争，从而导致系统之间出现交替发展的模式（van Geert, 2003; de Bot & Larsen-Freeman, 2011）。

"聚焦多语制"同样受到动态系统理论某些概念的启发，比如"联合增长项（connected growers）"。语言学习涉及一系列认知过程，这些认知过程不会因语言而异。语言学习的过程中，除语言本身以外，多语学习者会习得相应的语言学习原理或策略，这些原理和策略有助于学习者学习另外一门语言（Cenoz & Gorter, 2014）。因此，"聚焦多语制"主张，多语学习者学习和使用的各个语言互为"联合增长项"。从这一角度出发，"聚焦多语制"主张揭示发展过程中各语言系统之间的相互联结性，并考察各个语言系统之间的交互性和动态性，旨在更为深入地理解多语制的复杂性和动态性，特别是更加深入地理解多语教育场景下多语习得与发展（Cenoz & Gorter, 2011）。

动态系统理论对于双语制研究也产生了颇为重要的影响。由此，加西亚（García, 2009）提出"动态双语制"（Dynamic Bilingualism）的概念，指出双语制是动态的，而非简单的两门语言叠加。"动态双语制"的概念与"超语实践"一脉相承。动态双语制表明双语者的语言实践是复杂且相互关联的；它们不会以线性方式涌现，也不会单独发挥作用。动态双语制认为双语者有且只有一个整体的语言系统。"超语实践"是一个动态的实践，"超语实践"中两个核心要素是"trans"和"languaging"，这两者都体现了"超语实践"是多语学习者的流动的、动态的语言实践（Li & Zhu, 2013; Li, 2018）。存在于多语者大脑里的各语言随场景和目的转换发挥着不同的作用，且语言之间以一种复杂且动态的方式交互影响（Li & Ho, 2018）。因此，"超语实践"是一个利用语言库存中的所有语言资源以构建知识和意义的过程，整个过程充满了动态性和复杂性（Li & Ho, 2018）。

2.5.2 发挥多语学习者特有优势

传统的学校环境中的语言教学常常把本族语者作为参考标准，认为语言学习者最理想的状态是达到接近本族语者的语言水平，然而这种目标通常不切实际。因此，过分强调这种几乎不可能实现的目标往往会让学生在语言学习过程中产生挫败感并逐渐丧失自信（Cenoz & Gorter, 2011, 2015）。多语教学与教育应充分认识多语学习者特有的一些属性。"动态多语模型"认为，就心理语言表征而言，多语者与单语者有着质的区别。多语者语言能力水平处于复杂动态变化之中，这种复杂变化与多语学习者个体心理语言系统的质变息息相关。这一系列变化导致多语整体库存发展出语言学习技能，语言管理技能和语言维持技能等新技能。这些新技能是"动态多语模型"中的多语因素，为多语学习者所特有。因此，语言教育研究可对多语因素进一步展开研究，以丰富学界对多语学习者个体优势的认识（Herdina & Jessner, 2002）。

在众多多语因素中，赫迪纳和耶斯纳（Herdina & Jessner, 2002）特别强调不同语言之间的接触加强了多语学习者的元语言意识和元认知意识，因此，元语言知识也应该成为语言教育的一部分。例如，语言课堂中有关于语言学习技能的元认知知识也应该引起重视，也就是说语言教师不仅应该为学生们提供语言学习策略上的支持，还应该鼓励学习者反思其自身在以往语言学习过程中使用的学习策略。语言课堂中激活学习者整体多语库存中已有的语言以及语言学习资源能够有效辅助学习者学习一门新的语言。与此同时，学习者的元语言意识和元认知知识也得以进一步加强（Jessner, 1999, 2008a）。

与"动态多语模型"相似，"聚焦多语制"提倡关注多语学习者特有的属性。该方法论指导下开展的多语研究通常将多语学习者视为会说多种语言的个体，而不是有缺陷的单语者（Cenoz & Gorter, 2014）。"聚焦多语制"吸纳了库克（Cook, 1992）和格罗斯让（Grosjean, 1985, 1989）的观点，主张用整体的观点去看待多语者，认为多语者不是多个单语者简单地相加。多语学习者具有一种特殊能力，这种能力与语言能力有本质上的不同，库克将这种复杂的能力称之为"多元能力"（multicompetence, Cook, 1992）。在多语教学活动中应强调多语学生的个体能动性，承认多语学习者个体的特殊性并充分发掘多语学习者语言学习优势，确保他们在多语学习的过程中能够充分发挥他们的多种技能。

因此，为充分发挥多语学习者自身的优势，学校课程设置可以考虑整合不同的语言课程。正如布洛克（Block, 2007, p. 80）指出的，"教师需要在课堂上利用学生自带的各种语言资源"。在课程设置中整合不同的语言课程，以激活多语学习者整体语言库存中的语言和其他符号资源，充分利用和发挥多语学习者的优势。"聚焦多语制"强调了整合不同语言课程的必要性，以激发作为多语者所拥有的更多优势。通过整合不同语言的课程，各语言之间的紧密联系以及多语学习者自身的优势更有可能被激活（Cenoz & Gorter，2011，2014）。

2.5.3 强调多语系统的整体性、打破语言边界

格罗斯让（Grosjean，1985）指出，在语言学习和教学中，不应期望双语者的两门语言能力水平达到相应单语者语言水平，而应采用整体的视角去考察双语者的整体语言库存。格罗斯让（Grosjean，1985，1989）的"双语整体观"（wholistic view of bilingualism）和库克（Cook，1992）的"多元能力"提议对三语习得研究产生了极为重要的影响。格罗斯让（Grosjean，1985，1989）反对"双重单语主义"观点，提出双语制是一个统一的构念，双语者并非两个单语者的简单相加。库克提出的"多元能力"也是一种整体模式（Cook & Li，2016），多语能力也并不能简单地拆分成多个单语能力。

受到语言整体观点的影响，"动态多语模型"采用"功能整体性观点（holistic view）"。"功能整体性"假设系统是一个由不同组成部分构成的整体，但同时整体又具有高于各部分相加的功能与属性。虽然"动态多语模型"认为不能用单语标准来衡量多语者，也不能简单地扩展单语习得模型来解释多语制，但"动态多语模型"也声称多语制所涉及的语言系统可以被解释为单独的子系统。这就意味着，一方面，"动态多语模型"将所涉及的语言系统和因素解释为单独的模块，但另一方面，动态多语理论也认为各语言子系统组成了一个完整多语言的复杂动态系统，在这个多语复杂动态系统中各个子系统相互作用、相互影响。

"聚焦多语制"这一整体性的方法论的提出在一定程度上基于格罗斯让的"双语整体观"和库克提出的"多元能力"假设（Grosjean，1985，1989；Cook，1992）。"聚焦多语制"重视学习者的整体语言库存以及语言之间的互动（Cenoz，2013）。这个整体方法旨在整合不同语言，激活多语学习者所具有的所有资源，以帮助多语学习者跨语言调动他们已有的资源，让语言学习变得更为高效。"超语实践理论"也在一定程度上体现了格罗斯让的"双语整体观"以及库克的"多元能力"提议。李（Li，2018）指出语言是一种服务于意义构建的多语种、多符号、多感官和多模态的整合于多语者的整体资源。"超语实践理

论"认为多语者有一套完整的语言库存,他们可以从中有策略性地选择语言或者语言元素来进行有效的交流(García & Li, 2014)。因此可以说"超语实践理论"指导下的研究很大程度上是将人类思维作为一个整体的复合能力(参见 Cook, 1992; Cook & Li, 2016)来进行探索,以审视多语者如何综合利用其语言知识来发挥其语言使用者和社会行动者的作用(García & Li, 2014)。

承认多语系统的整体性意味着不能忽视各语言之间的相互作用与影响。传统的语言直接教学法的教育理念以及教学实践对语言系统之间的联系与互动避之不谈。在这种教学法主导的课程体系下,把语言学习者学习的目标语言与其母语分开来的观点十分盛行,进而衍生出语言分化意识(Cenoz & Gorter, 2015)。在受这种意识形态影响的教学环境中,教学主要以达到本族语水平为目标,教学活动以教师为中心,且教师和学生在课堂上只能使用目标语进行互动。然而,受多语整体观影响,越来越多学者开始建议打破语言之间的严格边界(Cummins, 2007; Coste & Simon, 2009; Lyster et al., 2009; Moore & Gajo, 2009)。近年来,多语研究与教学中"语言边界模糊化"(softening boundaries between languages, Cenoz & Gorter, 2015:4)已然成为一种趋势。

在语言课堂中打破语言之间的边界,最直接的策略便是在学习第二门语言或者附加语言的时候把学习者的第一语言或其他已有的语言作为资源加以利用,特别是在目标语言作为教学语言且学习任务较为复杂的时候,允许学习者将其第一语言作为学习资源能辅助目标语言的学习(Cummins, 2007)。"聚焦多语制"和"超语实践理论"都在一定程度上吸纳了"语言边界模糊化"的理念。"聚焦多语制"方法论指出,多语学习者在不同语境的交际中灵活使用其各语言的能力是语言学习发展的一种重要资源(Cenoz & Gorter, 2015)。"超语实践"也主张模糊语言之间的界限,把多语使用者特有的语言视为一种重要的资源。通过故意打破多数语言与少数语言、目标语言与母语语言之间人为的和意识形态上的边界,"超语实践"提倡赋予学习者权力,也赋予教师权力,改变权力关系,并将教与学的过程重点放在构建意义、增强经验和发展身份认同等方面(García, 2009; Creese & Blackledge, 2015; Li, 2018)。因此,在采用使用整体语言观的前提下,多语教育应重新审视语言、多语学习者以及多语学习者的整体语言库存(Cenoz, 2017)。

2.5.4 关注多语学习与教育的社会文化属性

近年来应用语言学及相关领域（如社会语言学、语言人类学等）的学术研究日益挑战传统结构主义观点，并将语言重新定义为一种实践，提出语言是一种在特定社会和文化背景下出现的行为形式（García，2009；Pennycook，2010；Palmer et al.，2014；Makoni & Pennycook，2015）。语言不是脱离实体的抽象形式，而是一种巧妙的价值化和语境化的活动，语言通过借鉴和连接各社群的文化传统，可以超越空间和时间的限制（Hodges，2007；Cowley，2011；Thibault，2011，2017）。完整地解读一种语言实践离不开对这个语言实践发生的社会文化情境的理解，换言之，人们对语言的认识不能剥离于他们对人际关系和人类社会互动的认识（Li，2018）。

多语学习的情境主要为学校教育情境，而多语使用情境则更为广泛。近年来分析多语者使用多语言交际方式的研究逐渐增多，这些研究不仅关注校内课堂环境中的多语学习以及多语使用情况，还关注多语者在学校课堂环境以外的情境下的多语使用情况（参见 Auer，2007；Creese & Blackledge，2010，2011；Cenoz & Gorter，2014）。这些多语使用情境包括了学校环境中语言课堂以外的情境（如课外活动场景），家庭语言使用的场景，网络多语使用场景，以及社区多语使用情境（Cenoz & Gorter，2015）。课堂之外的情境中广泛存在着不同符号资源（包括多语文本）的组合，比如图像、字体、符号、颜色等都和语言自然地混合在一起。因此，除课堂上的多语教育以外，瑟诺兹和高特尔（Cenoz & Gorter，2011，2014）还呼吁弥合校外与校内之间多语与多模态实践的差距。

与之相似，作为课堂情境下多语学习与使用研究的补充，加西亚（García，2009）将"超语实践"的社会情境扩展到课堂语境和课堂语言实践之外，包括在各种日常情境中灵活使用多种语言资源的实践，她指出这是双语/多语社群里的人的日常交际模式。具有多语交际意识的多语者根据交际的目的在不同的语境中恰当地使用各语言。多语使用者在参与真实社会环境中的语言实践的同时使用并习得语言（Cenoz & Gorter，2014）。然而在这个过程中仅仅习得正确的语言心理表征是不够的，因为学习者需要获得相应的沟通技能和交际能力，才能被认定为某个语言实践群体的合格成员（Kramsch & Whiteside，

2007),除了教学大纲中的教学任务,学校环境中的多语教育还应该关注学习者在校外的交际实践,以此培养和增强学习者多语交际意识(Cenoz & Gorter,2014)。

2.5.5 对多语教育的展望:"教学超语实践"

"教学超语实践"是一种根据学习者自身整体语言库存来教授语言和(或)内容的教学策略,它主张在教学过程中充分利用多语者所拥有的知识及其全部语言资源来加强语言和学科内容的学习(Cenoz et al.,2022)。"教学超语实践"是"聚焦多语制"与"超语实践"理论的有效契合。语言相关的"教学超语实践"与"聚焦多语制"提倡的教学方法密切相关,建议在语言"教学超语实践"中激活多语库存,以唤醒和增强学习者元语言意识并最终促进语言习得(Cenoz & Santos,2020)。

瑟诺兹等人(Cenoz et al.,2022)将"教学超语实践"与我们以往所熟知的超语实践区分开来,指出以往为人熟知的超语实践可被称为"自发超语实践"。"自发超语实践"是指教师未计划的、多语者在学校内外进行的话语实践,而"教学超语实践"是指教师在课堂上制定的教学策略,包括语言输入和输出时语言的交替以及其他策略,其目的是使多语学习者受益于他们的整体语言库存(Cenoz,2017;Cenoz & Gorter,2020;Cenoz & Santos,2020)。

"教学超语实践"模糊了语言之间的界限,旨在培养学习者多语能力和多元文化素养(Cenoz & Santos,2020)。"教学超语实践"可以有效提高多语学习者的元语言意识,除了用于语言教学以外,还可用于内容教学(Leonet et al.,2020)。多语学习者可能拥有先验知识,因为他们的多语库存比单语学习者的语言库存更丰富,也有更多的语言学习和使用经验(Cenoz et al.,2022)。"教学超语实践"通过激活先验知识和关注元语言意识为自发的超语实践增加了一个新的维度。在课堂上实施"教学超语实践"是在语言教学和内容教学时充分利用多语教师和多语学生的资源的重要一步(Cenoz & Gorter,2021)。在多语课堂中采用"教学超语实践"有利于让多语学习者了解自己已备的资源,并培养和提高他们对这些资源的利用意识,促使他们在学习语言和(或)内容时能够对这些资源加以充分利用(Cenoz et al.,2022)。

2.6 结语

本章梳理了多语能力发展与多语教育中颇具影响力的理论模型以及方法论,具体为"动态多语模型""聚焦多语制"以及"超语实践理论"。通过梳理,本章探讨了这三个理论模型与方法论背后的意识形态对多语教育的启示。

首先,多语教学实践过程中应充分意识到多语学习与发展的动态性和复杂性。多语学习与发展本质上是多语学习者在不同社会情境下学习和使用多种语言的一个过程,这个过程具有复杂动态的特性。多语能力水平的发展受到各种学习者内部个体因素和外部环境因素的影响,因此发展呈现出非线性。在此认识的基础之上,二语习得或三语习得以及双语制或多语制研究中都相继引入了许多复杂动态系统理论的理念,如"联合增长项"等。在多语教学与研究中可借助复杂动态系统理论为多语能力发展研究带来的新视角,捕捉和描摹多语动态发展规律。

其次,多语教育要充分意识到并且发挥多语学习者自身资源优势。多语学习者是具有特定属性的语言学习者和使用者。"动态多语模型"中的"多语因素","聚焦多语制"中多语者较强的元语言和元认知意识等概念与观点体现了多语者相对于单语者所具备的优势。在多语教育教学实践中应激活并充分利用多语者的特殊优势。

再次,多语教育应打破语言之间的边界,充分利用多语学习者整体语言库存。多语学习者语言系统具有整体性。多语学习者具有复合多语能力,因此不能采用单语者语言能力水平为参考标准对多语学习者语言能力水平进行考察。在多语教育教学的实践中,相关决策者和教学参与者应摒弃传统语言分化意识与单语意识形态,并勇于打破语言之间的严格界限,对语言学习者以及教师的多语整体库存加以有效利用。

第四,不可忽视多语学习与发展的社会文化属性。语言不是结构性的符号系统,而是在特定社会和文化下出现的一种行为实践。真实社会环境中的多语实践是多语者根据交际目的和环境而采取适当的语言和交际形式进行交际活动的一种社会行为。对于语言实践的完整解读离不开对其发生的社会文化情境的理解。因此,多语教育具有极强的社会属性,应有机结合课堂内外的多语实践,以确保多语教育实践不脱离真实的社会文化情境。

最后,"教学超语实践"是本章对未来多语教育的展望。在充分认识到多语发展动态性、多语系统整体性、多语者语言与认知优势的基础之上,"教学超语实践"有机整合了"聚焦多语制"这一方法论与"超语实践"这一理论,为现当代多语教育提供了相对完备的理论与方法论指导。"教学超语实践"可以用于语言教学,也可以应用于以多语为教学媒介的学科内容教学,因此具有广泛的多语教学应用前景。"教学超语实践"理论指导下的多语教育教学充分发挥了教师与学习者的能动性,在教师有策略地引导超语实践的前提下,多语学习者能够充分激活与调动他们的语言以及认知优势资源,积极参与知识构建与意义协商的社会实践。有理由相信,"教学超语实践"有利于增强学习者在课堂上的主体性位置、协调教师与学习者的权力关系,有利于揭示多语发展的内在规律,促进多语教育中"教"与"学"的完美契合,并推进多语教育理论的建设。

参考文献

Auer, P. (2007). The monolingual bias in bilingualism research, or: Why bilingual talk is (still) a challenge for linguistics. In M. Heller (ed.). *Bilingualism: A Social Approach*. London: Palgrave Macmillan, 319–339.

Becker, A. L. (1991). Language and languaging. *Language and Communication* 11: 33–35.

Bhatia, T. K. (2013). Introduction. In T. K. Bhatia & W. C. Ritchie (eds.). *The Handbook of Bilingualism and Multilingualism (second edition)*. Blackwell, 3–4.

Bhatia, T. K. & W. C. Ritchie. (eds.). (2013). *The Handbook of Bilingualism and Multilingualism (second edition)*. London: Wiley-Blackwell.

Block, D. (2007). Bilingualism: Four assumptions and four responses. *Innovation in Language Learning and Teaching* 1(1): 66–82.

Canagarajah, S. (2007). Lingua franca english, multilingual communities, and language acquisition. *The Modern Language Journal* 91(Focus Issue): 923–939.

Cenoz, J. (ed.). (2009). *Towards Multilingual Education: Basque Educational Research from an International Perspective*. Bristol: Multilingual Matters.

Cenoz, J. (2013). The influence of bilingualism on third language acquisition: Focus on multilingualism. *Language Teaching* 46(1): 71–86.

Cenoz, J. (2017). Translanguaging in school contexts: International perspectives. *Journal of*

Language, Identity & Education 16(4): 193-198.

Cenoz, J. & D. Gorter. (2011). Focus on multilingualism: A study of trilingual writing. *The Modern Language Journal* 95(3): 356-369.

Cenoz, J. & D. Gorter. (2014). Focus on multilingualism as an approach in educational contexts. In A. Blackledge & A. Creese (eds.). *Heteroglossia as Practice and Pedagogy. Educational Linguistics*. Dordrecht: Springer, 239-254.

Cenoz, J. & D. Gorter. (2015). Towards a holistic approach in the study of multilingual education. In J. Cenoz & D. Gorter (eds.). *Multilingual Education Between Language Learning and Translanguaging (first edition)*. Cambridge: Cambridge University Press, 1-15.

Cenoz, J. & D. Gorter. (2020). Pedagogical translanguaging: An introduction. *System* 92: 102269.

Cenoz, J. & D. Gorter. (2021). *Pedagogical Translanguaging (first edition)*. Cambridge: Cambridge University Press.

Cenoz, J. & A. Santos. (2020). Implementing pedagogical translanguaging in trilingual schools. *System* 92: 1-9.

Cenoz, J., A. Santos & D. Gorter. (2022). Pedagogical translanguaging and teachers' perceptions of anxiety. *International Journal of Bilingual Education and Bilingualism*: 1-12.

Cook, V. J. (1992). Evidence for multicompetence. *Language Learning* 42(4): 557-591.

Cook, V. & W. Li. (eds.). (2016). *The Cambridge Handbook of Linguistic Multi-competence*. Cambridge: Cambridge University Press.

Coste, D. & D.-L. Simon. (2009). The plurilingual social actor. Language, citizenship and education. *International Journal of Multilingualism* 6(2): 168-185.

Cowley, S. J. (2011). Taking a language stance. *Ecological Psychology* 23(3): 185-209.

Creese, A. & A. Blackledge. (2010). Translanguaging in the bilingual classroom: A pedagogy for learning and teaching? *The Modern Language Journal* 94(1): 103-115.

Creese, A. & A. Blackledge. (2011). Separate and flexible bilingualism in complementary schools: Multiple language practices in interrelationship. *Journal of Pragmatics* 43(5): 1196-1208.

Creese, A. & A. Blackledge. (2015). Translanguaging and identity in educational settings. *Annual Review of Applied Linguistics* 35: 20-35.

Cummins, J. (2007). Rethinking monolingual instructional strategies in multilingual classrooms. *Canadian Journal of Applied Linguistics* 10: 221-241.

de Bot, K. & D. Larsen-Freeman. (2011). Researching second language development from a Dynamic Systems Theory perspective. In M. H. Verspoor, K. de Bot & W. Lowie (eds.). *A Dynamic Approach to Second Language Development: Methods and*

Techniques. Amsterdam: John Benjamins, 5-23.

de Bot, K., W. Lowie & M. H. Verspoor. (2007). A Dynamic Systems Theory approach to second language acquisition. *Bilingualism: Language and Cognition* 10(1): 7-21.

Edwards, J. (2013). Bilingualism and multilingualism: Some central concepts. In T. K. Bhatia & W. C. Ritchie (eds.). *The Handbook of Bilingualism and Multilingualism (second edition)*. London: Blackwell.

Edwards, V. (2004). *Multilingualism in the English-speaking world: Pedigree of nations*. London: Blackwell.

Firth, A. & J. Wagner. (1997). On discourse, communication, and (some) fundamental concepts in SLA research. *The Modern Language Journal* 81(3): 285-300.

Flores, N. (2013). The unexamined relationship between neoliberalism and plurilingualism: A cautionary tale. *TESOL Quarterly* 47(3): 500-520.

García, O. (2009). *Bilingual Education in the 21st Century A Global Perspective*. Wiley-Blackwell.

García, O. & W. Li. (2014). *Translanguaging: Language, Bilingualism and Education*. London: Palgrave Macmillan.

Grosjean, F. (1985). The bilingual as a competent but specific speaker-hearer. *Journal of Multilingual and Multicultural Development* 6(6): 467-477.

Grosjean, F. (1989). Neurolinguists, beware! The bilingual is not two monolinguals in one person. *Brain and Language* 36(1): 3-15.

Herdina, P. & U. Jessner. (2002). *A Dynamic Model of Multilingualism: Perspectives of Change in Psycholinguistics*. Bristol: Multilingual Matters.

Hodges, B. H. (2007). Good prospects: Ecological and social perspectives on conforming, creating, and caring in conversation. *Language Sciences* 29(5): 584-604.

Jessner, U. (1999). Metalinguistic awareness in multilinguals: Cognitive aspects of third language learning. *Language Awareness* 8(3-4): 201-209.

Jessner, U. (2008a). A DST model of multilingualism and the role of metalinguistic awareness. *The Modern Language Journal* 92(2): 270-283.

Jessner, U. (2008b). Teaching third languages: Findings, trends and challenges. *Language Teaching* 41(1): 15-56.

Kramsch, C. & A. Whiteside. (2007). Three fundamental concepts in second language acquisition and their relevance in multilingual contexts. *The Modern Language Journal* 91: 907-922.

Leonet, O., J. Cenoz & D. Gorter. (2020). Developing morphological awareness across languages: Translanguaging pedagogies in third language acquisition. *Language Awareness* 29(1): 41-59.

Li, W. (2001). Dimenions of bilingualism. In W. Li (ed.). *The Bilingualism Reader*. London: Routledge, 2-21.

Li, W. (2008). Research perspectives on bilingualism and bilingual education. In K. King, Y. J. Lai & S. May (eds.). *Encyclopedia of Language and Education: Vol. Research Methods in Language and Education (Third Edition)*. Cham: Springer, 215-226.

Li, W. (2011). Moment analysis and translanguaging space: Discursive construction of identities by multilingual Chinese youth in Britain. *Journal of Pragmatics* 43(5): 1222-1235.

Li, W. (2013). Conceptual and methodological issues in bilingualism and multilingualism research. In T. K. Bhatia & W. C. Ritchie (eds.) *The Handbook of Bilingualism and Multilingualism (second edition)*. London: Blackwell, 26-52.

Li, W. (2015). Complementary classrooms for multilingual minority ethnic children as a translanguaging space. In J. Cenoz & D. Gorter (eds.). *Multilingual Education: Between language learning and translanguaging (first edition)*. Cambridge: Cambridge University Press, 177-198.

Li, W. (2016). Epilogue: Multi-competence and the translanguaging instinct. In V. Cook & W. Li (eds.). *The Cambridge Handbook of Linguistic Multi-competence*. Cambridge: Cambridge University Press, 533-543.

Li, W. (2018). Translanguaging as a practical theory of language. *Applied Linguistics* 39(1): 9-30.

Li, W. & W. Y. (Jenifer) Ho. (2018). Language learning sans frontiers: A translanguaging view. *Annual Review of Applied Linguistics* 38: 33-59.

Li, W. & H. Zhu. (2013). Translanguaging identities and ideologies: Creating transnational space through flexible multilingual practices amongst Chinese university students in the UK. *Applied Linguistics* 34(5): 516-535.

Lyster, R., L. Collins & S. Ballinger. (2009). Linking languages through a bilingual read-aloud project. *Language Awareness* 18(3-4): 366-383.

Makoni, S. & A. Pennycook. (2005). Disinventing and (re)constituting languages. *Critical Inquiry in Language Studies* 2(3): 137-156.

Makoni, S. & A. Pennycook. (2015). Disinventing multilingualism: From monological multilingualism to multilingua francas. In M. Martin-Jones, A. Blackledge, & A. Creese (eds.). *The Routledge Handbook of Multilingualism*. London: Routledge, 439-453.

May, S. (ed.). (2014). *The Multilingual Turn: Implications for SLA, TESOL and Bilingual Education*. New York: Routledge.

Moore, D. & L. Gajo. (2009). Introduction — French voices on plurilingualism and pluriculturalism: Theory, significance and perspectives. *International Journal of Multilingualism* 6(2): 137-153.

Ortega, L. (2014). Ways forward for a bi/multilingual turn in SLA. In S. May (ed.). *The Multilingual Turn: Implications for SLA, TESOL and Bilingual Education*. New York: Routledge, 32-53.

Otheguy, R., O. García & W. Reid. (2015). Clarifying translanguaging and deconstructing named languages: A perspective from linguistics. *Applied Linguistics Review* 6(3): 281-307.

Palmer, D. K., R. A. Martínez, S. G. Mateus & K. Henderson. (2014). Reframing the debate on language separation: Toward a vision for translanguaging pedagogies in the dual language classroom: *The Modern Language Journal* 98(3): 757-772.

Pennycook, A. (2010). *Language as a Local Practice*. New York: Routledge.

SIL International. (2022). Ethnologue: How many languages are there in the world. https://www.ethnologue.com/insights/how-many-languages/.

Stavans, A. & C. Hoffmann. (2015). *Multilingualism*. Cambridge: Cambridge University Press.

Thibault, P. J. (2011). First-order languaging dynamics and second-order language: The distributed language view. *Ecological Psychology* 23(3): 210-245.

Thibault, P. J. (2017). The reflexivity of human languaging and Nigel Love's two orders of language. *Language Sciences* 61: 74-85.

van Geert, P. (2003). Dynamic systems approaches and modeling of developmental processes. In J. Valsiner & J. C. Kevin (eds.). *Handbook of developmental Psychology*. London: Sage, 640-672.

第二部分

国际视野

第三章

日本高校的多外语教育[①]

◎ 邱译曦

3.1 引言

20世纪30年代以来,在全球化的影响下,以欧美为核心的新自由主义推动了欧洲全英文学位课程(English Medium Instruction,EMI)的发展。近年来,为了提升大学竞争力,发挥后发优势,亚洲各国也效仿欧洲模式,推动本国高等教育的国际化进程。日本为缓解人口老龄化和提升国际化教育水平,近10年来在高等教育领域实施了一系列国际化改革。其中一项投资大、覆盖面广、持续时间长的改革项目为"顶尖全球化大学计划"(Top Global University Project,TGUP),原称"超级全球大学计划"(Super Global University Project)。在TGUP的影响下,为了创造国际化的学习环境,日本大学积极开

[①] 本章内容经过修改,相关内容曾以论文形式发表,参见:邱译曦,郑咏滟. 日本高校全英文学位项目的语言政策和规划.《语言战略研究》,2021,6(2):47-55.

设了 EMI 课程,大力扩招国际留学生(Galloway et al., 2017)。但和欧洲不同的是,日本 EMI 课程的展开遵循政府引领、高校推广的自上而下的模式。目前,虽然部分研究梳理了日本 EMI 的宏观政策(牟宜武,2017 等),但却鲜有研究在中观层面考察日本高校如何诠释、实施和管理这一语言政策。因此,本研究基于斯波斯基(Spolsky, 2004)语言政策理论模型,结合新自由主义下的高等教育国际化浪潮,对日本高校的 EMI 项目进行了进一步探索。

3.2 斯波斯基的语言政策理论

著名以色列社会语言学家斯波斯基(Spolsky, 2004)认为研究一种语言政策时,可以从三个维度进行分析:语言信念(language belief)、语言实践(language practice)、语言管理(language management)。语言信念指人们对语言价值和地位的认识,是在社会化过程中人们对语言的一系列评价和观点(Spolsky & Hult, 2008)。语言信念和社会文化、政治利益息息相关(Schieffelin et al., 1998),反映了由社会实践标准和意识形态等因素共同塑造的决策过程(Duszak & Lewkowicz, 2008)。语言实践指人们实际进行的语言选择,是语言政策生态链中的重要组成部分(Hinds et al., 2014)。语言实践固然重要,但不能整体性地反映一种语言政策。语言管理是"对于语言具体使用的规划和主张"(Spolsky, 2004: 11-12),是指权威人士或者机构采取明确的方式干涉语言实践和信念的行为(Nekvapil, 2012)。语言政策的三个维度相互独立又相互依赖。语言信念在意识形态上指导语言实践(Schieffelin et al., 1998)。语言实践是语言信念的具体反映,但在不同的语境下,语言实践也许会和语言信念产生冲突(Spolsky, 2004)。语言管理则能通过对语言实践和信念的干涉,促进语言意识形态到具体语言实践的转变(Shohamy, 2006)。

斯波斯基(Spolsky, 2004)的三维语言管理模型为本文探究高等教育国际化背景下日本高校 EMI 项目的语言管理与实践提供了理论视角。在本研究中,语言信念指日本高校对于日本政府 EMI 政策的解读。语言实践指日本高校 EMI 课程在招生时具体提出的语言要求。语言管理则指日本高校 EMI 课程后续为留学生提供的语言课程和服务。斯波斯基的理论模型有助于诠释日本高等教育国际化背景下语言规划和选择的问题,阐明日本高等教育 EMI 政策的社会历史关系,突出语言管理和规划在高等教育国际化进程中的重要作用(Spolsky,2004)。通过此模型,我们可以明晰语言信念、语言实践和语言管理如何共同作用于日本高等教育 EMI 课程的发展。因此,本书将基于这一模型来探索高等教育 EMI 课程的语言政策和规划。

3.3 新自由主义和高等教育国际化中的英语化倾向

加拿大学者奈特(Knight,2003:2)将高等教育国际化(Internationalization of Higher Education,IHE)定义为:"高等教育机构的教学、研究和服务功能与国际的或跨文化的维度的融合过程。"高等教育国际化的重要体现之一是全英文教学的盛行。菲力普森(Phillipson,1992)认为英语化是 IHE 不可分割的部分。作为经济全球化的产物,英语在高等教育国际化过程中的地位和新自由主义的发展密不可分(Spolsky,2004;Bourdieu,2005;Spolsky & Hult, 2008)。高等教育的英语化不仅体现了新自由主义对高等教育的渗透,也是维持新自由主义的重要机制(Shin & Park,2016)。

二战后,面对全球性的经济危机,在思想上以哈耶克(Hayek)为代表、在政治行为上以里根总统和撒切尔夫人为代表的新自由主义(neoliberalism)在欧美国家迅速发展。新自由主义认为市场是传递信息和资源配置的有效机制,主张国家尊重市场竞争原则,尽可能少地干预经济发展,并尽可能将公共服务私营化(Shin & Park,2016;Block,2015,2017)。下沉到个人发展角度,新自由主义强调个体责任,认为个人发展应该由个人负责而非依靠政府。政府没有权利直接干涉个人发展。个人技能可以成为市场上的商品,通过自由交易换取其他利益。语言作为个人技能之一也成为人们在市场上获取利益的重要工具(Urciuoli,2008;Shin & Park,2016;Block,2017)。在新自由主义的影响下,语言学习日渐个人化和功利化。语言学习通常带有具体明确的目标,例如获得经济价值或实现社会阶层的流动。新自由主义促使人们追求语言的进步以增加个人资本。面对全球不稳定的就业环境,人们迫于市场压力学习不同的语言,尤其是英语。语言能力的差异也进一步扩大了阶级差异,加剧了社会的不平等现象(Chen,2010)。

由于新自由主义和语言发展之间的相互影响,近年来,新自由主义成为应用语言学关注的焦点(Park, 2010; Block et al., 2012; Block, 2014; De Costa et al., 2016; Shin & Park, 2016; De Costa & Wee, 2019; Qiu et al., 2022)。新自由主义将语言学习和个人发展联系起来,演变成一种教育信念系统(Bourdieu, 1998)。通过这种方式,新自由主义不再局限于经济领域,逐渐变成了一种教育语言规划和管理形式(Foucault, 1997; Miller & Rose, 2008)。以英美为首的英语内圈国家凭借经济实力优势和科学技术研发上的强势地位使英语成为了国际发表的主流语言。为了增加国际发表、提高国际排名,非英语圈的高校越来越重视英语教育(郑咏滟,2015; Zheng & Guo, 2019)。全球高等教育国际化过程中也体现出明显的英语化倾向(Kubota, 2015)。然而,语言的单一性会导致知识的同质化(郑咏滟,2015),英语的绝对强势地位也使其被视作语言文化多元化的威胁(Doiz et al., 2013; Singh, 2005; Qiu & Zheng, 2023)。正如殖民化是促进语言传播最有力的过程(赵守辉、张东波,2012),英语作为学术通用语的地位也被部分学者批判为语言的帝国主义和新殖民霸权主义(Phillipson, 1992; Kim, 2012; Pennycook, 2017)。

3.4 日本高等教育国际化中的语言政策与国际留学生

日本在二战后利用相对宽松的政治和经济条件,对教育进行了改革。以英美为核心的新自由主义思潮在日本得以传播和发展。在高等教育领域,新自由主义催生了日本国立大学法人化制度的出现。国立大学拥有了更多自主权,更少受制于日本文部省。21世纪以来,新自由主义倡导的"市场"和"自由"进一步强化了日本大学的竞争意识,高校对国际排名的追求使英语在日本高等教育界的地位被提高到前所未有的高度。而日本政府也自上而下制定了一系列语言政策来促进本国高等教育领域的国际化进程。2009年,日本文部省(MEXT)推出了"30万留学生计划"(Global 30 Project, G30)。在G30计划的影响下,日本13所顶尖大学分别展开了EMI课程,雇佣了更多具有较强英语能力的教职工。2011年,文部省又推行了"重塑日本项目"(Re-inventing Japan Project),扩大了日本高等教育的国际合作。"重塑日本项目"促进了日本国内的英语教育,为日本学生进行海外留学做了更充分的准备。2012年,日本政府继续推行了"日本全球化计划"(Go Global Japan Project),旨在增加日本全球化人力资源。在"日本全球化计划"的实施过程中,日本政府认识到了 EMI 课程单一英语化的缺陷,因此在 2014 年的"顶尖全球大学计划"(Top Global University Project,TGUP)中调整其语言目标为"国际化教育"和"外语教育"(MEXT,2014),有意识地削弱英语在日本外语教育界的独霸地位(Hashimoto,2013)。

通过对各阶段日本高等教育国际化政策的综合研究,罗斯和麦金莱(Rose & McKinley,2018)发现在 TGUP 的促进下,日本高校的 EMI 课程迅速发展。EMI 与高等教育国际化相伴而生,是非英语国家培养兼具英语能力和学科知识的国际化人才的手段,是一种在多语背景下以英语作为学术通用语获得学科知识的过程(Gu & Lee,2018)。日本高校通过 EMI 增加国际学生的流动性,满足国内国际化的需求(Galloway & Rose,2015)。和欧洲不同的是,日本 EMI 采取自上而下的方式,高校根据 TGUP 的纲领性文件自主制定本校的国际化政策(Rose & McKinley,2018)。

EMI 课程的重要作用之一为吸引国际留学生。学生的国际化被普遍认为是高校国际化的重要标志(牟宜武,2017)。日本首相安倍晋三在讨论日本高校国际排名时强调大学的国际留学生数量将决定高校的成功与否(Hashimoto,2018)。在日本高等教育国际化政策的支持下,截至 2018 年,日本的留学生数量已经达到约 30 万人。其中,约 40% 为中国留学生(JASSO,2019)。然而,目前大部分研究只关注了 EMI 的宏观政策层面,鲜有研究考察其实施过程中大学中观层面的语言管理与实践,特别是对留学生的语言管理。

3.5 研究问题与方法

基于此,本章在 Spolsky(2004)的语言管理理论框架下探索 EMI 政策在中观层面的实施。本章旨在回答以下研究问题:

(1) 在语言信念层面,日本 37 所 TGUP 对象校如何诠释 EMI 政策?

(2) 在语言实践层面,日本 37 所 TGUP 对象校在 EMI 课程招收国际留学生的语言要求是什么?

(3) 日本 37 所 TGUP 对象校的 EMI 课程后续提供的语言课程和服务有哪些?

本研究的研究对象为日本顶尖国际大学计划的37所参与校（见表3-1），包括13所A类顶尖大学（Top Type）和24所B类全球化引领大学（Global Traction Type）。为了解日本高校对EMI政策的语言信念，本研究搜集、翻译、比较高校日文网站和英文网站上所有的政策文件、招生简章等文件，共计131 875字。本研究还梳理了日本大学EMI课程招收国际留学生的语言要求（英语、日语及其他语言）来了解日本高校EMI政策的语言实践。此外，本研究搜集了日本高校EMI课程提供的语言课程、语言服务等以了解日本高校EMI政策的语言管理。本研究对以上资料进行了内容分析（Schreier，2014）和描述性分析。最后，本研究结合先行文献对研究结果分别进行了讨论。

表 3-1　日本 37 所"顶尖全球化大学计划"试点大学

13所A类顶尖大学（Top Type）	北海道大学、东北大学、筑波大学、东京大学、东京医科齿科大学、东京工业大学、名古屋大学、早稻田大学、京都大学、大阪大学、广岛大学、九州大学、庆应义塾大学
24所B类全球化引领大学（Global Traction Type）	千叶大学、东京外国语大学、东京艺术大学、长冈技术科学大学、金泽大学、丰桥技术科学大学、京都工艺纤维大学、奈良先端科学技术大学院大学、冈山大学、熊本大学、国际教养大学、会津大学、国际基督教大学、芝浦工业大学、上智大学、东洋大学、法政大学、明治大学、立教大学、创价大学、国际大学、立命馆大学、关西学院大学、立命馆亚洲太平洋大学

3.6　结果

3.6.1　日本高校 EMI 政策的语言信念

研究发现和日本文部省的政策相呼应，37所大学中有11所大学在TGUP项目的语言规划上将"提升外语教育水平"作为具体政策目标之一。九州大学在政策文件中明确表明到2023年为止25%的本科课程将以一种外语授课。东京大学除了开设EMI课程外，还提供一定数量的其他语言的学位课程。东京大学表明"我们除了提供'PEAK'全英文课程以外，还提供其他语言的学位课程，以构建具有多元文化价值的全球校园模式"。有60年双语教学历史的国际基督教大学则强调了其英日双语教学的传统，指出"我们没有纯英语或者纯日语的项目。我们在推进真正的全球化。"国际基督教大学因此推出"2+1"模式教育:英语、日语和另一种外语。早稻田大学和东京外国语大学则在 TGUP 政策文件中表述了同样的愿景,希望通过 TGUP 项目培养多语人才。东京外国语大学认为"多语人才不仅需要精通英语也应具有其他语言、文化的高度知识"。

37 所学校中有 17 所大学(大部分为 B 类校)在政策中明确强调了英语教育的地位。熊本大学希望到 2023 年为止校内 50% 的博雅课程可以实现全英文授课。东京工业大学表明到 2023 年为止所有研究生课程将进行英语授课。立教大学在语言信念上体现出了英语的工具化,强调"英语是实行课程多样化、双学位课程和国际合作项目课程的重要手段"。在此信念的引导下,立教大学积极和非英语地区尤其是东南亚国家联盟(ASEAN)合作,开展 EMI 课程。名古屋大学则在 TGUP 语言规划中提到:"对于国际留学生我们正逐步增加全英文课程,而对于日本学生我们则开设了雅思课程以提升学生的国际化水平。"明智大学、金泽大学、创价大学则将使用托福考试(TOEFL)提升和检测学生的语言水平。

日语能力对于留学生的学习和就业至关重要。然而,37 所学校中,只有奈良先端科学技术大学强调了日语教育的重要性。奈良先端科学技术大学表明"由于在日本的企业或者海外的日企就职,日语能力是必备条件。我们需要提升留学生的日语能力"。东京大学则对日语在研究领域的地位给予足够重视,指出"尽管 EMI 课程的授课语言是英语,高端教学和研究还是以日语为主"。

总体来说,在语言信念层面,日本高校发扬了 TGUP 的政策精神,在本校政策文件的制定上重视外语教育和校园的多元化。然而,仍然有部分学校将英语教育与外语教育等同起来,表现出将"国际化"等于"英语化"的语言意识形态,体现了在 TGUP 语言政策解读上日本文部省和日本高校之间的不一致。此外,日语教育在 TGUP 对象校的语言政策中几乎被忽略,体现了日语在 TGUP 对象校语言规划体系中的弱势地位。

3.6.2　日本高校 EMI 政策的语言实践

研究结果显示,37 所大学共开设了 1 046 个全英文学位课程,专业方面以自然科学为主。开设 EMI 课程最多的三所学校为国际教养大学(98.05%)、立命馆亚洲太平洋大学(88.90%)和国际基督教大学(22.30%)。国际教养大学是一所位于日本秋田县的公立大学,建校时就以增加国际沟通交流为目标。立命馆亚洲太平洋大学是日本大学教育史上第一所完全实施英日双语教学的大学。而国际基督教大学则因少数精英教育和国际化路线享受盛名。调查校中有50%的学校要求留学生提供托福、雅思等英语能力证明。所有学校中只有立教大学一所学校要求提供日语能力证明。立教大学要求学生提交日语能力测试二级(N2)成绩。值得注意的是,上智大学神学院入学外语考试提供了留学生多语选择。留学生可以选择用英语/德语/法语/西班牙语/意大利语进行外语考试。此外,研究发现 TGUP 对象校的 EMI 项目对留学生的英语能力要求高(见表3-2),对日语或者其他语言则基本没有要求,在语言实践层面体现了绝对的英语化趋势。

表3-2　日本37所"顶尖全球化大学计划"EMI项目对留学生的语言分数要求

大学	EMI项目名称	语言能力要求
东京大学	本科:PEAK项目;硕士/博士:GSP项目、UBE项目等	托福100/雅思7.5
京都大学	本科:IPU项目;硕士/博士:EA项目、IEMP项目	托福90/雅思7.0
大阪大学	本科:IPUs项目;硕士/博士:IPC项目、SISC项目等	托福80/雅思6.0
北海道大学	本科:ISP项目、MJSP项目;硕士/博士:环境工程项目、材料科学与工程项目	托福80/雅思6.0
东京工业大学	本科:GSPE项目;硕士/博士:IGP(C)项目	托福80/雅思6.0
东北大学	本科:FGL项目;硕士/博士:IGPAS项目、DSP项目等	托福80/雅思6.0
九州大学	本科:工学部项目、生物与生物环境项目等;硕士/博士:PPE项目、PFBE项目等	托福80/雅思6.0
名古屋大学	本科:汽车工程项目、日本与亚洲文化研究项目等;硕士/博士:环境研究科项目、经济研究科项目等	托福80/雅思6.0
筑波大学	本科:国际社会学项目、BPGI项目等;硕士/博士:TIAS项目、JDS项目等	托福80/雅思6.0
广岛大学	本科:IGS项目;硕士/博士:国际协力研究科项目	托福80/雅思6.5

续 表

大学	EMI 项目名称	语言能力要求
东京医科齿科大学	本科:医齿学综合研究科项目;硕士/博士:MPH 项目	托福 80/雅思 6.0
庆应义塾大学	本科:GIGA 项目、PEARL 项目;硕士/博士:SDM 项目、IADC 项目等	托福 95/雅思 6.0
早稻田大学	本科:理工学部 FSCI 项目、政治经济学部 SPSE 项目等;硕士/博士:Double MBA 项目,MSC in Finance 项目等	托福 90/雅思 6.5
东京艺术大学	本科:无;硕士/博士:GA 项目、GAP 项目	托福 80/雅思 6.0
千叶大学	本科:无;硕士/博士:看护学研究科项目、理学研究科项目	托福 80/雅思 6.0
长冈技术科技大学	本科:无;硕士/博士:机械工程项目、土木学工程项目	托福 6.0+/雅思 5.5
立命馆大学	本科:CRPS 项目、GS 项目等;硕士/博士:GSSE 项目、MPED 项目等	托福 71/雅思 5.5
上智大学	本科:SPSF 项目;硕士/博士:GPST 项目、GPGS 项目等	托福 90/雅思 6.0
明治大学	本科:SGJS 项目;硕士/博士:I-AUD 项目	托福 80/雅思 6.0
冈山大学	本科:全球可持续性跨学科科学项目、社会创新创业项目;硕士/博士:无	托福 80/雅思 6.0
法政大学	本科:GIS 项目、GBP 项目;硕士/博士:计算机与信息科学研究科项目、MBA 项目等	托福 85/雅思 5.5+
东京外国语大学	本科:无;硕士/博士:PCS 项目	托福 100/雅思 7.0/TOEIC870
奈良先端科学技术大学	本科:无;硕士/博士:信息学项目、生物科学项目、材料科学项目	托福 90/雅思 6.0
会津大学	本科:无;硕士/博士:计算机与信息系统专业项目、信息技术与专案管理专业项目	托福 80/雅思 6.0
国际大学	本科:无;硕士/博士:GSIR 项目、日本——全球发展项目	托福 80/雅思 6.0+
创价大学	本科:SUCCEED 项目、GPET 项目等;硕士/博士:IBSP 项目、SIPS 项目等	托福 80/雅思 6.0

续 表

大学	EMI 项目名称	语言能力要求
立命馆亚洲太平洋大学	本科:APS 项目、APM 项目;硕士/博士:APS 项目、ICP 项目等	托福 6.0+/雅思 5.5
立教大学	本科:DLP 项目、GLPA 项目;硕士/博士:MIB 项目、MPMA 项目	托福 80+/雅思 6.0+
关西学院大学	本科:SIS 项目;硕士/博士:MBI 项目、理工学研究科项目	托福 81/雅思 6.0+
东洋大学	本科:全球创新研究项目、区域发展研究项目等;硕士/博士:经济学研究科项目、全球地域学研究科项目	托福 80+/雅思 6.0+
国际教养大学	本科:国际教养学部项目;硕士/博士:英语教学项目、日语教学项目、全球交流项目	托福 70/雅思 6.0
芝浦工业大学	本科:IGP 项目;硕士/博士:SSFS 项目	托福 80/雅思 6.0
丰桥技术科学大学	本科:无;硕士/博士:无	托福 61/雅思 5.5
熊本大学	本科:无;硕士/博士:IJEP 项目	托福 70/雅思 6.0
金泽大学	本科:无;硕士/博士:医学、人类和社会学项目等	托福 70/雅思 6.0
国际基督教大学	本科:教育学项目、心理学项目、语言学项目等;硕士/博士:教育学项目、心理学项目、语言学项目、公共政策项目和社会研究项目等	托福 80+/雅思 6.0+
京都工艺纤维大学	本科:无;硕士/博士:IGP 项目	托福 70/雅思 6.0

3.6.3 日本高校 EMI 政策的语言管理

语言管理指的是"对于语言具体使用的规划和主张"(Spolsky,2004:11-12),本研究特指日本高校 EMI 课程提供的语言课程和语言服务。研究发现 TGUP 对象校 EMI 课程后续提供的语言支持主要可以分为六种:学术英语课程、日语与日本文化课程、国际文化交流活动、同伴语言互助课程、海外交换留学项目和国际留学生宿舍。例如,九州大学提出"将混合宿舍中的留学生比例提升到 90%"。北海道大学建立了"同伴互助项目(Peer Support Program),通过学生间的交流互动提升在校学生的语言能力。日本国际大学则不定期组织国际文化节、大学奥运会等活动,帮助留学生融入当地社区。早稻田大学开设了多语学习中心,提供学生多语辅导课,如针对英语和中文的个别辅导。为了提高国际知名度,关西学院大学在"脸书"(Facebook)上用英语新建了一个大学的宣传页面,也专门设计了中文和汉语的官方网站。学校的宣传手册也增加了印度尼西亚语和越南语版本。

然而,和语言信念的调查结果相一致的是,EMI 课程后续的语言支持和服务也体现了英语化的趋势。例如,国际教养大学有开展"英语村"的惯例,提供学生"和英语母语者交流的机会",说明国际教养大学仍然秉持英语母语意识形态,尚未意识到在全球化的今日,英语早已成为国际通用语(Jenkins,2014)。TGUP 对象校的海外交换留学项目的目标国家也以英语国家为主。千叶大学甚至有强制性的赴英语国家的学习项目。

此外,37 所大学中只有东京大学明确说明后续将提供系统的学术英语支持。东京大学的语言学习中心表明"我们将提供系统的外语课程帮助学生系统性学习日语和英语。通过学习语言文化知识,我们希望能提升国际学生在东京大学的学习体验"。其余的 36 所大学均未有明确的学术英语支持举措,国际学生的学术英语能力提高并未被纳入学校的语言管理范围之内。

3.7 讨论

研究发现,在语言信念上,日本 TGUP 对象校在重视外语教育和多元文化的同时也突出了英语的中心地位。在语言实施过程中,EMI 课程呈现英语单一化取向,忽视其他语言能力,并对留学生提出较高的英语能力要求,体现了其语言信念和语言实践的不一致性。EMI 课程后续语言管理上以英语为主,并且虽然部分学校提供了多语交流活动,但却缺乏系统性的学术语言支持。根据以上研究结果,本部分将基于斯波斯基(Spolsky,2004)的语言政策框架并结合新自由主义的理论视角分别进行讨论。

3.7.1 日本高校 EMI 政策的语言信念

日本政府在 2014 年以前的高等教育国际化政策中聚焦英语教育,在日本国内高等教育领域强化了英语帝国主义(Phillipson,1992)的语言意识形态

(Hashimoto，2018)。与之前 G30 等政策不同，日本文部省在 TGUP 中强调外语教育而非英语教育，这体现在语言规划和管理层面方向性的转变上。受到国家政策调整的影响，TGUP 高校在语言政策的制定上将"外语教育"和"多样化"作为关键词，反映了政治因素对语言信念的制约，也可以由此看出国家政策对高校语言信念的导向作用(Spolsky & Hult，2008)。然而，部分 EMI 高校却仍然在语言规划上将英语放在至高位置，将英语和国际化目标捆绑在一起，体现出英语至上的语言信念对语言政策的渗透(Shohamy，2006)。

　　国际化等于英语化不仅是日本高校 EMI 语言信念中反映出的趋势，也是全球范围内高等教育国际化发展过程中的特色(Rose & McKinley，2018)。这种特色并不能被简单理解为知识全球化的必然结果或纯粹的语言发展过程。以英美为首的英语圈国家通过学术的发表出版及世界大学排名等方式迫使非英语国家的高校不断提高英语研究和发表的能力。这种知识的产出和评价体系可以诠释高校的显性或隐性的语言信念和选择(Zheng & Guo，2019)。语言信念本质上是凝合了经济、社会、文化、历史、地缘政治等多重因素的复杂过程(郑咏滟，2015)。日本高校 EMI 政策的语言信念不仅是单一的语言层面的选择，而且是在绝对英语化的评价系统潜移默化的影响下，由社会实践标准和意识形态等因素共同塑造的决策过程(Duszak & Lewkowicz，2008)。日本高校国际化过程中的英语化取向因此也可以被视作一种顺从国际市场的语言意识形态的选择(Spolsky & Hult，2008)，这体现出把市场看作导向、崇尚相互竞争的新自由主义(Shin & Park，2016)在日本 TGUP 高校语言信念方面的持续影响力。TGUP 高校的语言信念也可被解读为全球新自由主义市场和日本政府的博弈。

3.7.2　日本高校 EMI 政策的语言实践

　　在语言实践上，日本高校 EMI 课程对国际留学生的绝对英语化要求和 TGUP 高校多元化的语言信念相矛盾，体现了在实际操作过程中语言信念也许会和语言实践产生冲突(Spolsky，2004)。同时，这一矛盾也体现了语言实践的社会化标准。英语在资本市场上的高度流动性以及英美在科学技术研发上的强势地位使英语在高等教育国际化过程中持续受到重视。高等教育的国际化被等同于英语化。语言文化是国家软实力的代表，语言冲突的背后实质是多元资本的竞争。因而英语作为学术通用语的地位也被部分学者批判为语言的帝国主义(Phillipson, 1992; Pennycook, 2017)。正如语言的传播最有力的过程是殖民化的过程(赵守辉、张东波 2012),日本高校在 EMI 课程的实践上照搬欧洲模式也将把日本高等教育进一步推向教育领域新殖民霸权的深渊(Kim, 2012)。此外,日本 EMI 课程招生时追求国际标准化英语考试成绩,也体现了语言在新自由影响下愈发凸显的工具化特性。一味关注语言成绩而忽视语言素养会造成学生变成缺乏文化底蕴的空壳(empty vessel)(Singh, 2005)。东京外国语大学在政策文件中阐述的"不仅需要精通英语也应具有其他语言、文化的高度知识"的多语人才概念也说明了此观点。

语言实践本应反映语言信念(Spolsky, 2004)。TGUP 在语言政策上将重心从英语教育转到外语教育上,原本应在 EMI 课程的实施过程中帮助日本高校吸收具有多语能力的国际化人才。然而,由于此项政策在对"外语教育"的界定上阐述暧昧,缺乏具体方法论的指引,导致日本高校在具体实施过程中将外语能力等同于英语能力,进一步巩固了英语的绝对支配地位。

3.7.3 日本高校 EMI 政策的语言管理

日本高校在招生上将语言能力视为学生的符号资本(Bourdieu, 1991)。这种资本使留学生得到进入日本高等学府的机会,获得其他资源,但同时语言能力差异也会造成学习过程中的不平等(Chen, 2010; Qiu & Zheng, 2023)。在新自由主义的概念里,语言不再仅仅是传递知识的符号,更是在市场化过程中可以交易的商品(Block, 2014)。语言是增加个人资本的砝码。语言学习也似乎已经成为个体责任(Block et al., 2012)。新自由主义强调个人发展应由个人而非政府负责。政府没有直接权力去干涉个人发展(Foucault, 1991)。在日本高校 EMI 课程的语言管理层面,理想情况是学校作为语言管理方可以后续提供相应的语言课程和服务来从中调解,但是从现实来看日本高校 EMI 课程后续的语言管理缺乏系统性、学术性的语言课程支持,避免通过语言管理干涉个人的语言工具性资本,顺应了新自由主义提倡的政府不直接干涉个人发展的要求,体现了新自由主义主张教育的优胜劣汰、私有化、自由化和去监管化的特征(Shin & Park, 2016)。

语言管理可以促进语言信念到实践的转变(Shohamy, 2006)。日本 EMI

课程后续若能持续开展多语文化活动和系统性的学术语言培训，将有效帮助打造学校多元化的学习环境，在语言管理上实现人文和工具性价值的统一。

3.8 结语

EMI 作为语言政策和政治话语，在高等教育的国际化、学术的自主、权利的平衡和实践的民主方面扮演重要角色。在高等教育国际化的进程中，有着丰富人文历史的亚洲探究如何避免采取趋同化的"盎格鲁-撒克逊"发展模式需要更多反省和思索。学术语言的英语化不等于全盘英语化（Qiu *et al.*, 2023）。语言媒介的单一性会导致知识产出的同质化（郑咏滟 2015）。EMI 不应被理解为单一语言为媒介的教育，它是在新一轮的全球规模的、以英美为核心的新自由主义对符号和文化资本的竞争下另一种获得知识的可能性，是一种在多语背景下以英语作为学术通用语获得学科知识的过程（Gu & Lee, 2018）。国家在制定语言政策时应关注教育国际化和本土化的平衡。国家多元化导向的语言政策在平衡民族传承性和主流文化适应性上具有关键性作用。高校作为政策实施的主体可结合本校特色，关注潜在人才的语言能力背后代表的国际理解或体验，并在后续学习过程中提供系统性、多元化的语言支持。以日本为例，日本政府可通过制定多语政策促进本国留学生资源的多样性。日本高校在 EMI 课程的招生要求中可适当增加对日语能力的要求，吸引易于融入日本社会的学生。同时，高校可结合本校特色，在招生时关注国际留学生的多语背景，并在课程实施过程中增加留学生教室内外的多语体验，在人才培养上利用其连接国家政策和就业市场的关键性地位，实现日本多元文化的繁荣共生。

本研究探究了日本高等教育国际化在语言层面的管理和实践，反思如何在高等教育国际化的背景下步入多元文化的后殖民世界的议题，有助于调整非英语国家对"高等教育国际化""现代主义多样化"等概念的思考。亚洲各国是否可以作为一个整体通过 EMI 课程创造新的多语和多元文化和谐共存的范例，这个问题不仅需要研究国家语言政策，更应关注高校在政策实施过程中的语言管理和实践。因此，后续研究可具体研究日本 EMI 课程中留学生的语言学习和运用，亦可采取批判民族志的方法对亚洲 EMI 课程的语言管理和实践进行比较研究。

参考文献

Block, D. (2014). *Social Class in Applied Linguistics*. London: Routledge.

Block, D. (2015). Identity and social class: Issues arising in applied linguistics research. *Annual Review of Applied Linguistics* 35: 1-19.

Block, D. (2017). *Political Economy and Sociolinguistics: Redistribution and Recognition*. London: Bloomsbury.

Block, D., J. Gray & M. Holborow. (2012). *Neoliberalism and Applied Linguistics*. London: Routledge.

Bourdieu, P. (1991). *Language and Symbolic Power*. Cambridge: Polity.

Bourdieu, P. (1998). The Essence of Neoliberalism. *Le Monde Diplomatique*. Retrieved from http://mondediplo.com/1998/12/08bourdieu.

Bourdieu, P. (2005). *The Social Structures of the Economy*. Cambridge: Polity Press.

Chen, K. H. (2010). *Asia as Method: Toward Deimperialization*. Durham, NC: Duke University Press.

De Costa, P. I., J. S. Park & L. Wee. (2019). Linguistic entrepreneurship as affective regime: Organizations, audit culture, and second/foreign language education policy. *Language Policy* 18: 387-406.

De Costa, P. I., J. S. Park & L. Wee. (2016). Language learning as linguistic entrepreneurship: Implications for language education. *The Asia-Pacific Education Researcher* 25: 695-702.

Doiz, A., D. Lasagabaster & J. M. Sierra. (2013). Future challenges for English-medium instruction at the tertiary level. In A. Doiz, D. Lasagabaster & J. M. Sierra (eds.). *English-medium Instruction at Universities: Global Challenges*. Canada: Multilingual Matters, 213-221.

Duszak, A. & J. Lewkowica. (2008). Publishing academic texts in English: A Polish perspective. *Journal of English for Academic Purposes* 7(2): 108-120.

Foucault, M. (1997). Technologies of the Self. In P. Rabinow (ed.). *Ethics: Subjectivity and Truth*. New York: The New Press, 223-319.

Galloway, N., J. Kriukow & T. Numajiri. (2017). *Internationalisation, Higher Education and the Growing Demand for English: An Investigation into the English Medium of Instruction (EMI) Movement in China and Japan*. London: British Council.

Galloway, N. & H. Rose. (2015). *Introducing Global Englishes*. Abingdon: Routledge.

Gu, M. M. & J. C. K. Lee. (2018). They lost internationalization in pursuit of internationalization: Students' language practices and identity construction in a cross-disciplinary EMI program in a university in China. *Higher Education* 78: 389-405.

Hashimoto, K. (2013). The construction of the "native speaker" in Japan's educational policies for TEFL. In S. A. Houghton & D. J. Rivers (eds.). *Native-Spearkerism in*

Japan: *Intergroup Dynamics in Foreign Language Education.* Bristol, NY and Ontario: Multilingual Matters, 159-168.

Hashimoto, K. (2018). Japan's "super global universities" scheme: why does the number of 'foreign' students matter? In A. W. Ata, L. T. Tran & I. Liyanage (eds.). *Educational Reciprocity and Adaptivity: International Students and Stakeholders.* Abingdon: Routledge, 25-44.

Hinds, P. J., T. B. Neeley & C. D. Cramton. (2014). Language as a lightning rod: Power contests, emotion regulation, and subgroup dynamics in global teams. *Journal of International Business Studies* 45: 536-561.

JASSO. (2019). Results of an annual survey of international students in Japan 2018. Retrieved from https://www.jasso.go.jp/en/about/statistics/intl_student_e/2018/__icsFiles/afieldfile/2019/01/11/data18_e.pdf.

Jenkins, J. (2014). *English as a Lingua Franca in the International University: The Politics of Academic English Language Policy.* New York, NY: Routledge.

Kim, J. (2012). The Birth of Academic Subalterns: How do Foreign Students Embody the Global Hegemony of American Universities?. *Journal of Studies in International Education* 16(5): 455-476.

Knight, J. (2003). Updated internationalisation definition. *International Higher Education* 33: 223.

Kubota, R. (2015). Neoliberal paradoxes of language learning: Xenophobia and international communication. *Journal of Multilingual and Multicultural Development* 37(5): 467-480.

MEXT (2014). Selection for the FY2014 Top Global University Project. Retrieved from http://docplayer.net/16379288-Selection-for-the-fy-2014-top-global-university-project-we-hereby-announce-the-selection-of-universities-for-the-top-global-university-project.html.

Miller, P. & N. Rose. (2008). *Governing the Present.* Cambridge: Policy Press.

Nekvapil, J. (2012). Some thoughts on "noting" in language management theory and beyond. *Journal of Asian Pacific Communication* 22(2): 160-173.

Park, J. S. (2010). Naturalization of competence and the neoliberal subjects: Successful stories of English language learning in the Korean conservative press. *Journal of Linguistic Anthropology* 20(1): 22-38.

Pennycook, A. (2017). *The Cultural Politics of English as an International Language.* London: Routledge.

Phillipson, R. (1992). *Linguistic Imperialism.* Oxford: Oxford University Press.

Qiu, Y. & Y. Zheng. (2023). Transnational students' epistemic participation in English-medium instruction programs. *Sustainability* 15(8): 6478.

Qiu, Y. & Y. Zheng, & J. Liu. (2022). 'So, only relying on English is still troublesome': a critical examination of Japan's English medium instruction policy at multiple levels. *Journal of Multilingual and Multicultural Development.* https://doi.

org/10.1080/01434632.2022.2100402.

Rose, H. & J. McKinley. (2018). Japan's English medium instruction initiatives and the globalization of higher education. *Higher Education* 75: 111-129.

Schieffelin, B., K. Woolard & P. Kroskrity. (1998). *Language Ideologies: Practice and Theory*. New York: Oxford University Press.

Schreier, M. (2014). Qualitative content analysis. In U. Flick (ed.). *The SAGE Handbook of Qualitative Data Analysis*. London: Sage, 170-183.

Shin, H. & J. S. Park. (2016). Introduction: Researching language and neoliberalism. *Multilingual and Multicultural Development* 37(5): 443-452.

Shohamy, E. (2006). LANGUAGE POLICY: *Hidden Agenda and New Approaches*. New York: Routledge.

Singh, M. (2005). Enabling transnational learning communities: policies, pedagogies and politics of educational power. In P. Ninnes & M. Hellstén (eds.). *Internationalizing Higher Education*. Dordrecht: Springer, 9-36.

SPOLSKY, B. (2004). *Language Policy*. Cambridge: Cambridge University Press.

Spolsky, B. & F. M. Hult. (2008). *The Handbook of Educational Linguistics*. Malden: Blackwell.

Tollefson, J. W. & A. B. M. Tsui. (2014). Language diversity and language policy in educational access and equity. *Review of Research in Education* 38(1): 189-214.

Urciuoli, B. (2008). Skills and selves in the new workplace. *American Ethnologist* 35(2): 211-228.

Zheng, Y. & X. Guo. (2019). Publishing in and about English: challenges and opportunities of Chinese multilingual scholars' language practices in academic publishing. *Language Policy* 18(1): 107-130.

牟宜武.(2017).全球化时代日本高等教育之国际化战略——全英文学位课程.《外语界》5:90-96.

邱译曦,郑咏滟.(2021).日本高校全英文学位项目的语言政策和规划.《语言战略研究》6(2):47-55.

赵守辉,张东波.(2012).语言规划的国际化趋势:一个语言传播与竞争的新领域.《外国语》35(4):2-11.

郑咏滟.(2015).国际学术发表中的语言选择与语言意识形态.《语言政策与语言教育》2:30-42.

第四章

韩国高校公共外语政策经验及启示[①]

◎ 崔惠玲

4.1 引言

1978年哈佛大学发布了核心课程报告书(Report on the Core Curriculum),以"掌握和理解宇宙、社会和我们自身的知识"为宗旨,在跨学科基础上,设置了六大核心课程模块,即文学与艺术、科学、历史研究、社会分析、道德逻辑和外国文化(Rosovsky,1990)。2017—2018年度哈佛大学核心课程已扩大到了8个模块。芝加哥大学和哥伦比亚大学在上世纪90年代初期相继扩大了公选课教育(Liberal Education)的范围,进一步体现了公选课为大学教育之核心的教育哲学。

美国高校对公选课教育的重视引起了韩国高校的关注。上世纪90年代末,韩国高校纷纷成立学部大学或教养学部,引进通识教育核心课程(Core Curriculum)体系,为培养跨学科复合型人才搭建了组织框架。韩国高校的公选课体系虽然每所大学有部分差别,但大致可以分为文学和艺术、历史和哲学、社会科学、外国语和外国文化、自然科学等五大模块。其中"外国语和外国文化"模块为必修公选课程,旨在"掌握不同语言,了解相关地区和人们,扩大并加强对不同文化的理解,提升人才的国际素养"。

---

① 本章内容经过修改,相关内容曾以论文形式发表,参见:崔惠玲.韩国高校公共外语政策经验及启示.《复旦外国语言文学论丛》,2019(1):22-27.

本章分析韩国主要高校的公共外语①教育政策,了解韩国高校是如何培养多语人才的,以期为我国多语人才培养提供借鉴。保韦尔斯(Pauwels,2011:247)提出"语言学习三大核心要素是学生、教师和教育课程",诺里斯和米尔斯(Norris & Mills, 2016:3)指出:"语言课程评价不仅要涵盖整个教育过程,还要包含对学生、教师和教育课程的行政管理评价。行政管理意味着政府政策、大学公选课相关机构和经费预算等内容。"以此为框架,本文将从行政管理(包括韩国政府的高校外语教育政策和相关预算)、课程设置、师资配备和学生认知等四个方面考察韩国高等教育院校的公共外语课程改革。

本文对韩国主要高校的官网和公共外语负责人进行了调研,最终选择了提供7种以上公共外语语种教学的韩国高校,依次为首尔国立大学、高丽大学、延世大学、梨花女子大学、韩国外国语大学和西江大学。如表4-1所示,这六所大学是代表韩国高等教育最高水平的研究型综合大学,均位于韩国大学排名前列,为国家发展提供大量的人才储备和智力支持。其中首尔国立大学为国立大学,其余五所大学是私立大学。对这六所大学的公共外语政策研究可以在很大程度上归纳出韩国高校公共外语教育的培养模式和政策经验,为我国新时代公共外语政策的调整和完善提供借鉴和参考建议。

表4-1 韩国六所高校现状

大学名称	学科分布	2019 QS排名（全球/韩国）	学校属性	在校生人数
首尔国立大学	人文社科、理工类、体育艺术、医学	36/1	国立大学	21 220
高丽大学	人文社科、理工类、体育艺术、医学	86/4	私立大学	28 248
延世大学	人文社科、理工类、体育艺术、医学	107/6	私立大学	25 827
梨花女子大学	人文社科、理工类、体育艺术、医学	319/10	私立大学	18 098

---

① 本章所指的"公共外语"专指向全校学生提供的大学英语以外的外国语课程。

续　表

大学名称	学科分布	2019 QS 排名（全球/韩国）	学校属性	在校生人数
韩国外国语大学	人文社科、理工类	387/11	私立大学	23 564
西江大学	人文社科、理工类	435/14	私立大学	11 423

4.2　韩国政府及高校的外语教育政策

韩国自然资源匮乏，经济发展所需的原材料80%依靠进口，且为全球第五大石油进口国，是个高度依赖于外向型经济的国家。为了满足国家发展战略的需要，配合出口导向的产业特点，增强国际竞争力和对外交流中的软实力，韩国政府近年来相继出台了国家层面的外语教育制度和经费资助政策，鼓励韩国高校实施多语教育（Multilingual Education）原则，实现"外语＋专业"的复合型人才培养模式。

2007年韩国教育人力资源部发布的"外语类教育课程新案"指出，"我国国土面积小，天然资源匮乏，为了跃入发达国家之列，需要培养可以在国际舞台活跃的优秀人才。在国家教育体系中，外语教育必须占据重要的地位"。该文件强调韩国的外语教育旨在培养掌握多语能力的人才，提升对目的语国家的文化理解能力，促使学生具备国际竞争力，满足国家战略需求。该文件将德语、法语、西班牙语、汉语、日语、俄语和阿拉伯语列入外语教育课程。

2015年韩国教育部颁布"外语类教育课程修订案"，指出要"加强外语教育，培育创意融合型人才，提升学生的共同体意识和文化涵养，培养可以理解多元文化和价值，共享人类文化与文明的人才"。

为了进一步实现海外市场的多元化，加强战略资源外交和国际合作开发项目，2016年韩国教育部发布了"特殊外语教育振兴5年基本计划（2017—2021）"。当年8月，韩国教育部和国立国际教育院又颁布了"特殊外语教育振兴相关法律（以下简称'特殊外语教育法'）"。该法案第一条和第三条明确规定，"搭建特殊外语教育所需的法律和制度基础，强化特殊外语学习条件和教育环境，在经济、贸易、外交、安全、语言和文化等社会各领域培养熟练掌握特殊外语的专业人才和区域专家,为国家发展战略提供人力资源,满足国内外多元交流的需求"。法案制定了主要外语(Priority Foreign Language,如英语、汉语和法语等)和53种特殊外语(Special Foreign Language)。特殊外语包括阿拉伯语、阿塞拜疆语、土耳其语、伊朗语和希伯来语等12种中东地区语言,哈萨克斯坦语和蒙古语等7种中亚语言,越南语、泰国语、印尼语、缅甸语、印地语和僧伽罗语等14种印度东盟区语言,波兰语、匈牙利语、希腊语和意大利语等18种欧洲语言,西班牙语和葡萄牙语等拉美使用的语言。

韩国教育部表示,根据"特殊外语教育振兴5年基本计划(2017—2021)",政府每年将投入150亿韩元(折合人民币9 000万元左右)重点扶持高校的特殊外语教育,加强特殊外语的教学科研能力,改善特殊外语教育设施环境,开发特殊外语标准课程和词典,培育复合型特殊外语人才[1]。

综上可以看出,为了抢占国家发展制高点,增强下一代的全球竞争力和提高文化素养,韩国政府从国家层面及时修改"国际化外语人才即为英语人才"的唯英语式思维,进行外语教育宏观规划,通过法律界定"主要外语"和"特殊外语",提供外语教育的制度保障,鼓励高校实施多语教育和相关文化教育,全力扶持复合型外语人才的培养,将外语能力培养提升到前所未有的高度。

具备多语教育条件的韩国高校根据政府的外语教育政策方针,制定了非常详尽的公共外语鼓励政策,带动学生对公共外语课程的认知和学习热情,提升学生的多语能力。

首先,首尔国立大学设立了"公共外语专项奖学金:新丝绸之路海外授学项目"。该校规定,为连续三个学期修读同一种公共外语并顺利晋级的学生提供在目的语国家交流一学期的学习机会,校方承担学费、差旅费、住宿费和生活补助等大部分费用。首尔国立大学还组织了"北京、莫斯科、纽约、马德里、巴黎寒暑假海外修学项目"。为连续两个学期修读同一种公共外语并拿到优秀成绩的学生提供假期赴北京、莫斯科、纽约、马德里和巴黎等城市修读语言的机会,让学生在目的语环境中实现100%的"沉浸式"外语学习,体会当地鲜

---

[1] 四年集中投入600亿韩元,扶持高校开设特殊外语课程. 韩国 *Money Today*. 2017年1月24日. http://news.mt.co.kr/mtview.php?no=2017012410385081868&outlink=1&ref=https%3A%2F%2Fsearch.naver.com.

活的语言和文化。校方为该项目的出资方，承担所有费用。

首尔国立大学还开发了首尔国立大学语言能力测试（Seoul National University Language Test），提供汉语、日语、法语、德语、西班牙语和俄语等六种语言的评价测试。该评价制度已成为韩国政府机构选拔海外派遣人员的重要指标，也成为大学生就业竞争力的重要砝码，进一步激发学生的外语学习动机。

再次，为了保证公共外语教育的连贯性，韩国高校持续优化公共外语课程，提供多学科融合交叉的课程体系。六所高校均提供公共外语Ⅰ和Ⅱ课程，并开设目的语国家或区域的概况课程或历史、政治、经济、文化类课程。延世大学保证所有公共外语均提供Ⅰ、Ⅱ、Ⅲ系列课程。

4.3 韩国高校公共外语培养模式

本章调研的六所韩国高校均在通识教育核心课程（Core Curriculum）体系内设置了"外国语和外国文化"模块，在国家外语教育政策指导下，实行积极的公共外语教育政策，努力培养既懂专业，又具备多语知识和跨文化素质的复合型人才。以下根据 Pauwels（2011：247），就韩国高校的公共外语课程设置、师资配备和学生认知等方面进行分析，研究韩国高校的公共外语培养模式。

4.3.1 韩国高校公共外语课程设置

表4-2可以看出，韩国高校开设的公共外语语种几乎覆盖欧美和亚非拉地区语言。首尔国立大学提供的公共外语课程最多，达27种。私立大学相对较少，韩国外国语大学作为外语类院校，公共外语课程数量也不敌首尔国立大学。公共外语课程语种最少的高丽大学也提供7个语种的课程。数据显示，国立大学和私立大学普遍提供汉语、德语、俄语、法语、日语、西班牙语、阿拉伯语等7种语言，还提供古汉语、古希腊语、拉丁语、梵语和泰米尔语等古文课程。这与韩国高校坚守语言工具性和人文价值并重的教育理念有关。学习古文，可以帮助学生深度了解当地文明和文化，对增加目的语国家与地区的文化认同，减少认知隔阂，提升信息对称度有积极的效果。

表 4-2　韩国高校公共外语课程设置①

	首尔国立大学(27种)	高丽大学(7种)	延世大学(10种)	梨花女子大学(10种)	韩国外国语大学(20种)	西江大学(12种)
汉语	●	●	●	●	●	●
日语	●	●	●	●	●	●
法语	●	●	●	●	●	●
德语	●	●	●	●	●	●
俄语	●	●	●	●	●	●
西班牙语	●	●	●	●	●	●
葡萄牙语	●				●	
荷兰语					●	
意大利语	●		●			
阿拉伯语	●		●	●	●	●
罗马尼亚语	●					
芬兰语	●					
希伯来语	●					
波斯语	●					
土耳其语	●				●	
伊朗语					●	
蒙古语	●				●	
印地语	●				●	
孟加拉语	●					
马来-印尼语	●				●	
泰米尔语	●					
泰语	●				●	

① 这些数据是在各大学的官方网站收集的信息，有可能不全。这六所大学除了公共外语课程之外，还设有专门的语言教学中心（对校内外开放的收费型教育机构）提供多语种教学服务，但这些信息不在本文考察范围内，故不予列出。

续 表

	首尔国立大学(27种)	高丽大学(7种)	延世大学(10种)	梨花女子大学(10种)	韩国外国语大学(20种)	西江大学(12种)
越南语	●				●	
斯瓦希里语	●				●	
汉文(古汉语)	●	●	●	●	●	●
梵语	●					
古希腊语	●					
拉丁语	●		●	●	●	●
满语	●				●	
粤语				●		

六所韩国高校针对特定专业制定了公共外语必修学分,学生获得相应学分才能获得毕业资格。表4-3可以看出国立大学的学分要求高于私立大学。首尔国立大学规定人文学院和外语专业必须修满9个学分的公共外语,其中3分必须是中级以上课程。首尔国立大学师范学院则需修读6学分的公共外语。首尔国立大学人文学院和社会科学学院还将公共外语设为考研必考科目,考生可以在汉语、德语、法语、俄语、西班牙语和汉文中任选一门参加考试。

私立大学普遍对人文学院和外语专业制定了公共外语必修学分,有3—6学分不等。除此之外,高丽大学法学院制定了公共外语修读规定,梨花女子大学要求社会科学学院和自然、艺术体育类专业必须在大一修满相应的公共外语学分,西江大学也规定社会科学学院、新闻学院和知识融合专业必须在大一修读相关公共外语学分。

表4-3 韩国高校公共外语修读政策

大学	学院	必修学分
首尔国立大学	人文学院、外语专业	9
	师范学院	6
高丽大学	人文学院、外语专业	6
	法学院	3

续　表

大学	学院	必修学分
延世大学	人文学院	6
梨花女子大学	人文学院、社科学院	4
	自然、艺术体育类专业	2
韩国外国语大学	外语专业	6
西江大学	人文学院、社科学院、新闻学院、知识融合专业	3

表4-4列出了韩国高校在公共外语课程方面的学分安排、班级人数、统一考卷、分组教学(team teaching)等方面的规定。首尔国立大学公共外语班级规模为每班20人,每周必须上语言实验课(Lab教学),教师有义务安排分组教学课堂。为了避免在目的语国家生活过或在外国语高中学过公共外语的同学重复修读课程,首尔国立大学在开学前进行语言能力测试,根据学生的公共外语水平分班授课。如果学生的公共外语水平超出授课标准,校方会通知学生修读另一种语言课程,以此做到针对性较高、覆盖性较强的公共外语教育。另外,首尔国立大学在期中和期末采用统一考卷评估学生的语言能力,以此实现较为公正的评估机制。其他五所私立大学的公共外语班级人数均为每班30名学生。高丽大学、延世大学和梨花女子大学设有分组教学义务化规定和语言实验课相关规定。

表4-4　韩国高校公共外语教学方式

大学	每门学分	每班人数	统一考卷	分组教学(team teaching)	分班测试	Lab教学
首尔国立大学	3	20	●	●	●	●
高丽大学	3	30		●		●
延世大学	3	30				●
梨花女子大学	2	30		●		
韩国外国语大学	3	30	●			
西江大学	3	30				

4.3.2 韩国高校公共外语师资情况

表 4-5 所示，首尔国立大学和梨花女子大学规定公共外语必须由韩国籍教师和母语为该语种的外籍教师一同上课。首尔国立大学的公共外语为每门 3 学分，每周 4 节课，韩国籍教师负责 3 节课，外籍教师负责 1 节课，外籍教师主要负责分组教学(team teaching)或语言实验课(Lab)。其他四所高校对教师的母语语种没有明确的规定。

表 4-5　韩国高校公共外语师资规定

大学	韩国籍教师和外籍教师	韩国籍教师或外籍教师
首尔国立大学	●	
高丽大学		●
延世大学		●
梨花女子大学	●	
韩国外国语大学		●
西江大学		●

关于公共外语课程的师资配备，延世大学公共外语负责人表示，校内如有公共外语对应的外语专业，则由该专业教师负责相应的教学工作。如果校内没有对应的外语专业，韩国高校则以学期为单位，聘任目的语国家的留学生或校外老师负责教学工作，以此保证公共外语，尤其是"非通用性"外语的教师资源。

4.3.3 韩国大学生对公共外语的认知

表 4-6 所示，虽然延世大学保证所有公共外语均提供Ⅰ、Ⅱ、Ⅲ系列，推出各类"接地气"的公共外语鼓励政策，但俄语、西班牙语、阿拉伯语和意大利语等语种到了Ⅲ级，甚至到Ⅱ级就没有学生选课。汉语和日语的选课人气则居高不下。这反映了学生对公共外语的认知和选择仍然停留在现实需求和就业方面，大部分学生都愿意选择与韩国经贸关系密切的国家的语言，比如汉语和日语，其他语种难免陷入被边缘化的尴尬境地。

表 4-6　韩国延世大学 2018 年春季学期公共外语听课人数统计

级别	汉语	日语	德语	法语	俄语	西班牙语	阿拉伯语	意大利语
Ⅰ	230	189	146	139	105	173	30	30
Ⅱ	68	84	39	45	9	23	7	—
Ⅲ	44	17	13	17				

根据韩国主流媒体东亚日报的报道，韩国每年参加托业考试的人数为 200 万人以上，占据全球托业考生的"半壁江山"①。相反，2017 年参加日语能力考试（JLPT）的考生为 9 万多人，参加汉语水平考试（HSK）的人数为 13 万左右②。如果我们考虑到参加托业、日语能力考试和汉语水平考试的考生多半为准备就业的大学生，汉语和日语又是韩国高校选课人数最多、人气最高的公共外语，仅从上述三项考试的考生人数也可以看出韩国外语教育政策、高校教学机制和个体学习者之间仍存在着较大的认知隔阂。尽管韩国政府和高校下足功夫提供各类外语教育政策和资助，英语在求学和就业方面的强势地位却日益巩固。

4.4　韩国高校公共外语教育经验及启示

首先，外语人才培养需要国家层面的规划和资助。韩国政府及时颁布并修订了符合本国经济社会发展需求的外语教育政策和相关法律，强调从国家战略层面培养具有国际视野、懂得使用多种外语的专业人才。在此基础上，韩国政府投入相应的经费预算，为培养高端外语复合型人才提供了制度性保障。首尔国立大学的公共外语培养模式在公共外语语种数量、教学方式、师资规定和鼓励政策等方面明显优于私立大学，该校设立了公共外语专项奖学金，积极组织各类国外进修项目，以此提升学生对外语学习的积极性，拓宽学生的国际视野，提升人文通识素养，这与国立大学旨在服务国家战略、经费由国家财政

---

① 不能让托业考试成为就业隔栏. 韩国《东亚日报》. 2018 年 7 月 5 日. http://news.donga.com/3/all/20180705/90908078/1.

② 日本就业热引起日语潮. 《釜山日报》. 2018 年 10 月 9 日. http://www.busan.com/view/busan/view.php?code=20181009000137.

预算支付、必须严格按照国家标准进行教学有关,也可以证明国家规划和资助在外语教育领域的有效性。

其次,高校需要建立行之有效的多语教育体系。在政府的政策和鼓励下,六所高校积极改革公共外语教学机制,加强和扩大外语语种规划,改变"外语教育过度偏向英语且外语语种数量不足"的局面。六所韩国高校制定了全面细致的公共外语教育政策,要求人文类、社科类和外语专业的本科生必须修读一门以上公共外语。韩国高校在培养相关语言技能的同时,开设相关语言国家的概况课程或文化课程,从而保障了人才培养的"复合性"。

最后,尽管韩国政府和高校层面积极增加公共外语语种数量,提供各类针对性政策,却难以扭转大学生就业和升学需求所导致的"英语独大"局面。除了本文研究的六所高校外,韩国其他高校并未跟风,公共外语的重点依旧放在英语上。这反过来也可以证明,为了满足国家的长期发展需要,政府有必要对复合型外语人才的培养进行调控和资助。考虑到外语人才培养是一项长期的系统工程,也考虑到相关语种的"非通用性"在短期内不会改变,国家需要在科学规划的基础上,选择一批具备条件的大学,建立一套行之有效的多语人才培养、储备和使用机制。

参考文献

Choi, M. (2000). A Comparative Study on the General Education of Korean and American Major Universities. *The Journal of Educational Administration* 18(2): 299-328.

Norris, J. & M. Nicole. (2016). *Innovation and Accountability in Language Program Evaluation*. Boston: Cengage Learning.

Park, J. (2018). Tasks and prospects for African languages teaching under the Act on the Promotion of Education of Critical Foreign Languages. *Journal of the Korean Association of African Studies* 55: 61-87.

Pauwels, A. (2011). Future directions for the learning of languages in universities: Challenges and opportunities. *Language Learning Journal* 39(2): 247-257.

Rosovsky, H. (1990). *The University: An Owner's Manual*. New York: Norton.

Shin, J. & E. Kim. (2018). Analysis and evaluation on general education foreign language programs of Korean universities. *European Society and Culture* 21: 147-174.

Sullivan, J. H. (2006). The importance of program evaluation in collegiate foreign language program. *Modern Language Journal* 90(4): 590-593.

Yoon, E. & Y. Lee. (2018). A comparative study on the curriculum of general education across 9 universities of the world to improve the system. *Korean Journal of General Education* 12(2): 259-286.

第五章

大湾区的多外语教育

◎ 冯予力　戴俊伊

5.1　引言

2019年2月,中共中央、国务院印发《粤港澳大湾区发展规划纲要》(以下简称《纲要》),指出大湾区发展的战略定位包括:充满活力的世界级城市群、具有全球影响力的国际科技创新中心、"一带一路"建设的重要支撑、内地与港澳深度合作示范区、宜居宜业宜游的优质生活圈。在大湾区建设战略的大背景下,如何将大湾区的多语资源转化为推动区域合作以及城市国际竞争力的文化资本是一个重要的议题(屈哨兵,2021;郭宇菲,2021)。之所以强调粤港澳大湾区的语言资源以及语言建设,是因为大湾区在这方面有其独有的特点,李宇明(2021)指出,大湾区的语言文字状况复杂,呈现出多语、多言、多文字的格局,因此在大湾区建设中,如何在保持国家通用语言文字地位的基础上,协调好国家通用语言、地区方言以及国际语言的关系,构建和谐的语言生活,是一个重要的语言问题,亦是重要的经济和政治问题。

由于大湾区城市的语言文字复杂性以及大湾区城市在国家发展中的重要战略地位,大湾区城市的语言规划、语言政策、语言态度以及语言生活,一直以来都是学界关注的重要议题(参考 Li,2017;李楚成、梁慧敏,2020;张璟玮,2020等)。尤其是在2021年6月2日,教育部召开有关中国语言文字事业发展的新闻发布会,其中首次发布了《粤港澳大湾区语言生活状况报告(2021)》(以下简称《报告》)。作为国内首部立足国家战略性区域的语言生活白皮书,从"区域语言政策与语言生活""科技产业语言状况""交通体系语言状况""生活服务语言状况""行政司法语言状况"等5个方面描写大湾区语言生活并据此提出语言建设的策略建议。毫无疑问，大力推广国家通用语言文字、构建和谐语言生活、增强语言与国家认同，是粤港澳大湾区语言文字事业的重要任务。在此基础上，《报告》也建议，粤港澳三地应加强语言人才培养协同规划，提升大湾区城市群的国际竞争力，香港发挥英语辐射英语系国家作用，澳门发挥葡语辐射葡语系国家作用，强化英语和葡语人才培养基地作用，广州、深圳等则面向"一带一路"沿线国家加强相关多语种外语人才的培养和储备。由此可见，大湾区的多语教育以及多语人才培养是大湾区语言建设不容忽视的方面。

在大湾区建设的战略背景下，粤港澳三地积极推动教育合作发展，打造教育高地，多所香港及澳门高校近几年在广东设立或计划设立校区。就外语教育而言，这很可能为港澳高校多外语教育资源的流动与辐射带来机遇。在广东省教育厅的指导下，华南师范大学、香港教育大学和澳门大学共同发起成立了粤港澳大湾区教师联合会，2021年9月，粤港澳大湾区教师联合会与华南师范大学外国语言文化学院联合主办"2021粤港澳外语教师教育与发展高端论坛"，并成立"粤港澳大湾区教师联合会外语教师教育联盟"，论坛中聚焦的议题就包括多语教师专业发展。不过，对于大湾区的语言规划研究最注重的还是香港"两文三语"及澳门"三文四语"格局中的教育语言规划问题，而较少关注两地在多外语教育以及多语种人才培养方面的状况。

因此，本章重点关注大湾区港澳两地高校的多语教育状况，分析归纳两地代表性高校的多语种课程体系、学习目标以及外语教育政策等方面的特点，从而进一步完善对于大湾区语言资源、语言生活以及语言能力建设的考察，并在基础上提出两地多语教育状况对于外语教育的启示。下文第2节介绍大湾区教育合作发展及语言教育的相关背景；第3节阐述和分析香港高校多外语教育的状况；第4节阐述和分析澳门高校多外语教育的状况；第5节为结语。

5.2 大湾区的教育合作发展与语言教育

本节简述自回归后粤港澳三地在教育方面的交流以及《纲要》发布后的深

度合作情况,并介绍港澳两地特有的多语、多言、多文格局下主要的语言教育议题。三地教育合作发展的状况与港澳两地语言教育资源如何向广东诸城市辐射有关,而港澳两地语言教育的主要议题也间接地决定了两地高校以及学生等相关群体对于外语教育以及外语学习的策略和态度。

5.2.1 大湾区的教育合作发展

粤港澳大湾区(简称"大湾区")包括香港特别行政区、澳门特别行政区和广东省广州市、深圳市、珠海市、佛山市、惠州市、东莞市、中山市、江门市、肇庆市(简称"珠三角九市"),总面积为5.6万平方公里,2017年末总人口约7 000万人,是我国开放程度最高、经济活力最强的区域之一,在国家发展大局中具有重要战略地位,是新时代推动形成我国全面开放新格局的新举措,也是推动"一国两制"事业发展的新实践。

2019年2月发布的《纲要》对粤港澳大湾区的战略定位、发展目标、空间布局等作了全面规划,其中对于推动教育合作发展、打造教育高地做出了明确要求,建设重点主要包括:鼓励粤港澳高校合作交流、共建实验室及研究中心、推动科研成果分享及商品化以及推动三地学校缔结为姐妹学校等。根据广东省推进粤港澳大湾区建设领导小组办公室主办的"粤港澳大湾区门户网"以及香港特区政府政制与内地事务局主办的"粤港澳大湾区"网站的官方信息,香港和澳门回归20多年来,港澳两地与内地在教育合作方面踏上新台阶,在合作办学、学生交流、科研合作等领域都有较好的进展。早在2005年,香港浸会大学与北京师范大学于珠海合办联合国际学院,而香港中文大学于2014年与深圳大学合办香港中文大学(深圳)。《纲要》的印发则进一步形成了大湾区教育发展和深度合作的重要推力。目前,香港科技大学正积极筹备在广州开设分校,目标是在2022年9月开校;香港大学、香港城市大学、香港理工大学等香港高校也在2020至2021年间分别与深圳、东莞及佛山等大湾区城市相关部门商议合作,在相关城市设立分校区。2021年9月中共中央、国务院印发了《横琴粤澳深度合作区建设总体方案》,旨在为澳门产业多元发展创造条件,推动澳门长期繁荣稳定和融入国家发展大局,明确琴澳一体化发展机制的完善途径,其中明确要"高标准建设澳门大学、澳门科技大学等院校的产学研示范基地"并"加快推进澳门大学横琴校区与横琴口岸的专用通道建设","高度便利澳门大学师生进出合作区"。而同年9月国务院印发的《全面深化前海深港现代服务业合作区改革开放方案》则是支持香港经济社会发展、提升粤港澳合作水平、构建对外开放新格局的重要举措,其中特别提到要在深圳"前海合作区引进港澳及国际知名大学开展高水平合作办学,建设港澳青年教育培训基地"。

与此同时,教育部近年为香港学生在内地学习、就业和生活带来各种便利。2017年推出的签发就业报到证政策,为在内地高校毕业并有志在内地工作的香港学生提供更大便利,让他们计划毕业后的就业安排时有更多选择。广东省教育厅与香港教育局、澳门教育及青年发展局及澳门高等教育局在2019年6月分别签署《粤港资历框架合作意向书》及《粤澳教育培训及人才交流合作意向书》,共同推动大湾区资历框架合作、探索建立大湾区各级各类教育与培训学分互认机制,推动大湾区人才交流。

在基础教育阶段,深圳市由2017年开始推行港籍学童可在当地公办学校接受义务教育,申请参加积分入学,与当地学童同等待遇。根据广东省教育厅提供的资料,大湾区九市中,大部分(如深圳、珠海、中山、惠州、佛山及东莞)已让港籍学童享有与当地学生同等待遇,可以积分入学或就近入学方式入读当地公办学校。中共中央于2019年11月6日公布保障港澳居民或居民随迁子女按规定享受居住地学前教育服务,以及落实港澳居民子女按当地随迁子女有关政策参加中考,入读高中。姊妹学校计划为港澳中小学幼儿园与内地学校及幼儿园提供交流合作的平台,扩大学校网络,增强了解与沟通,加深认识两地文化,共同提升教育素质。

由此可见,大湾区建设促进粤港澳三地高等教育的合作交流及协同发展,加强粤港澳青少年的交流,为三地青年提供了升学、创业、就业等各类机会,为港澳青年融入大湾区,融入祖国发展大局提供了有力的国家支持和社会环境。

5.2.2 大湾区语言教育的主要议题

在大湾区建设的过程中,语言建设是大湾区城市融合协同发展的一个重要方面,这是由于粤港澳大湾区的语言文字状况呈现出独特的复杂性(李宇明,2021)。珠三角九市主要使用普通话、粤方言和客家方言;香港在回归后推行"两文三语"政策,"两文"指中文和英文两种书面语,"三语"指粤语、英语和普通话三种口语(李楚成、梁慧敏,2020);而澳门则在回归后呈现出"三文四语"的格局,"三文"指中文、英文和葡萄牙文,而"四语"指普通话、粤方言、葡萄牙语及英语(张璟玮,2020);在文字方面,三地还有繁简差异,珠三角使用简化汉字,而港澳地区则使用繁体汉字。在这样独特的多语、多言、多文字的环境中,合适的语言规划和语言教育政策,对于增强港澳两地的国家认同,深化区域合作以及提升大湾区国际化程度都有至关重要的作用。而制定合适的政策,则需要对港澳两地特有的语言教育政策、语言资源的状况以及其中浮现出的议题有所了解。

郭宇菲(2021)回顾香港"两文三语"的历史和现状,将"两文三语"所涉及的教育语言规划总结为三方面:不断加强的英语教育、有始无终的"母语教育"、普通话科与"普教中"计划。不断加强的英语教育指为了提高民众英语水平,适应香港国际化大都市的地位,香港特区政府投入大量资金和人力加强学校基础教育阶段以及针对社会人士的英语水平;而"母语教育"则指将大部分香港人的母语——粤方言作为基础教育阶段的教学语言,所谓"有始无终"的"始"指的是港英政府以及香港特区政府都曾出台政策推行母语教育,尽管学生和家长因为重视英文的实用价值以及英文对于升学和大学学习的重要作用而排斥母语教学(即以中文或者说粤方言为教学语言)的学校,甚至以教学语言为母语还是英语作为区分学校等级的标准,促使教育局重新审视母语教育以及"中文中学"与"英文中学"的区分。不过,要求粤方言为母语的教师坚持用全英文教学是不现实的,母语一直是基础教育阶段的常用语言,而这则切实地提升了粤方言的地位和活力。在普通话方面,香港回归促成普通话成为中小学核心课程,且香港教育局还推出"普教中"计划增加学生运用普通话的机会。由此可见香港特区政府对于三语都有所投入,但是就现状而言,粤方言仍然是香港社会的主要交流语码,此外民众对于英语也有很强的认同度,相比之下,普通话的实用价值及认同度则排在英语和粤方言之后。对此,郭宇菲(2021)提出了在法律上明确普通话与简化字的地位、将普通话教育适度融入考评体系、粤港合作推进普通话教学等建议。

李(Li,2017)及李楚成、梁慧敏(2020)结合二语习得理论、心理语言学等语言学及应用学理论评估"两文三语"现状及所遇到的挑战,指出教育主管部门应当重新审视其"最长时间接触,单一语言教育"的指引,对于语码混合以及双语教育报以更宽容的态度,承认英语在升学和工作场所的独特或者说重要的功能,但同时实现这些功能不应也不需要以牺牲中文为代价,多语能力培养中不同语言的关系不是非此即彼的关系,而是可以互相附加充实的关系,即形成所谓的"additional multilingualism"。此外,他们的研究也指出,多语能力培养还应注重学前以及小学低年级的语言接触,而不能只注重将资源投入后期的语言沉浸,建议在学前阶段增加英文的接触,并借鉴内地语文教学的方法,在小学低年级进行更密集的拼音教学以辅助其更有效地进行普通话学习,通过设计更合理的拼音及普通话教学体系来增加普通话教学的活力,而非如现时一般将拼音教学贯穿在小学一至四年级的长时间跨度中,令学生感觉语言学习枯燥且缺乏成就感。

按照《澳门特别行政区基本法》第 9 条的规定:澳门特别行政区的行政机关、立法机关和司法机关,除使用中文外,还可使用葡文,也就是说,葡文也是正式语文。梁淑雯(2011)指出澳门人口九成是华人,回归后澳门特区政府将中文确定为正式语文正是表达了作为中国人的民族情感,而普通话和粤方言则可看作中文的官方方言和地区方言,因为澳门八成以上人口的母语是粤方言,粤方言在澳门是与中文相联结的本地方言,而普通话则是国家通用语言,两者在澳门都具有特殊的社会地位,并非此消彼长的关系,而是承担不同功能、和谐共存的关系。英语不是澳门的官方语言,但因其在社会各个领域明确发挥着重要作用,因此构成了如今澳门"三文四语"的格局。梁淑雯(2011)、阎喜(2016)等都提到英语不容忽视的社会地位,从教育方面来看澳门基础教育阶段大部分都以英语而非葡语作为第一外语,而澳门的代表性高校澳门大学也以英语为教学语言。因此,阎喜(2016)将澳门回归后的社区归纳为显性的中葡社区(即有两种官方语言)和隐性的中葡英三语社区。程祥徽(2021)从澳门社会的语言景观、汉语教学以及生活语言等方面总结认为三文四语在澳门和谐共存。张璟玮(2021)调查澳门青年的多语态度并与香港、北京、广州三地青年相比较,发现澳门青年对英语的评价与香港青年接近,显示出英语在澳门事实上类似官方语言的地位。澳门青年对于标准普通话和粤方言的评价要高于其他三地,表现出对于这两种语言变体的社会价值以及情感价值的肯定,而对于粤式普通话的评价则较低,体现出其较高的语言规范意识。此外,从历时角度来看,葡语的评价也有所提高,这与澳门作为"中国与葡语国家商贸合作服务平台"的战略定位有关。中文的官方地位以及研究所显示出的普通话与粤方言相当的地位价值映射出澳门人的民族情感、国家认同以及对于国家通用语言的高需求。2021年发布的《报告》基于对澳门语言生活的考察指出，澳门在社会培训和学校教育当中，应着重加强汉语书面语能力的培养，加强书面的表达规范，以中文书面表达能力的提升，来带动普通话口头表达能力的持续提升，从而为澳门的多语发展注入更多的活力。

上文已对大湾区的教育合作发展情况、港澳两地的多语格局以及语言教育相关的主要议题作了简要的概括。以此为背景，下文阐述港澳两地主要高校的多外语教育情况，将英语教育、非英语外语教育这两方面分开讨论，港澳两地国际化程度高，香港有不少非汉语或英语母语的少数族裔，而澳门除了葡人以外，也有母语为南岛语系语言的少数族裔，因此，下文的讨论也会捎带提到相关高校为非母语者提供的汉语课程。下文的讨论将关注高校的外语课程要求、课程体系、课程目标以及课程信息的对外展示等方面，以明确港澳两地高校多外语教育的模式并发掘其中可借鉴的特点。

5.3 香港高校多外语教育

香港拥有世界级的优质大学，可以说是大湾区的教育枢纽。香港八所受香港特区政府大学教育资助委员会（以下简称"UGC"）资助的法定公立大学中，四所（香港大学、香港科技大学、香港中文大学及香港城市大学）在Quacquarelli Symonds（QS）2022世界大学排名中位于全球前60位，在2021泰晤士高等教育亚洲区大学排名中位于前20位；三所新晋大学（香港科技大学、香港城市大学及香港理工大学）位列2020泰晤士高等教育世界年轻大学前20位。香港科技大学于2020《金融时报》全球EMBA课程排名位列第一；香港大学牙医学院在2021年牙医学府QS排名中位于全球第三、教育学院位列2021泰晤士高等教育的教育学科排名全球第五位、工商管理硕士课程则于2021年被《经济学人》评为亚洲第七。因此，在大湾区建设中，向广东辐射香港的高等教育资源是大湾区城市协同发展的重点之一。

本节以香港八所受UGC资助的法定公立大学为代表，考察香港多外语教育（包括英语教育、非英语的外语教育以及针对非母语者的汉语教育）情况。这八所大学分别为香港大学（HKU）、香港中文大学（CUHK）、香港科技大学

(HKUST)、香港城市大学(CityUHK)、香港理工大学(PolyUHK)、香港浸会大学(HKBU)、香港教育大学(EdUHK)以及岭南大学(LU)。通过收集并综合上述学校相关院系及中心多外语教育项目及课程信息以及向相关院校外语教师咨询得到的内容,展现出香港高校的多外语教育情况。需要注意,本节所关注的语言教育课程专指"非外语专业或中文专业的语言课程"。

八所高校外语课程的语种归纳如表5-1。非英语语种中,每所高校都提供法语及日语课程;7所高校提供西语及韩语课程,而5所高校提供德语课程。香港大学课程涉及的语种数量最多,香港中文大学次之,分别达到13种及10种,两所学校都提供意大利语、阿拉伯语及泰语课程。香港大学是香港唯一一所提供希腊语、葡萄牙语、瑞典语课程的高校,香港中文大学则是唯一提供俄语课程的高校。

表5-1 香港八所UGC资助高校开设外语课程的语种

学校	英	法	日	西	韩	德	其他语种
HKU	√	√	√	√	√	√	意大利语,阿拉伯语,泰语,希腊语,葡萄牙语,瑞典语,斯瓦希里语
CUHK	√	√	√	√	√	√	意大利语,阿拉伯语,泰语,俄语
PolyUHK	√	√	√	√	√		
HKBU	√	√	√	√	√		
CityUK	√	√	√	√	√	√	
LU	√	√	√	√			
HKUST	√	√	√	√			
EdUHK	√	√	√				

从这些高校外语课程语种的共性中可以一窥大学生生涯发展以及香港社会国际化发展所凸显出的需求。除了英语以外,法语是诸多全球性国际组织的工作语言,使用的人士及国家较多,法国是贸易大国,因此拥有一定的法语能力可以提高学生的就业竞争力,而且赴法学习也可能是不少学生继续深造的选择;而对日语学习的需求则主要是因为要提高就业竞争力,对日本流行文化感兴趣以及与日本的地理上有亲近关系。而高校所开设语种之间的差异则折

射出不同学校多外语教育的特色以及与之相关的院系设置以及师资配置差异。

如表 5-2 所示,各高校开设外语课程的单位主要有两类,一类为专门提供语言课程的语言中心,另一类则为专业院系,其研究方向主要包括语言学研究、文化研究、国别研究等,这两类单位往往是相对独立的部门,前者侧重非外语专业的语言教学,而后者则是语言教学为辅,侧重专业教学及研究。八所高校中,每所学校都有类似专门的语言教学中心,有的只负责英语教学,如香港大学的应用英语中心,有的则提供英语及非英语的外语教学,如岭南大学的英语及其他语言中心,而有的则提供更广义更综合的语言教学,如浸会大学的语文中心除了英语及小语种教学以外,还为非母语的学生提供汉语教学。若高校的语言中心专注英语课程,则往往其他的专业院系会开设一些非英语的外语课程来培养学生的多外语能力,满足其多元化的学习需求,香港大学、香港中文大学、香港理工大学和香港教育大学都是采取这种模式。香港城市大学的翻译及语言学系也曾设有非英语外语的辅修项目,但目前此类课程转而由语言中心承担,实现了非专业外语教学和与外语相关的各类专业教学与研究的相对独立运作。

表 5-2　香港八所高校中负责外语教学的单位

学校	语言中心	专业院系
HKU	应用英语中心	现代语言及文化学院
CUHK	英语教学单位	语言学及现代语言系
PolyUHK	英语语言中心	汉语及双语学系;英语及传意学系
HKBU	语文中心	
CityUK	语言中心	英语系
LU	英语及其他语言中心	
HKUST	语文教育中心	
EdUHK	语文教育中心	语言学及现代语言系

5.3.1　香港高校的英语教育

在各类外语课程中,英语课程始终占据核心的位置,这一地位在英语课程的教学单位设置、修读要求、课程体系和教学教研资源四个方面都有所体现。

首先,如表 5-2 所示,一些香港高校的语言中心其实就是专门的英语教学机构,而其他语种的教学往往是分散于专业院系的选修课程或者辅修项目;即使有的语言中心提供非英语的外语课程,其部门介绍也往往会明确其最核心的教学使命是提升学生的英语能力。

其次,香港高校在招生时对学生的英语水平有较为明确的要求,同时也要求本科学生必须完成相应的英语课程修读要求方可毕业,以保证学生的英语能力较其入学时有所提升,能够适应香港高校以英语为主要教学语言的学习模式,用英语学习专业课程并能够应对毕业之后继续深造或者职场工作中的语言挑战。例如,香港中文大学在本科生招生中对于本地学生、内地高考生或国际生等不同的类别都有明确的语言要求,本地生须在香港中学文凭试(HKDSE)获得 3 分以上的成绩,内地高考生的英语单科成绩须达到总分 85% 以上,而国际生也需要在其他标准化考试中达到相应的标准,如雅思 6 分以上。而在入学后,学生必须要修满一定的英语学分方可毕业,香港中文大学要求学生在各类英语课程模块中修满 9 学分才能达到毕业要求;香港城市大学要求在 HKDSE 考试中获得 4 分以下成绩的学生入学后修满 12 学分的英语课程,而成绩在 4 分以上的学生则需要修满 6 学分的英语课程;香港科技大学本科学生则需修满 12 个英语学分以达到毕业要求。

第三,在课程体系方面,香港高校大都采取分层、分模块的课程体系设计,英语课程可以大致分为:注重语言基本技能培养的英语基础课程(如大学英语),体现人文性的英语通识课程(主要涉及目标语国家文化、文学、社会等方面,如当今世界的英语、电影及短篇小说中的英语等),满足学科教育需求的学科英语课程,面向职业发展及学术深造需求的英语提升课程(如雅思考试准备、英语发音、数字素养与英语沟通等)。各高校英语课程的具体分类归纳如表 5-3。

表 5-3 香港八所高校的英语课程主要分类

学校	英语课程分类
HKU	基础英语课程; 学科英语课程; 语言运用提升课程; 语言运用及数字素养课程(如英语网络视频、播客、有声书创作)

续 表

学校	英语课程分类
CUHK	大学英语； 学科英语课程； 英语文化类课程
PolyUHK	语言与沟通类课程； 学科英语类课程； 人文通识类课程； 写作课程
HKBU	基础英语课程（如大学英语）； 学分课程（如英语创意写作、高级商务英语、高级学术英语）； 非学分课程（如雅思准备、英语求职技能）
CityUK	基础英语课程（偏重学术英语技能及知识）； 精进教育课程（修辞写作高级课程，学科英语课程）
LU	大学英语； 学科英语课程； 人文通识类课程； 标准化考试准备课程； 语言运用提升课程
HKUST	大学英语； 数字素养与英语沟通课程； 学科英语课程
EdUHK	大学英语； 职业英语课程（如幼儿教育英语） 标准化考试准备课程； 语言运用提升课程

香港高校的英语课程中体现出三个特色：重视培养实际语言运用能力；与学科教育及学生生涯发展紧密结合；侧重工具性，兼顾人文性。

为了提升学生的实际语言运用能力，香港高校的语言中心除了基础的语言课程外，普遍还开设写作辅导、演讲培训、语言学习工作坊及竞赛等各类活动，以培养学生以英语表达自我的能力，通过课内的学分课程以及课外的补充活动营造外语学习的浓厚氛围以激励学生养成自主学习的习惯和风气。比如，香港大学的应用英语中心推出了融合多媒体手段的选修课，通过网络视频创作、有声书视频书学习以及播客制作等提升英语运用能力及数字素养。在学分课程以外，中心还为学生提供语言支持服务，通过开设一对一咨询、工作坊以及讨论组等提升学生在校园及其他场合的英语沟通能力，并设有若干小规模限制性在线课程（SPOC），通过短期在线课程及面对面授课为学生某一方面的语言运用提供帮助。值得一提的是，这些混合式教学的课程名称如"Concise writing""Impactful presentations""Critical reading"等直接明了地体现出课程的学习目标或者说学生学习课程之后的期望产出结果，简洁且可亲近的语言表达向学生描绘出语言运用的某种理想状态，向学生说明课程期望赋予他们的语言能力。这提示我们，外语课程的设计中，除了在课程学习目标、教学内容及方法上融入以学生为中心的思想，在如课程名称设计的细节上也可以多加思考，以最大程度调动学生主动学习外语的热情。

香港高校的教学语言以英语为主，且在学生毕业深造以及工作的环境中英语往往也是主要的语言，因此高校英语课程十分注重学生在校学习以及之后生涯发展的需求。每个学校都提供学术英语类的课程（如学术英语语法、学术英语写作、学术英语报告等方面的课程）；绝大部分的学校都设有专门的学科英语课程，其中，香港大学应用英语中心开设的学科英语课程（English-in-discipline courses）的门类最为丰富，涵盖人文艺术、科学、建筑、工程、医学等9个学科的主要专业方向；香港中文大学英语教学单位则选择与各院系合作，协同构建院系学科英语的课程体系并根据院系特定的专业需求定制语言能力课程，如社会工作者职业沟通、表演艺术中的英语等。香港城市大学的学术及学科英语课程则分布于两个模块，包括语言中心提供的基础英语课程以及英语系提供的英文精进教育（gateway education）课程，前者专注广义的学术英语知识及技能，比如介绍学术英语的语法结构以及写作的基本要求等，而后者则包括高阶的技能如论文写作、修辞方法以及各学科的专业英语训练。

香港科技大学的学科英语课程注重有效地用英语传意沟通专业知识，作为一所科学技术类专业为主的学校，其学科英语课程更注重学科大类下的细致分类，几乎每个专业（而非仅仅是大类学科）都有其专属的英语课程，如"Science communication in English"的课程大类下就细分为数学、化学、生命科学、环境科学等多门相关英语课程。值得注意的是，此处的communication（传意或沟通）其重点并非如何在专业课堂上进行英语沟通，而是专注于如何用有效的口头或书面表达向非专业人士传递相关专业的科学知识（包括基本概念以及相关研究的意义等),兼顾普及性、科学性以及说服力。课程也注重沟通传意中对于新时代媒体渠道以及设备的运用,培养学生通过拍摄短视频等方式令科学知识及研究成果更亲近大众。从实际的角度来看,教会学生如何用大众听得懂的语言传递专业知识,对其今后的生涯发展来说是(如向非专业人士推介科技产品的构想或者提升社会大众的科学意识等)非常重要的一步。此外,学科英语设有专门的研究英语课程提升学生撰写研究性论文、摘要、综述类文章的技能,基于学生各自的研究工作辅导学生撰写相应的研究论文或报告并给予修改意见。两方面的沟通课程兼顾了学生今后在业内和业外的发展需求。

香港教育大学的语言中心名称为 Centre for Language in Education,顾名思义,其语言课程旨在为教育教学活动中的沟通服务,以满足学生在未来从事幼教以及基础教育阶段教师工作时的语言需求,因此在学科英语方面,教育大学特别开设了"English for early child education"之类的教育英语课程,需要注意的是,按照香港的教育语言政策,香港基础教育阶段的教学语言也包括粤方言和普通话,因此教育大学的语文教育中心除了上述英文增润课程(enhancement program)之外,也含有普通话、幼儿教育专用中文等汉语类课程以满足学生的职业发展需求。

香港理工大学的学术及学科英语课程主要分为三个模块,基础的学术英语课程(如大学英语、沟通与劝说等),专业的学科英语课程(如针对科学专业、技术类项目、金融管理等各学科及专业的英语课程)以及写作课程(线上讲座及写作实践相融合的课程)。理工大学将这些课程模块称为 requirement,即修读这些模块中的课程是学生毕业必须达到的要求。其中,最具有特色的莫过于写作课程的架构,写作课程包含两大部分,语言中心提供的有关写作技巧的一系列短视频课程以及写作实践。写作课程的特别之处在于写作实践并非由写作中心出题或者完全由学生自主选题,而是与学校开设的专业课程紧密联系,部分专业课程的评价方式中会列明含有写作要求以及要求的作品类型,如课程"Introduction to aviation industry"需要提交一篇项目报告(project report)。学生在大学学习中,必须选择一门含有此类写作要求的课程,并基于作品类型向语言中心提交两次写作作业,即作品初稿、修改稿以及修改说明,通过基于学科知识的写作实践对学术写作的特点以及过程有较为完整的了解。可以说，理工大学的写作课程有助于提升专业学习的成果质量，但同时也是专业学习之外的要求，为了帮助学生顺利达成这一额外要求，语言中心列明了专业课程的写作要求、写作类型并对相关类型的特点和技巧做了较为明确的说明，以帮助学生选择自己感兴趣的写作项目及课程。

除了培养专业学习、学术研究活动所需的语言能力，香港高校也注重学生应对今后职场工作以及融入社会时所需的语言要求，基本每所高校都设有帮助学生提高标准化英语考试成绩的课程（如讲授如何准备雅思考试的课程），帮助学生达到海外交流、职场实习以及科研深造等规划所需的语言要求。不少学校还设有英文求职技能的辅导，如香港浸会大学推出了系统的求职技能非学分英文课程（包括英文简历、笔试、求职信、面试培训等）。值得一提的是，香港理工大学的英语语言中心还设有服务学习（service learning）选修课，通过在社区教英语、拍摄英文慈善公益类视频等服务项目，在训练英语能力的同时培养学生的社会意识、责任感和同理心。服务学习课程不但提高学生的综合语言能力，也考虑到语言对于其学业、职业发展的积极作用，还注重英语能力对于校园及香港社会的传递正面价值以及多元文化的作用。

前面所说的课程体系及内容设置似乎主要体现的是英语的工具性，大部分课程的设置是因为英语是在校学习考试、学术研究、学术交流、职业发展的重要工具。除此之外，香港高校的非专业英语课程也没有忽略英语课程的人文性特质。比如，香港浸会大学语文中心就指出其重要的使命之一是培养学生通过语言学习能够更好地认识世界、表达自我，养成自我学习的习惯，从这样的定位就可见英语学习的目的超出了掌握工具，而是变成了完善学生人格。香港大学、香港科技大学以及香港理工大学等高校，都注重英语教育与数字素养培养、社会实践等领域的结合，引导学生制作英语短视频、播客等数字作品，在其制作过程中，用英语融合多媒体、多模态的手段表达对于人文、社会、科学问题的关注是其真正的目的，这个过程中学生所经历的自我成长，所激发出的创造力也彰显出这些课程的人文性特质。此外，不少英文课程往往本身就带有文学及文化研究的特点，虽由语言中心之类的机构开设，但在课程属性上更接近人文通识课，比如香港理工大学英语语言中心的"Cluster-area requirement"课程，其中的cluster-area指的是学科之间的集群和融合，即鼓励学生通过英语课程学习了解自己所在专业以外的知识,此类课程中就包括如科幻小说、叙事学、恐怖小说、创意写作等以具体文学和人文话题为主线的课程。总体而言,考虑到课程的亲近感和普适性,非专业的英文通识课程通常都不采用非常学术的标题,而是力求让没有文学或文化专业基础的学生也能明白课程的主题,如香港中文大学的"English through food""English through great essays""English through film"等。而以 English through food 课程为例,课程旨在通过探索食物在文学、文化中的象征意义,考察食物在媒体作品中的作用,通过阅读文字作品、观看影视作品以及撰写相关的综述、拍摄食物短片来提升学生的英文听说读写能力以及对于现代社会饮食习惯及其相关话语的认识。从课程的内容、评价方式以及目的来看,英语人文通识课同样也是人文性与工具性兼顾的。

最后,必须指出,香港高校英语课程的教学教研资源可谓丰富,此处主要指在课内教学以外为学生所提供的教学资源。每个学校的英语教学单位专属网站上都包含 Resources("资源")之类的栏目,其中会说明英语课程修读相关的学校规定以及学校所提供的线上和线下语言学习资源,比如香港大学的应用语言中心推出了 6 个 SPOC 课程,分别帮助学生对演说、正式文体、句法结构等语言的单一方面有所精进。课外教学资源还包括提供英语一对一咨询辅导或者组织小组讨论活动等,几乎所有高校都会在语言中心等机构网站列出具体的活动日程以及预约和参与的规则。比如香港大学的应用语言中心为学生提供的课外支持服务包括 3 项专门辅导:写作辅导、口语辅导、数字素养实验室以及 1 项通用的语言支持服务,为学生提供语言学习的各类建议。这些课外辅导由语言中心下属的写作中心、口语工作室及实验室等子单位负责。而香港中文大学的课外支持服务则以项目的形式开展,比如学生活动项目会组织英语社交、英语学习资料分发、英语社会实践等有趣的 edutainment 活动,商务会议项目负责介绍商务会议的语言及礼仪,此外还有专门培养学生公众演说以及推介能力、创意写作能力等的项目。最后值得一提的是,香港大学的应用英语中心除了开设课程以外,也设有应用语言学硕士项目,并与教育学院合作开设 TESOL 硕士项目,与其他香港高校的语言中心相比可谓独树一帜,教研结合的模式也许是中心课程及语言服务体系丰富的原因之一。除了面向学生的课外教学资源,中心也有一系列语言教学研究的资源,例如 Identification and Implementation of Effective Language Advising Practices to Enhance Teaching and Learning at CAE and beyond 以及 Analysing English Learners' Experiences in the Transition from Senior Secondary Mainstream and Shadow Education to University Studies 等项目。

综上所述，香港高校的英语教学有特点如下：

（1）课程首要目的是帮助学生使用大学惯常的全英文教学模式，为此学校提供一系列学术英语及学科英语课程。

（2）课程尤其关注学生的生涯发展需求，为此学校开设求职、标准化考试、商务会议用语及礼仪等课程与辅导，也开设研究论文写作、英语科普等课程内容，以帮助不同职业选择的学生在今后的职业发展中自如地运用英语技能并更易获得成功。

（3）课程设置侧重英语的工具性，但也兼顾人文性，设有人文通识类以及服务学习类课程，重视英语运用的过程与时代发展的结合，重视学生的英语学习与自我成长、人格完善以及创新力培养的协同性。

（4）成体系的线上线下课外教学资源（包括课外的英语辅导工作室、专门的拓展项目等）以适应学生的个性化学习需求，帮助学生多元化发展。

李楚成、梁慧敏（2020）指出，香港的语言政策是"两文三语"，要求"所有中学毕业生都能够书写流畅的中文和英文，并有信心用广东话、英语和普通话与人沟通"，由此看来，英语似乎是汉语之后的第二语言。但事实情况是，由于香港粤方言母语者还是倾向于用粤方言沟通，使用全英语沟通，会显得格格不入，因此香港华人由于强烈的朋辈压力，不会用全英语沟通，而是倾向于用以粤方言为主，粤英夹杂的方式交流。尤其对于一般的香港人而言，英语与他们的日常生活关系不紧密，很少接触英文的音乐影视作品或者媒体，所以与其说英语是第二语言，英语的真实地位更接近于外语。在这样的背景下，就不难理解为何香港的高校要调动课内课外诸多资源来锤炼学生的语言能力了，这是因为对于粤语为主的香港人而言，学校可能是其接触英语的唯一场所，学校也需要尽力营造英文学习的环境来帮助学生应对在大学学习以及未来职场和学术深造中所面临的语言挑战。

5.3.2 香港高校的非英语外语教育

香港高校的英语课程基本由语言中心承担，而非英语外语课程则由语言中心或相关的专业院系承担。表5-4归纳了各高校非英语课程的开课单位以及是否有辅修项目等关键信息。

表 5-4 香港高校非英语外语课程开设情况

学校	开课单位	开设语种	是否有辅修	辅修语种	辅修学分
HKU	现代语言与文化学院	法语、德语、意大利语、日语、韩语、西班牙语、阿拉伯语、希腊语、葡萄牙语、瑞典语、泰语、斯瓦希里语	有	法语、德语、意大利语、日语、韩语、西班牙语、阿拉伯语、希腊语、葡萄牙语、瑞典语、泰语、非洲研究（含斯瓦希里语修读要求）	36
CUHK	语言学及现代语言系	法语、德语、韩语、日语、西班牙语、德语、阿拉伯语、泰语、意大利语、俄语	有	法语、德语、韩语、西班牙语	18
PolyUHK	汉语及双语学系	日语、韩语	有	日语、韩语、西班牙语、欧洲研究（含欧洲语言修读要求）	18
	英语及传意学系	法语、德语、西班牙语			
HKBU	语文中心	法语、德语、日语、韩语、西班牙语	有	法语、德语、日语、韩语、西班牙语	15
CityUK	语言中心	法语、德语、日语、韩语、西班牙语	无		
LU	语言及其他语言中心	法语、日语、韩语、西班牙语	无		
HKUST	语文教育中心	法语、日语、西班牙语	无		
EdUHK	语言学及现代语言系	法语、日语	有	法语、日语	15

由表5-4可知，上述八所高校都开设了非英语的外语课程，其中每所高校

都开设法语及日语课程,除此之外较常开设的语种是韩语和西班牙语。部分高校的外语课程由语言中心承担,其中只有香港浸会大学的语言中心提供辅修项目(minor program),香港浸会大学语言中心的外语辅修项目的学习强度相对其他学校的辅修项目小一些,大约修满5门共15学分左右的课程即可获得辅修证书。香港浸会大学的语文中心为每个语种开设5—6不同程度的语言技能课以及1—2门语言文化类或应用类课程(如法国电影中的当代法国社会、商务德语等),而学生修满某一语种的4门语言课及1门文化或应用类课程就可以修满15学分。需要注意,为了公平意见,也为了保证辅修项目确实是专业学习之外的学习成果,浸会大学规定,因为学校四年制欧洲研究项目中已含有上述非英语外语课程,所以该项目的学生不可重复修读相关的外语辅修项目。

而其他学校的语言中心要么只承担英语课程的教学,要么仅提供初级到中级的非英语课程以及少量的文化或商务类外语选修课程。香港科技大学的语言教育中心(Centre for Language Education)设有法语、日语、西班牙语的第三语言课程,旨在培养学生的跨文化意识。法、日、西三语每种提供一门最基础的语言文化课程,帮助学生了解目标语的基本特点以及目标语国家的基本情况。香港城市大学的多外语教育亦由学校语言中心(language centre)承担,提供法语、德语、日语、韩语、西班牙语课程以提升学校的多语及多文化氛围。对于每个非英语语种,中心开设4门不同级别的语言课(如法语1至法语4)以及1门相关国家文化社会课程,1门商务外语课程,修读完最高级的语言课程后,学生应该可以达到欧框A2水平。除此之外,学校的翻译及语言学系曾设有外英语的外语辅修项目,但目前已停止招收学生。岭南大学的多语教育课程主要由英语及其他语言中心(Centre for English and Additional Languages)负责,其中其他语言包括法语、日语、韩语及西语,每个语种提供2—3门初级到初中级语言课程。

从语言中心公开的课程目标以及课程内容可以发现,由语言中心开设的非英语外语课程或辅修项目,其首先的目的是令学生有更好的生涯发展,为其今后的职场工作以及学术深造提供额外的竞争力,帮助学生在社交或学术交流等场景下用目标语进行基本的日常交流。其次是促进学生语言、知识以及文化等综合素质的发展,对目标语相关国家及地区的文化知识有所认识。课程的学习目标中往往会明确学生修读完课程后可以达到何种水平(以欧框评价为参考),令学生了解学习语言课程可以获得何种实质性的进步,这说明这些高校的非英语外语课程的设计更注重语言的工具性,而相对次要考虑人文性。

香港大学、香港中文大学、香港理工大学以及香港教育大学的非英语外语课程由专业从事语言学研究或文化研究的院系开设。香港大学的相关课程由现代语言及文化学院开设,香港理工大学的欧洲语言课程由英语及传意学系开设,上述两个院系主要专注语言文化以及文学研究。而香港中文大学、香港教育大学的非英语外语课程以及香港理工大学的亚洲语言课程则由从事语言学研究的院系负责开设。这些院系都提供外语选修课程以及更系统的辅修项目。相对而言,语言学系的关注重点是语言本体研究以及语言习得研究,为了提升学生对于语言现象的敏感度、了解跨语言的共性和差异,会要求学生修读第二门外语,这也是为何语言学系往往配备专门教授非英语语种的外语教师,不过这类外语教师的数量并不多,因此能开出的课程数量并不多,例如香港教育大学语言学与现代语言系提供法语和日语课程及相关的辅修项目,每个语种总共设有4门语言课程和3—5门文化类课程,而学生需要修满15分的相关语种课程方算完成了辅修,辅修包括必修的4门共12分语言课程以及在3—5门文化课中选修1门目标语国家的文化课程。香港中文大学以及香港理工大学的辅修项目的修读要求相对高一些,需要修满18学分。香港理工大学英语及传意学系为法、德、西三语提供2—3门基础至中级语言课程供学生选修,修读完毕后学生最高可达到A2水平,这些课程旨在为学生日后的职业发展助力,帮助他们获得参与学校欧洲交流项目的语言要求资格以及让学生对目标语国家的文化有所了解,此外,该系还设有欧洲研究和西班牙语两个辅修项目,学生需要按要求修满18分相关专业的课程,且主修专业也需要达到一定的绩点才可以获得辅修证书,辅修项目中包括9—12分的欧洲语言课程。汉语及双语学系则开设了类似的日、韩语言课程及辅修项目。香港中文大学的非英语外语课程则由语言学及现代语言系负责,语种包括法语、德语、韩语、日语、西班牙语、德语、阿拉伯语、泰语、意大利语及俄语,此外还提供香港手语课程,而这与现代语言学习亦关注手语研究有关。在这些语种中,法、德、韩、西四种语言有辅修项目,而其他语种则提供一定量的课程供学生自由选修。

在八所高校中,香港大学现代语言与文化学院开设的外语辅修项目的修读要求最高,学生须修满 36 个学分方可达到要求,且课程贯穿大学四年。以香港大学的法语辅修项目为例,学生需要在大一修满两门 6 分的法语语言课程,并在接下来的三年中修满 4 门 6 分的法语语言课程。香港大学法语专业的学生的修读要求为 72 个专业学分,辅修项目的学分要求达到其一半,而且辅修项目的修读要求其实覆盖了所有法语专业所要求的核心语言课程。为何香港大学的辅修项目要求相对高出许多?主要是因为开课院系为主要从事文学文化研究的学院,从事某国或某地文化或文学研究的教师往往也通晓相关国家或地区的语言,而相比之下,语言学研究则常由普遍的语言学理论出发,相关的研究人员可能了解但并不完全通晓所研究的语言,而是通过母语者调查获取语料。比如,日语文化的研究者往往通晓并可以教授日语,而日语语言的研究者却可能只是一定程度通晓日语,而达不到教授日语的程度。因此,在文化研究类的院系中,能够教授语言课程的师资相比语言学系要丰富。依托专业院系所设的非英语外语课程项目,往往要求辅修或者选修的学生与所在专业学生一同学习,修读一样的课程,只是在修读的课程数目上有所减少。这些由专业院系开设的辅修项目常常带上"半专业"的特点,由此,香港大学的语言辅修项目也显示出相关院系专业的人文性,例如,在其法语辅修项目所列出的学习目标中,首先是对于语言的熟练掌握以及对于法国及法语国家的了解,其次是与其他学科(如英语、翻译、艺术、历史、欧洲研究等)的融合与互相补充,为学生求职提供更多优势则是最次要的目的。香港大学的不少辅修项目鼓励学生在修读课程的基础上参与为期 3—4 周的目标语国家交流项目。此外,法语、德语、日语、韩语、意大利语及西班牙语设有非学位的课程项目,每个语种面向在校师生及社会大众提供 1—5 门付费的初级到中级的语言课程,学生和教职工在学费上享有一定的优惠。

综上所述,香港高校的非英语外语课程的数量以及体系性与各校院系设置及师资储备有很大关系。一些高校没有从事相关语种研究的院系,而是依托语言中心开设外语课程,课程的数量较少,也常常没有成体系的辅修项目,另一些高校依托专业院系开设非英语外语课程,则课程在数量以及体系性上都更胜一筹。从课程的学习目标上来看,大部分高校都强调课程对于学生未来求职以及深造的工具性价值,以及提升学校及社会多语言多文化或国际化的益处，只有香港大学的辅修项目将跨文化沟通、深化对于目标语国家的理解等人文性的目标摆在提高求职竞争力之前。从课程内容上而言，非英语外语课程主要为分级的语言课程以及少量的文化或商务语言课，就算是学习强度最大的香港大学语言辅修项目，其核心也主要是语言课，并不是以人文话题为主线的专业课。这样的课程体系设置较英语课程就相对单一很多，后者除了综合类的语言课以外，也有专注提高某方面语言能力的课程（如论说文写作）、人文类课程等，而这些类别的课程在非英语外语课程中并未见到。这也从侧面佐证了非英语课程在大学学科学习中的次要地位，以及其工具性大于人文性的定位。

最后需要指出的是，非英语外语课程不属于必修课，因此在吸引学生方面需要下更多功夫，在八所高校中，香港大学、香港中文大学对于课程的推广方式值得借鉴。香港大学所开设的每个语种都设有专门的网站介绍相关语言的概况、为何要学习该语言、辅修项目修读的方式以及项目每门课程的简介、学习目标和评价方式，让学生能够仅通过网站对该门外语的特点、魅力以及学习这门外语的益处有初步的了解并建立良好的第一印象。香港中文大学也为每个语种都制作了单独的网页，清楚地说明为什么要学习相关语言，并图文并茂地列出修课学生的经验体会。院系的网站上也特别制作动画视频解释如何制定辅修计划，以激励学生进行多语学习并帮助他们合理规划顺利获得辅修证书。视频以学生个案的形式清楚地介绍道：大部分语种在夏天会开设密集式的 6 学分语言课程，因此一个零基础的学生最快可以大一大二结束的暑假就从零开始完成 18 学分的语言课程完成辅修，这样若在大三申请去目标语国家交流学习时就可以保证自己已经有良好的语言基础来获得更好的学习体验。学生在申请辅修项目的时候相对谨慎，往往是因为担心自己由于主修专业的负担以及英语课程的必修要求等因素而半途而废，而开课院系若能帮助学生制定合理的规划，会赋予学生更多学习的动力和决心。上述宣传方式都不失为吸引学生学习第二门外语、提高高校学生多语能力的好办法。

5.4　澳门高校的多外语教育

澳门高校的语言教学十分富有特色，讲求多语并举，主要开设的外语为英语和葡萄牙语,多所高校包括澳门大学、澳门科技大学、澳门理工学院、澳门城市大学均开设了英语及葡萄牙语专业,澳门高等校际学院(圣若瑟大学)开设了葡萄牙语专业,澳门理工学院还设有葡语教学及研究中心、国际葡萄牙语培训中心,澳门城市大学设有葡语国家研究院,可见英语和葡语在澳门的外语教育中占据主要地位。除这两门外语以外,小部分澳门高校还开设了其他小语种专业,也提供一定的辅修项目及选修课程,但其规模项目比起香港高校就小得多。例如澳门大学开设了日语专业,并设有日本研究的辅修项目,澳门科技大学则开设了西班牙语专业,并提供西班牙语 DELE 考试的短期培训课程。除去以上这些专门开设了外语专业的高校外,大多数未开设外语专业的学校也都开设了英语或是葡语课程。

与澳门富有特色的语言教学相匹配,澳门高校非语言专业的教学授课语言也有自己的特色。大多数高校的非外语专业授课语言主要为中文和英语,澳门大学以英文授课为主,其次为葡语和汉语。澳门理工学院英语、葡语、汉语并用。从授课内容上来看,法律、财政等专业课程较常使用葡语授课,而经济、计算机等多用英语授课,其余则为普通话和粤语(崔明芬,2012)。澳门高校的授课语言"四语"并举,主要以英语和汉语为主。

总体而言,澳门高校的外语课程及专业设置中最为重要的是英语,其次是葡萄牙语,除这两门以外极少有其他外语类专业和课程。在授课语言方面,以英语和汉语为主,少数专业使用葡萄牙语作为教学语言。

5.4.1 澳门高校外语教育政策的演进

16 世纪中叶,葡萄牙在澳门登陆后,促进了西方文化在当地的传播,澳门高等教育进入了以基督教文化为主要特征的传教士办学阶段(马早明,2010)。澳门的高等教育始于 1594 年,耶稣会建立了澳门圣保禄学院(College of St. Paul of Macao),学院不仅设置神学、历史、法律、哲学等人文社会学科,还设置了数学、物理、医学等自然科学学科。第一次鸦片战争以后,葡萄牙势力开始衰弱,与此同时,澳门高等教育也开始走向衰弱。1762 年,因葡萄牙王室全面驱逐耶稣会士,圣保禄学院被葡澳当局关闭。作为中国第一个西式高等教育学院,也是远东最早的欧洲中世纪高等教育机构,圣保禄学院停办后,澳门高等教育也随之陷入了沉寂。

20 世纪中叶至回归前,中国的改革开放带动了澳门地区旅游业及娱乐博彩业的发展,澳门经济开始复苏,对于高等教育的需求随之日益增长。然而在 1981 年以前,澳门没有任何高等教育机构,直到 1981 年 3 月,香港投资者在澳门创办东亚大学,它是在澳门由中国人开办的第一所正式大学,是澳门大学和澳门理工大学的前身(袁长青,2011)。

澳门回归后,经济持续发展,政府加大教育投入,高等教育快速发展,先后成立了 12 所高等教育机构。从管理上来说,院校享有高度的自治权。在办学特色上,既有综合性大学,例如澳门大学,又有专业学院,例如澳门高等保安学校、澳门镜湖护理学院以及工商科技类的澳门理工学院和澳门科技大学。

澳门当前的语言状况可以被概括为"三文四语",然而在 1553 年葡萄牙占据澳门之前,澳门是单语社会。葡萄牙人的登陆使葡语成为澳门的官方语言,从此澳葡政府采取了"葡语独尊"的立场,但并未发布强制推广和学习葡语的语言政策。以东亚大学为例,"1979 年的土地租赁协议中包括一个条款,要求东亚大学发展一个葡萄牙语研究中心,开设葡语哲学、语言学、语言、文学、文化和历史课程。然而,当地葡萄牙学生不选择进东亚大学上学,因为直至 1987 年,大学没有多少葡萄牙语课程"(贝磊、古鼎仪,2006)。1989 年 2 月,澳葡政府宣布收购东亚大学,聘用了具有葡萄牙学院背景的教授,垄断了在澳门大学开设的葡萄牙语言及语言的课程,除此以外葡语在法律等其他社会人文科学学科上也处于支配地位。在大力开展葡萄牙语教学、加强葡萄牙语言文化的统治地位同时,学校也保留了一些英语和汉语课程。1991 年澳门总督韦奇立颁布的《澳门教育制度》规定各教育机构在进行教学时只能使用葡语或汉语。在特定情况下也可以使用英语作为教学语言。这一制度的规定相当宽松,给了各教育机构在学制和课程决策方面一定的自主权。尽管政府十分重视葡语并制定了特定政策来推广和巩固葡语的地位,但葡语教育在很长一段时间内都处于低迷期。直到 2010 年后,澳门的葡语教育才逐渐复兴。随着澳门回归,澳门特区政府将葡语作为连接葡语国家的媒介,这一隐形语言政策让社会个体看到了学习葡语对提升经济和社会地位的作用,从而对于葡语教育的复兴起到了一定的作用(张桂菊,2010)。开设葡语专业的高校增至五所(澳门大学、澳门理工学院、澳门科技大学、澳门城市大学、圣若瑟大学),吸引了本地和内地的生源。1999 年 12 月 13 日,即澳门回归前 7 天,澳门特区政府颁发

101/99/m 号法令后,在澳门的语言学习不再受到政府意志影响,各校可以自由选择开设的语言课程以及所选取的教学语言,此后理工学院因社会需要开始大力发展英语相关学科及中葡翻译课程。

从以上回顾可以看出,澳门高校的语言教育政策变动在回归前主要是随着殖民地时期的澳门政府(1887年—1999年12月19日,以下简称澳门政府,以与中华人民共和国澳门特别行政区政府相区别)对推广和普及葡萄牙语的重视程度而变化的,但大体而言,并没有对整个体系产生深切的影响(黄发来,2016)。葡语在政治上占优势,然而,它只在政府、司法、公务等方面占据重要地位,并没有真正渗透到整个澳门社会的方方面面。而在回归后,随着国际化进程的推进,英语的经济地位日渐凸显,英语在高校教育政策中的地位也愈发提高,相比于葡语,高校更普遍地使用英语教学、开设英语课程。

5.4.2 澳门高校外语教育政策实施的特点及动因分析

澳门被誉为"语言博物馆",澳门地区复杂的语言现象使得当地的语言政策不断变化。澳门高校外语教育政策的变动主要是围绕着以下两部分进行的:回归前后葡萄牙语教学和课程的兴起和回归后英语在高校外语教育中地位的崛起。

澳门高校外语教育政策的变动与多重因素相关,这些因素包括政治、经济、文化、国际关系等,各因素之间也相互关联相互影响。

5.4.2.1 外语作为澳葡政府推行语言霸权主义的工具

从政治上来说,从葡萄牙夺取澳门主权起,近百年来,葡语长期是澳门唯一的官方语言,他们采用的"葡语独尊"的立场在一定程度上也影响到了高校的外语教育政策。政府要求公务员必须会葡语,掌握葡语的社会个体在政治上占着明显的优势(陈恩泉,2005;曾薇、刘上扶,2010),同时政府要求在官办及政府资助的中小学中将葡语作为教学语言或开设葡语课程。这些语言政策在一定程度上起到了推广葡语的作用,然而,澳门政府在整体上对于教育长期采取不重视的态度,仅仅关心少数官立葡文学校的发展,且在教育对象上,仅重视为葡萄牙后裔提供好的教育条件,而对在数量上占澳门绝大多数的私立学校中的语言教学长期"扮演着不闻不问、不负责任的角色"(古鼎仪、马庆堂,1994;张桂菊,2010)。正是由于殖民地时期的澳门政府对于葡语的推广贯彻得不够彻底,在澳门历史上,葡语的社会功能地位一直处于弱势(陈恩泉,2005)。直到1988年澳葡政府出于政治意图收购东亚大学,设立葡语课程,将学制改为葡制,按照葡萄牙本土大学文化传统调整大学治理结构,这才切实影响到了澳门高等教育政策。概括来说,在回归前澳门高校外语教育政策主要受到殖民地时期的澳门政府的语言立场和政治意图影响,然而由于殖民地时期的澳门政府长期对于教育的漠视,直到回归前夕,也就是20世纪90年代,高校葡语教育才逐渐兴起。

除了政治因素的影响,文化也是澳门高校外语教育政策变动的重要影响因素之一。东亚大学的创办者之一吴毓麟说过:"澳门文化是一种由东方的岭南文化、西方的基督教文化,以及东南亚文化等梯进重构而成的'多元一体'的特色文化。"因此澳门的高等教育也经历过澳门各种文化的洗礼,从而形成不同阶段和时期。马早明(2010)以文化为视角,从文化特征角度探讨了葡萄牙登陆澳门以来的四百年间澳门高等教育发生的变革。按照文化特征来分类,马早明将这四百年间的澳门高等教育变革划分为以下几个阶段:第一阶段是以基督教文化为主要特征的传教士办学时期(1594—1938年);第二阶段是以岭南文化为主要特征的中国知识分子办学时期(1938—1959年);第三阶段是以商业文化为主要特征的港商办学时期(1981—1988年);第四阶段是以葡国文化为主要特征的殖民地时期的澳门政府办学时期(1988—1999年);最后是以多元文化为主要特征的特区政府办学时期(1999年至今)。葡萄牙国家政治文化以基督教文化含量为主,在殖民地时期的澳门政府办学阶段前,也就是20世纪80年代前,由于澳门和葡萄牙的遥远距离,葡萄牙国家政治文化难以对澳门的具体事务和人们的日常生活产生深层次影响,因此也难以从整体上影响到澳门文化的发展走势。此前,澳门高校的课程设置、生源结构以及运行机制都更接近英联邦国家和地区。殖民地时期的澳门政府认为东亚大学作为澳门唯一高等学府,按照市场化机制进行商业性运营,没有起到传播葡萄牙语言及推广葡萄牙文化作用。1988年时任澳门政府公共行政、教育和青年部部长的兰热尔(Rangel)博士在东亚大学葡萄牙语研究中心所作的讲话中说道:

  葡萄牙在澳门能留下的最杰出的传家宝,应当是一所按照现代模式建立的大学。这所大学将是知识传授的集散点,并且是东西方交流的桥梁。多年来，我一直为此提倡建立葡萄牙东方学院和东亚大学。这将是个无价的工具。这所大学的特殊功能是传授葡萄牙的文化价值观；增进与葡萄牙有商贸和文化联系国家的对话；研究澳门和葡萄牙居民的文化、政治和经济问题。

回归前，葡萄牙教育和文化未真正浸透到澳门整个社会，正如葡语教学没有在澳门社会被广泛地应用，但同时，这种错综复杂的文化政治环境，造就了澳门教育的多元化特色。

5.4.2.2 外语顺应社会国际化趋势

回归后随着澳门高等教育的国际化，澳门大部分高等院校的教学语言逐渐以英文为主。英语在澳门高等教育中的地位攀升主要受到经济因素的影响，葡语可以占据官方语言的政治地位之优势，但取代不了英语作为国际通用语在经济贸易、金融机构以及高等教育等领域中的经济、文化地位。随着整个澳门社会使用英语的比例提升，英语在本土和国际背景下已经占有重要地位，成为增加知识的重要手段（张桂菊，2010）。

进入 21 世纪以来，葡语教育也进入了蓬勃发展的阶段。葡萄牙学者、原澳门理工学院葡语教学暨研究中心主任 André 教授认为葡语在中国兴起的主要原因包括以下几点：一是中国政府在实行改革开放、迅速融入经济全球化，以及在提出并实现"一国两制"方针背景下做出的"政治选择"；二是葡语国家在中国葡语教学领域"或多或少地参与"以及"在管理这种支持上所具有的发言权"；三是澳门在协调中国高校与葡语国家高校葡语专业交流中所具有的得天独厚的优势（André，2019）。孙怡等（2021）指出了国家间互动关系对高校葡语教育的影响，认为国家间互动关系对外语语种的专业建设发展具有定位、定向、定质、定量的影响。随着"一带一路"向葡语国家的延伸，中葡合作不断深入，葡语专业也朝着多元化的方向发展。

5.4.3 澳门高校外语教育政策评价的启示

澳门地区的当地语言社会十分具有特色，作为衔接大陆和葡语国家的桥梁，具有先天的教育国际化优势。回归后澳门经济迅速发展，也为澳门高等教育国际化提供了经济保障。澳门语言教学最主要的特点是"多元化"，这种多元化一定程度上源于澳门复杂的历史条件。澳门对当地的多语现象采取了"容忍多元语言主义政策",但仅仅是这种被动的态度还不能支持多元语言、多元文化在澳门的和谐共处。语言政策的制定者应当积极采取措施将历史条件转化为文化优势和资源,提倡多元语言主义,寄希望于外语能够化解政治冲突、提升澳门经济发展速度(张桂菊,2010)。在全球化的形势下,外语教育应当与社会、政治、经济利益相结合,积极培养多语人才。

同时语言政策的制定也需要紧密结合当地社会现实。澳门非高等教育学校的教育体系也非常多元,既有中文学校、葡语学校,也有英语学校。不同学校的学制、教学语言、课程、培养目标、教材选择都各不相同。这种非高等教育的多元化导致澳门的私立学校教学自主、各自为政,相互间缺乏教学交流和合作,这也导致高校所接受的生源的复杂性,可能进一步造成学生在非高等教育阶段和高等教育阶段之间衔接的困难。因此政府在制定非高等教育阶段外语政策时,除了赋予学校一定自主权以外,还需要保持一定的统一性,尤其是在官方语言的教学方面。澳门的现行语言教育政策体现了政策的传承与连贯、包容与疏离相结合的特点,但处于"主体性缺失的多元文化"的澳门中小学校,亟待澳门特区政府出台一个明确的语言教育政策,规范教学语言的使用,以满足未来澳门经济和社会的发展(张桂菊,2011)。近年来,在内地招生所面临的竞争愈发激烈,澳门应当利用好本地有特色的外语学科,通过英语、葡语等优势专业提高自己在高等教育市场的竞争力,与国际和前沿接轨。

5.5 结语

本文关注粤港澳大湾区中港澳两地高校的多外语教育情况,通过分析代表性高校的多外语教育的开课单位、课程体系、课程目标、教学资源以及宣传方式等方面来展现其多外语教育的模式,也通过剖析两地的多语格局、教育语言政策的演变来分析其多语教育模式的动因。在大湾区建设的过程中,粤港澳三地的协同发展也预示着港澳两地的语言教育资源与内地城市高校的交流与融合。随着"一带一路"倡议的提出,国家需要掌握扎实的专业基础,同时掌握多门外语的国际化复合型人才。多外语教育已经不仅仅是外语类高校的任务,而是综合类高校以及理工类高校也需要考虑的问题(艾菁、郑咏滟,

2018)。在多外语教育方面,根据本文的考察,港澳两地至少有三点值得参考和借鉴的做法。首先,在如何精进大学非专业英语教育的问题上,可以参考香港高校的做法,将大学英语教育与学科教育深度结合起来,结合高校自身的专业设置开设更丰富的学科英语课程以及学科相关的论文写作及演讲课程,帮助学生在学术发表、学术深造以及创新创业等方面提升竞争力,在国际场合展现出中国青年的专业素养。其次,注重实现"以学生为中心"的教学理念转变,从促进学生的学习产出以及激发学生学习动机的角度去设计教学大纲、内容乃至课程名称这样的教学细节,激发和鼓励学生进行语言学习并在大学保持自主学习和保持外语能力的习惯。第三,用创新性、时代性的教学方式来实施外语教学,建设内容精练的高质量线上课程,培养学生运用外语制作短视频、播客等多媒体作品,通过此类融合的教学手段,在提升学生综合语言能力的同时,提高其数字素养以及创新能力。第四,依托专业的语言教学中心或院系,结合高校自身的人才培养目标和需求,为学生制定多语学习的课程体系以及可行的修读方案,将相关的信息以简洁明了、图文并茂的形式通过网页或线下活动等形式展现给学生,激发学生了解多语学习的益处并开展实践。第五,从工具性及人文性两方面设计不同的课程模块及课程内容,兼顾学生专业学习、职业发展、后续深造、海外交流、人格完善以及自我成长等各方面的需求。

港澳两地和内地有一个共同点,即高校的外语教育还是以英语为主,其他非英语的外语教育处于一个相对次要的地位。这很大程度上源于在两地高校的课程学习以及学生后续的职业发展中英语都有极高的实用价值。同时,必须注意,随着粤港澳大湾区建设进程的深入,大湾区人才流动的频繁,也会对粤港两地青年的普通话能力以及汉语书面能力提出更高的要求,目前粤港两地高校都有开设普通话课程,而此类课程的需求可能随之增长。正如上文第2节中所述,不少学者和权威报告都对于提升港澳两地青年的普通话以及汉语书面语能力提出了建议,如李楚成、梁慧敏(2020)建议的增加香港小学低年级的拼音书如等。从促进高校外语教育的角度,如若在港澳两地的基础教育阶段能够增加普通话的输入,使得普通话成为两地中学生都能够相对自如运用的通用语言,则可能会为高等教育阶段的第二门外语学习释放出更多的空间。

参考文献

André, C. (2019). Uma política para a língua portuguesa: A China é só um exemplo 'A policy for the Portuguese language: China is just an example.' In Q. Yan & F. Albuquerque (eds.). *O Ensino do Português na China: Parâmetros e Perspectivas*. Natal, Brazil: edufrn, 25-86.

Li, (David). C. S. (2017). *Multilingual Hong Kong: Languages, Literacies, and Identities*. Cham: Springer.

艾菁,郑咏滟.(2018).日本高校多外语教育传统、现状及对我国的启示.《当代外语研究》18(5):1-6.

贝磊,古鼎仪.(2006).《香港和澳门的教育:从比较角度看延续与变化》.北京:人民教育出版社.

陈恩泉.(2005).澳门回归后葡文的地位与语言架构.《学术研究》(12):95-98.

程祥徽.(2021).三文四语在澳门和谐相处.《语言战略研究》6(4):1.

崔明芬.(2008).澳门高校的语言教学与教学语言.《中国大学教学》(6):36-37.

郭宇菲.(2021).香港"两文三语"的历史与现状.屈哨兵(编),《语言生活皮书——粤港澳大湾区语言生活状况报告(2021)》.北京:商务印书馆,31-40.

黄发来.(2016).澳门高等教育国际化的历史与现状探析.《世界教育信息》(13):62-68.

李楚成,梁慧敏.(2020).香港"两文三语"格局:挑战与对策建议.《语言战略研究》5(1):46-58.

李宇明.(2021).好风凭借力,送我上青云——《粤港澳大湾区语言生活状况报告(2021)》序.屈哨兵(编),《语言生活皮书——粤港澳大湾区语言生活状况报告(2021)》.北京:商务印书馆,4-7.

古鼎仪,马庆堂(编).(1994).《澳门教育——抉择与自由》.澳门:澳门基金会.

梁淑雯.(2011).浅谈"一国两制"下澳门的语言发展.《"一国两制"研究》(8):138-146.

马早明.(2010).文化视野下的澳门高等教育变迁.《高教探索》(2):31-35.

屈哨兵.(2021).粤港澳大湾区建设中的语言问题.屈哨兵(编),《语言生活皮书——粤港澳大湾区语言生活状况报告(2021)》.北京:商务印书馆,10-26.

孙怡,宋灏岩,姚京明.(2021).从国家间互动关系看中国内地与澳门高校葡语教育演变:对多元化路径的探讨.《外语教学与研究》53(3):434-443.

阎喜.(2016).澳门多语现象的类型研究.《"一国两制"研究》(3):151-162.

袁长青,杨小婉.(2011).经济视角下澳门高等教育发展的历史与现状.《国际经贸探索》27(2):52-57.

张桂菊.(2009).澳门回归后"三文四语"教育现状研究.《比较教育研究》31(11):13-16.

张桂菊.(2010).澳门语言状况与语言政策.《语言文字应用》(3):43-51.

张桂菊.(2011).港澳"多言多语"教育政策对比研究.《教育评论》(6):99-101.

张璟玮.(2020).澳门青年语言态度调查.《语言战略研究》5(1):59-70.

曾薇,刘上扶.(2010).澳门的多语现象与语言政策.《东南亚纵横》(1):103-107.

第六章

中亚地区高校的多外语教育

◎ 曾 婷

6.1 引言

中亚国家包括哈萨克斯坦、乌兹别克斯坦、吉尔吉斯斯坦、塔吉克斯坦和土库曼斯坦。中亚五国均为多民族、多语言国家,其中四国的国语和官方语言哈萨克语、吉尔吉斯语(中国境内称为柯尔克孜语)、塔吉克语、乌兹别克语(中国境内称为乌孜别克语)和俄罗斯语均为我国跨境语言。这些语言传承了共同的民族传统文化,成为连接跨境民族的纽带。

作为地处欧亚大陆腹地的内陆国家,中亚五国都有着独特的历史文化传统。1922年12月30日苏联成立后,国内各地区、各民族的政治、经济、文化、教育高度"一体化"。俄语虽从未被确立为官方语言,却受到大力推崇以确保统一的苏维埃文化与身份认同。苏联民众通过说俄语实现同其他加盟共和国的人民交流(Schlyter, 2003)。整个苏联时期(1922年12月30日—1991年12月26日),俄语都是中亚境内被普遍认同的重要语言工具,它既是党政机关的工作语言,也是学校教育的教学语言,更是各民族交往的沟通语言。

1991年,中亚各国先后宣布成为独立国家,进入新的民族国家建设和认同建构阶段。新兴国家着力在政治、经济、文化等方面重新定义和塑造民族形象,这使传统的语言模式受到挑战。独立后的中亚地区打破了俄语一统天下的局面,主体民族语言的作用和地位得到高度重视,从少数民族语言一跃成为国家语言。中亚各国高度重视国语发展,俄语由官方语言下降为"族际交际语"或"通用语"(见表 6-1)。

表 6-1 中亚国家语言人口情况简表①

国家	人口 (截至 2020 年)	民族 (人口前三位)	国语	官方 语言	通用语言(按使 用人口排序)
哈萨克斯坦	18 785 000	哈萨克族、俄罗斯族、乌兹别克族	哈萨克语	俄语	哈萨克语、俄语
吉尔吉斯斯坦	6 600 000	吉尔吉斯族、乌兹别克族、俄罗斯族	吉尔吉斯语	俄语	吉尔吉斯语、俄语
乌兹别克斯坦	33 570 609	乌兹别克族、塔吉克族、哈萨克族	乌兹别克语	乌兹别克语	乌兹别克语、俄语
塔吉克斯坦	9 314 000	塔吉克族、乌兹别克族、吉尔吉斯族	塔吉克语	塔吉克语	塔吉克语、乌兹别克语
土库曼斯坦	6 031 187	土库曼族、乌兹别克族、俄罗斯族	土库曼语	土库曼语	土库曼语、俄语

中亚国家普遍重视外语教育,尤其是英语教育。在当今国际交流各个领域,英语都绝对是一门强势语言,在话语权方面占据巨大优势。近年来,作为全球化市场中信息与通信技术语言的英语在中亚蓬勃发展。中亚地区英语教学的推广、英语在当今世界政治经济中的地位以及西方文化和价值观的传播都为中亚居民掌握英语创造了条件,使英语在中亚具有良好发展前景。哈萨克斯坦的"三语政策"除要求公民掌握国语哈萨克语和官方语言俄语外,重点发展的第三种语言就是英语。吉尔吉斯斯坦《2014—2020 国家语言和语言政策发展纲要》指出:"要建立富有成效的语言政策,培养充分掌握母语、国家语

---

① 人口数据来源于各国统计局官网(https://stat.gov.kz/,http://stat.kg/ru/,https://stat.uz/ru/,https://stat.tj/ru,https://stat.gov.tm/),民族和语言数据来源于美国中情局官网(https://www.cia.gov/library/publications/the-world-factbook/)。

言、官方语言以及国际语言等多种语言的新一代吉尔吉斯公民。"①因此,在吉尔吉斯斯坦,年轻人除学习母语和俄语外,再掌握一门外语已经是很普遍的现象。其中,英语在吉尔吉斯斯坦一直居于第一外语的优势地位。近年来,随着吉尔吉斯斯坦国际化进程的加深,民众的英语教育水平不断提高,英语学习人数大幅增加,英语被重新规定为幼儿园到大学所有教育阶段的必修课程。塔吉克斯坦的《2004—2014年完善俄语和英语教学国家纲要》与《2015—2020年完善俄语和英语教学国家纲要》都提出要保障英语教学质量。2012年底,乌兹别克斯坦政府通过"关于进一步完善外语学习制度的措施",规定从小学一年级开始学习英语。土库曼斯坦政府也要求学生从二年级开始学习英语。

中亚五国作为多民族、多语言国家,还存在着其他非主体民族,例如,吉尔吉斯斯坦共有90多个民族,使用90多种语言;塔吉克斯坦有100多个民族和部族,使用近100种语言。因此,多语现象成为独立后中亚国家的常态。

6.2 中亚地区高校的外语教育政策

高等教育国际化是20世纪80年代联合国教科文组织提出的现代高等教育发展的三个核心概念之一,是高等教育机构在政治经济全球化背景下做出的一种选择,也是高等教育机构提高国际竞争力的必然趋势。吉尔吉斯斯坦政府分别于1995年和1996年出台总统教育计划"21世纪人才"并颁布国家教育战略"知识",为吉国高等教育国际化奠定了基础;2003年又修订《教育法》,使吉尔吉斯斯坦高等教育正式步入国际教育市场。为提升高等教育质量,推动本国高等教育与世界接轨,2010年哈萨克斯坦正式加入"博洛尼亚进程",走上了高等教育国际化道路。塔吉克斯坦于2014年开始推行学制改革,放弃俄式学位制,采用西方国家普遍使用的学士-硕士-博士三级学位制,建立直属于总统的国家高等教育认证委员会,并通过欧洲博洛尼亚进程等项目的帮助,提高本国高等教育质量与国际认可度。

---

① 吉尔吉斯国家语言委员会.《吉尔吉斯共和国(2014—2020)国家语言和语言政策发展纲要》,政府出版社,2014:1.

在国际化背景下,语言教育和教育语言的选择成为影响教育质量的重要因素。作为多民族、多语言国家,中亚各国都将语言教育纳入国家民族构建中,对语言政策不断进行调整,使其更好适应本国发展需求。独立后,为适应国内语言生态现状,缓和语言矛盾,同时破解经济社会发展僵局,与世界接轨,步入国际化发展道路,中亚除土库曼斯坦外的各国政府都提出了适合本国国情的多语教育战略。多语教育战略旨在构建多元文化及国际化社会,提升本国青年的竞争力和跨文化交际能力,养成对多元价值观的理解和包容心态。中亚多语教育战略是当代语言资源观的重要体现,标志着中亚各国在语言实践中积极融入人类语言日益多样化的语言生活现状,缓和语言矛盾,维护语言生态,避免语言冲突的语言教育规划新方向。

6.2.1 哈萨克斯坦高校的外语教育政策

哈萨克斯坦是中亚最早实施多语教育战略的国家。2006 年,时任总统纳扎尔巴耶夫(Н. А. Назарбаев)提出"三语政策"构想,即哈萨克语是国语,俄语是族际交际语,英语是顺利融入全球经济一体化的语言,2007 年在国情咨文《新世界中的新哈萨克斯坦》中进一步提出分阶段落实哈萨克语、俄语、英语"三位一体语言"文化项目①。三种语言都有各自的发展目标:巩固哈萨克语作为国语的地位,扩大其使用范围;保持俄语的社会文化功能,保证俄语在科技和教育领域的使用,创建新的远程教育系统,更新教学方法手段和编写电子教科书;修正英语教学大纲,提高英语教师的教学质量,培训能胜任用英语教授自然科学和数学等学科的师资力量,促进国际合作与文化交流(田成鹏、海力古丽·尼牙孜,2015:76)。2015 年,哈萨克斯坦政府又发布了《哈萨克斯坦 2015—2020 年三语教育发展路线图》。

6.2.2 吉尔吉斯斯坦高校的外语教育政策

2011 年,吉尔吉斯斯坦时任总统奥通巴耶娃(Р. И. Отунбаева)提出本国应务实推行多语政策,发展多语教育,同时确定第一批实施多语教学的 10 所

---

① http://www.akorda.kz/ru/page/page-poslanie-prezidenta-respubliki-kazakhstan-n-nazarbaeva-narodu-kazakhstana-28-fevralya-2007-g_1343986887.

试点学校。2013年,政府颁布《2014—2020年国家语言和语言政策发展纲要》,提出掌握不同语言(母语、国语、官方语言、外语)是促进个人成长、提高竞争力和社会融入能力的重要因素之一,同时扩大试点规模。《2017—2030年多语教育实施规划》要求以"吉尔吉斯语＋俄语"教学模式保障学生的国语达到满足社会需求的水平,以俄语作为有效辅助工具谋求个人发展;母语教育促进个人对本族文化认同,实现对不同民族文化多样性的有效保护;英语教育帮助学生获取世界信息和寻求更好职业发展。

《2017—2030年多语教育实施规划》具体分为三个阶段:第一阶段(2018—2020年),改革高校的师范人才培养体系,将多语教育任务融进专业能力发展体系,确保试点幼儿园、中小学和大学多语教育规划的持续开展,为试点学校教师提供语言支持等;第二阶段(2022—2025年),使涵盖母语、国语和官方语言的多语教学计划从试点向系统性实施过渡,对学生的语言与学科知识结合能力进行测试,将英语加入从幼儿园到大学所有层次的多语教育项目中;第三阶段(2026—2030年),实现包括英语在内的多语教育项目的系统、全面实施,并将其他外语引入多语教育规划。国家将会对规划的实施提供必要财政支持,推动作为国语的吉尔吉斯语在社会生活各领域得到大规模普及与应用,使国语发挥保护、传承吉尔吉斯斯坦各民族语言文化的功能,并创造条件研究和发展各民族语言。

6.2.3 塔吉克斯坦高校的外语政策

通过从1989年版的《语言法》到2009年版的《语言法》的颁布,塔吉克斯坦逐渐确立了以主体民族语言为国语、大力弘扬和发展主体民族文化并力求兼顾其他语言和文化发展的新型语言政策。国家保护所有公民自由使用母语的权利,也创造条件发挥作为族际交际手段的俄语的功能,并大力发展英语和其他外语(汉语等)。

2003年,塔吉克政府颁布《关于在塔吉克斯坦共和国完善俄语和英语教学》总统令和《2004—2014年关于完善俄语和英语教学的国家纲要》,要求"为俄语和英语在现行多语条件下的融洽使用创造条件,要在考虑塔吉克民族语言和文化前提下、在新的教科书和教学技术基础上,保障所有教育阶段的俄语和英语教学"①。同年,塔吉克政府又通过《关于发展国际关系、丰富人民精神财富、创造条件加快科技进步、掌握现代信息技术的国家纲要》,指出俄罗斯与其他国家持续增长的经济合作及日益巩固的伙伴关系要求塔公民掌握俄语,并申明"提高俄语和英语地位不会削弱国语,因为熟练掌握外语的基础是深入了解母语"。

2014年,塔吉克政府通过《2015—2020年关于完善俄语和英语教学的国家纲要》(以下简称《纲要》),确定2015—2020年在各教育机构改进俄语和英语教学的法律、经济和社会基础,规定在教学过程中纲要实施的具体目标、任务和方向,保证为国际合作的开展提供人才、技术和财政支持。《纲要》指出,如今共和国内国语所发挥的重要职能作用与多语言使用现状在很大程度上是由该时期国家语言政策与对待语言的政治态度决定。语言学研究表明,多语水平在很大程度上取决于母语的认知和使用程度,只有深入了解母语,才可能熟练掌握俄语和英语。同时,在塔吉克斯坦融入国际社会、稳定开展国际合作的背景下,对熟练掌握俄语和英语并能在工作和生活中高效使用这两门语言的专家需求也在日益增长。俄语和英语是族际间交流和国际沟通的重要语言,必须采取有效措施进一步改进两种语言的教学形式和方法。

2015年,塔吉克斯坦教育科学部成立多语言和多文化教育促进协调委员会,启动多语言与多文化教育试点工作。2016年,塔吉克斯坦教育科学院提交《塔吉克斯坦共和国多文化和多语言教育发展构想》草案,决定于2016年9月1日在7所学校启动多文化和多语言教育试点计划。该计划旨在考虑不同语言群体对母语、国语、地区语言和国际语言需求的同时,促进公民对多语教育的积极认知,巩固国家的统一教育空间。为向邻国学习经验,2016年由试点学校组成的塔吉克斯坦代表团前往吉尔吉斯斯坦和哈萨克斯坦进行为期五天的访问,观摩了"CLIL教学法"公开课,并参观了阿拉巴耶夫国立师范大学的多语教育实验室(Саирова,2016:4)。

值得一提的是,塔吉克斯坦与俄罗斯在经济和文化领域的积极合作使塔

---

① Государственная программа совершенствования преподавания и изучения русского и английского языков в Республике Таджикистан на 2004—2014 годы//Нормативно-правовые акты системы образования. Душанбе, 2003.

吉克斯坦居民对俄语和俄罗斯文化的兴趣大幅提升,俄语教育的整体形势有所好转,在教育领域的地位得到显著提高。2004年通过的《新教育法》中,国语(塔吉克语)与族际交际语(俄语)的发展问题成为塔国政府语言政策优先方向之一,国家保障该政策在教育体系的实施。2012年俄罗斯总统普京签署《关于维护族际和谐的命令》,要求除专业技术人员外所有赴俄务工移民必须通过俄语、俄罗斯历史和俄罗斯法律三门考试,该法令进一步提高塔吉克斯坦年轻人学习俄语的动力。

近年来,随着塔吉克斯坦的政治和经济变革,民族和国家间联系不断加深,在各级教育机构进一步完善俄语和英语教学的迫切性日益加强。塔吉克斯坦总统埃莫马利·拉赫蒙多次指出,国家对待语言的政治态度保证国民在使用塔吉克语的同时平等使用其他语言,国家同时为国民提供掌握其他语言的机会。先进知识分子已经意识到在掌握塔吉克语和俄语的基础上学习英语和其他世界语言的现实必要性。

6.2.4 乌兹别克斯坦高校的外语政策

乌兹别克斯坦的多语发展尚处起步阶段,政府正制定法律文件,确定多语教育规划目标、任务和阶段,学习多语教学国际经验。各教学机构已逐步推出多语言教育理念,要求学生掌握至少三门语言。包容性教育已成为全国教育体系的一项关键任务,目的是培养协调发展、受过良好教育、具有现代意识的年轻一代以促进共和国进一步融入国际社会。2012年底,乌兹别克斯坦通过"关于进一步完善外语学习体制措施"的总统决议,规定从2013—2014学年开始,在高等教育机构的单独专业科目,尤其是技术和国际相关专业,用外语进行教学。2013年,总统批准"关于完善乌兹别克斯坦世界语言大学活动措施"的决议,乌兹别克斯坦世界语言大学被确定为共和国开发创新外语教学方法的理论与实践中心。

目前,乌国高等学校主要使用乌兹别克语、俄语和卡拉卡尔帕克语进行教学,个别专业的课程会使用哈萨克语、塔吉克语和土库曼语进行教学[①]。

---

① http://pandia.ru/text/80/095/7773.php.

6.2.5 土库曼斯坦高校的外语政策

独立前,土库曼斯坦仅有高等院校 9 所。总统库尔班古力·别尔德穆哈梅多夫提出"高等教育是国家发展的根本",并在《土库曼斯坦五年规划》中具体制定高等教育发展目标,计划到 2015 年高等院校数量增至 22 所。目前,土库曼斯坦共有高等院校 24 所。其中,土库曼土耳其国际大学是唯一由两国合作办学的高校,采用土库曼语、土耳其语和英语进行教学,但该校于 2016 年改组为土库曼斯坦奥古兹汗工程技术大学,原有学生被分流至其他高校继续学习。2015 年,土库曼斯坦总统再次指出,要重视并提高外语教学质量。

土库曼斯坦虽未颁布法令明确提出推行多语言政策,但是该国与美国、土耳其、日本、法国、印度等国的教育合作非常密切,在多所高校开设外语课程,建立美国教育咨询中心、土库曼土耳其国际大学、日本文化教育中心、法国文化中心、印度中心等。

6.3 中亚地区高校的外语教育规划

语言教育规划是指制定宏观政策,采用具体方法和材料,支持个人和社区语言发展,实现不同语境中语言的多样化功能。语言教育规划包含 7 个方面:准入政策(确定教育规划对象)、课程设置政策(确定课程)、教材教法政策(确定教材与教学法)、资源配置政策(确定教育资源投入)、师资政策(确定师资供给)、评估政策(建立评估体系)与社区政策(反映社会需求)(Kaplan, 2003)。具体而言,中亚国家的外语教育规划包含如下内容。

6.3.1 准入政策

哈萨克斯坦时任总统纳扎尔巴耶夫在《哈萨克斯坦—2050》战略中明确提出:"应制定从幼儿教育一直到高等教育的系统教学大纲,确保在教育领域全面推行三语政策。要建立一个三语教学体系,开展贯穿幼儿园、中学和高校所有教育阶段的语言教学活动"。根据纳扎尔巴耶夫的要求,2013 年起哈萨克斯坦所有中小学开始向三语过渡,小学生必须从一年级开始学习英语,六年级开始用英语学习相关科目。2016 年 6 月,吉尔吉斯斯坦最高议会通过《2017—

2030年多语教育实施规划》。该规划颁布后,吉国公立中小学的课程实行三语教学。国家为每个公民创造用国语、官方语言和外语自由交流的统一环境。新规划的实施从幼儿园开始①。2012年底,乌兹别克斯坦政府通过"关于进一步完善外语学习制度的措施",规定从小学一年级开始学习英语。土库曼斯坦政府也要求学生从二年级开始学习英语。

6.3.2 课程设置政策

哈萨克斯坦政府将高等院校的教学内容改革作为国家高等教育核心任务之一,从大学一年级起,第二语言课程数量不得少于20%;为确保英语课程贯穿整个大学阶段,从大学三年级开始,用英语教授的基础课程和专业课程数量不低于30%;《专业哈萨克语》《专业俄语》和《专业外语》为所有高校必修课。

吉尔吉斯斯坦政府规定,到2025年,将英语加入从幼儿园到大学所有层次的多语教育项目中。2026—2030年,将其他外语引入多语教育规划。

作为外语的英语是塔吉克斯坦高校所有院系和专业的必修科目,根据专业不同,教学时间从2到8个学期不等。在国际关系、世界经济和新闻等人文学科院系,英语属于专业课,教学时长为4或8个学期,这些院系学生的英语能力比英语为非专业课的院系学生更强。对于英语只开设两个学期的院系或专业而言,英语学习时间其实远不能满足学生口头或书写表达需要。

6.3.3 教材教法政策

在哈萨克斯坦,欧洲盛行的双语教学模式"内容与语言融合教学法"得到广泛传播,这一模式是指用外语学习专业知识与讲授学科知识(例如物理学知识)。哈萨克斯坦高校根据自身语言环境对该模式的具体形式进行调整,以适应自身的语言教学实践,将学生所学内容与未来职业的相关性作为学校和教师关注的焦点,将语言学习自然地融入具体课程内容的教学过程中。在高校外语专业,语言学习以交际原则为主,教学法以交际法为主,其他方法为辅,外语专业课程都是在语言理论基础上紧密结合社会学、历史学、比较学等学科知

---

① «Школы страны перейдут на многоязычие»[EB/OL]. http://www.gezitter.org/culture/59337_ shkolyi_stranyi_pereydut_na_mnogoyazyichie_/.

识,以提高学生在不同交际环境(包括学科学术环境)中的语言实践运用能力。政府根据三语教学的统一语言标准积极编写本国教科书,同时翻译和出版了大量专门供高校使用的、用国语(哈萨克语)编写的教科书,并组织专家对高校的信息技术、物理、化学和生物四门课程中用英语编写的外国教科书进行改编,还为高等院校新编了40余套英语教科书。

在吉尔吉斯斯坦高校,以交际法为主、其他教学方法为辅,外语交际能力的培养始终是核心。由政府出资编写新教材和教学法丛书。

然而,在塔吉克斯坦,缺乏教材一直是高校英语教学的一个严重问题,无论英语专业还是非英语专业都缺乏英语教材,教材编写已经成为高校英语教学的首要任务。

6.3.4 资源配置政策

自2007年哈萨克斯坦时任总统纳扎尔巴耶夫提出分阶段落实"三位一体语言"文化项目以促进哈萨克语、俄语和英语发展以来,哈国政府出台一系列法规文件,明确多语教育在国家语言教育政策的重要地位,推动"三语政策"的实施。2011年,哈政府出台《2011—2020年国家教育发展纲要》,同年政府又颁布《2011—2020年哈萨克斯坦共和国语言的功能与发展国家纲要》;2013年,纳扎尔巴耶夫总统提出《哈萨克斯坦—2050》战略;2015年,哈政府发布《哈萨克斯坦2015—2020年三语教育发展路线图》;2017年,纳扎尔巴耶夫在国情咨文《哈萨克斯坦的第三个现代化:全球竞争力》中再次提到逐步向三语教育过渡的问题。这一系列法律文件都强调要通过英语为哈萨克人民打开通向世界和全球化的窗户,并明确指出,鉴于英语是新技术、新生产力和新经济的语言且世界90%的信息都用英语发布,因此,必须掌握英语以实现哈萨克斯坦全民族的进步[1]。哈萨克政府每年拨款63.8亿坚戈支持三语教育项目,创立国家教科院直属的三语教育中心,开发电子详解词典、通用词典(哈俄词典、俄哈词典、哈英词典、英哈词典)及术语词典(信息技术、物理、化学、生物等),编撰三语纸质词典,用哈语和英语翻译和出版文学作品,建立远程在线学习系统,派本科生和研究生去欧盟和美国交流,并积极组织夏季语言学校等活动。

---

[1] http://adilet.zan.kz/rus/docs/K1200002050.

吉尔吉斯斯坦政府对多语教育规划实施提供财政支持，为试点高校的多语教育创新实验室和资源中心配置先进设备，打造大学教师和语言教学专家团队，在多语教学实验室和资源中心基础上为教师开设语言培训课程，编写多语教育的教学法材料。针对高等教育经费不足的问题，根据吉尔吉斯斯坦政府2012年7月4日471号指令，吉尔吉斯斯坦部分国立高校开始实行财政自理措施。联合国儿童基金会与和平建设基金会等组织也正在积极为多语教学试点高校提供资金和设备等支持。

2014年，塔吉克斯坦政府通过《2015—2020年关于完善俄语和英语教学的国家纲要》，确定2015—2020年在教育机构改进俄语和英语教学的法律、经济和社会基础，规定教学过程中纲要实施的具体目标、任务和方向，保证为国际合作的开展提供人才、技术和财政支持。同时，塔吉克斯坦教育科学部、科学院及其他相关政府部门正在制定具体措施培养英语师资力量，提高教师英语教学水平。

6.3.5　师资政策

哈萨克斯坦政府在高校大力培养英语师资，特别是能用英语教授自然科学和数学的师资，并将英语教师培训列入国家干部培训委员会批准的博拉沙克(Болашак)国际奖学金优先奖励专业清单，要求能用英语教授自然科学系列课程的教师占到教师总数的10%以上[1]。项目毕业生必须在教育机构完成规定的英语教学工作量(一周不少于两课时)；在师范院校开设三语班级，培养三语师范人才；招募外国教师。

在高等院校培养多语师范人才是吉尔吉斯斯坦多语政策持续实行的重要保障。2015—2016学年，作为试点高校的阿拉巴耶夫国立大学和奥什国立大学开始多语教育计划教师培养试点工作，阿拉巴耶夫国立大学4个系的22名任课教师、9名语言学家和207名学生(一年级和三年级)以及奥什国立大学4个系的40名任课教师、30名语言学家和172名学生(一年级和三年级)参与了多语教师学士培养项目，另有35名大学教师参加了第二语言教学法提高课程。试点高校的主要任务是：提高大学生语言培养质量；改善第二语言(俄语

---

[1]　http://bilimvko.gov.kz/assets/images/document/5_GPRO_RK.pdf.

和吉尔吉斯语)专业学生的培养方法,并进一步改善其他外语专业学生的培养方式;制定多语教育规划师范人才培养方案。国家为试点高校的多语教育创新实验室和资源中心配置先进设备,打造大学教师和语言教学专家团队,组织培训,编写多语教育的教学法材料,为多语教育规划的实施做好理论、方法和组织机构准备。2017 年 5 月,巴特肯国立大学与联合国儿童基金会签署在吉尔吉斯斯坦中小学推广多语教育的合作备忘录。该校准备为师范学生开设多语课程并提高学校教师的语言水平,基金会为学校提供设备。2017 年底,奥什国立社会大学和巴特肯国立大学加入多语教育实施规划。

为进一步培养外语师范人才,吉尔吉斯斯坦高校主要采取以下三种培养模式:第一种是学士阶段的职业化培养,在引入"科目和语言融合教学法"(CLIL 教学法)的基础上,提高第二语言教学质量,开设用第二语言作为教学媒介语的课程(部分或全部使用第二语言授课),组织学生在试点中小学进行教学实习;第二种是"多语教育计划师范人才"方向的硕士培养,重新设计该方向硕士课程,使硕士研究生在已经接受的师范教育基础上进一步获得能够在学前机构、中小学及大学开展多语教学的专业培训,开设目标语言课程并确保学生在硕士毕业时获得相应水平语言证书;第三种是双专业人才培养,目标是培养母语和第二语言双专业教师人才,或是懂英语、俄语、汉语或其他语言并掌握多语言教学法的数学教师人才,该培养模式使用外语作为教学语言进行授课。总的来说,在高等院校培养多语言教育计划的教师储备人才战略将能保障吉国多语教育规划稳定高效地开展下去。

在塔吉克斯坦,学前教育机构和普通中小学的外语教师人才主要由中等职业技术学校和高等院校培养。例如,塔吉克斯坦国立语言学院专门培养俄语和英语师范人才。

6.3.6　评估政策

哈萨克斯坦政府参照《欧洲语言共同参考框架:学习、教学、评估》(CEFR)语言教学与评价体系国际标准,对三语教育实践结果进行实时监测;在每年发布的《哈萨克斯坦共和国教学体系现状和发展》国家报告中增加三语教育发展评价相关内容。

吉尔吉斯斯坦试点高校对一年级学生开展语言水平测试(吉尔吉斯语测

试、对外俄语等级考试、托福考试)，根据测试结果实行第二语言分级(A1、A2、B1、B2)教学，制定分级教学大纲。本科毕业时语文系学生语言水平不低于C1，其他师范专业学生不低于B2。

6.3.7 社区政策

中亚各国政府只规定外语教学的目标、任务等宏观内容，但在具体教学过程中，教师可以根据自己的教学需要撰写讲稿、决定教学形式和进度、选择教学素材、确定考核形式和内容等。

哈萨克斯坦政府在三语教育框架下还调整了媒体语言的类型及比例，开发出三语互动的媒体产品，如电视、广播、网络等，同时为哈语部中学生创立俄语联盟，为非哈语部中学生创立哈萨克语联盟。

为配合多语政策的实施，吉尔吉斯斯坦的新闻媒体工作语言除俄语和吉尔吉斯语外，还有乌兹别克语、德语、土耳其语、东干语和英语等；主流广播电台使用吉尔吉斯语、俄语、德语、英语、乌兹别克语、维吾尔语和东干语等7种语言广播。

6.4 中亚地区高校外语使用状况

哈萨克斯坦独特的多元文化空间决定了在国内推行多语教育模式的必要性。"三语政策"出台以后，哈国各高校根据自身特点和需求，积极实践多语教学模式。由于高校多语教育的宗旨主要是适应市场外语需求，因此多语教学主要集中在技术类院校或者是综合性院校的技术类专业。为了能够展现哈萨克斯坦高校多语教育的图景，我们选取了三所比较典型的大学，包括两所技术类高校卡拉干达国立技术大学与谢福林农业技术大学，和一所综合性高校北哈萨克斯坦国立大学的技术类专业，以三个例子深入介绍哈萨克斯坦高校多语教育的开展情况。

卡拉干达国立技术大学自2014年起在5个本科专业(信息系统专业、冶金专业、机械制造专业、电力工程专业、标准化与鉴定专业)针对4个年级(共19个班级)的331名学生实施多语言教育试点。多语班级的授课教师共88名，其中53名负责英语课程，41名负责俄语课程，34名负责哈萨克语课程。在多语班级中，不同课程用不同语言教授。以冶金专业为例，各年级多语课程设置情况见表 6-2。

表 6-2　卡拉干达国立技术大学冶金专业各年级多语课程一览表

授课语言	一年级	二年级	三年级	四年级
哈萨克语授课课程	数学 I、图形几何学、宗教学	社会学、专业哈萨克语、数学	合金铸造与熔化、铸造理化基础、冶金工艺	金属材料压力加工、经济与企业管理
俄语授课课程	俄语、工程理论	专业俄语、社会学、数学	结构材料工艺、冶金热工学	有色金属冶金学
英语授课课程	英语、通信技术	哲学、经济学理论基础、专业英语	材料机械性能、铸造理论	通信技术、化学

2017 年 3 月,卡拉干达国立技术大学通过《卡拉干达国立技术大学 2017—2020 年多语教育纲要》,对照《欧洲语言共同参考框架》(以下简称欧框)在高等教育的三个语言等级体系进一步分阶段开展多语言教育,其中最重要的举措就是重新修订所有专业的教学大纲。2017—2020 年的多语教育实施计划见表 6-3。

表 6-3　卡拉干达国立技术大学 2017—2020 年多语教育实施计划一览表

	2017—2018 学年	2018—2019 学年	2019—2020 学年
第二语言(俄语或哈语)授课比例	20%	25%	30%
英语授课比例	30%	35%	40%
达到《欧框》不同语言等级的本科生比例	50%	75%	100%
教授全英语课程的教师比例	10%	20%	30%
三语教科书与参考资料比例	35%	70%	100%
三语教学语言实验室比例	10%	25%	50%
实现三语学习的学生比例	35%	50%	100%
实施三语教学的专业比例	35%	50%	100%
国外引进英语专家人数	3	5	7
参与语言培训的教师比例	20%	35%	50%

哈萨克斯坦谢福林农业技术大学,在哈萨克斯坦高校中排名前20,从2012年开始实施多语教学计划。该所大学的多语教学致力于培养同时掌握哈萨克语、俄语和英语三种语言的专业型人才。其中,在本科阶段开展多语教学的专业共有11个,包括农业系的生态学专业,畜牧兽医系的生物技术专业、动物制品技术专业,技术系的机械设备专业、农业技术与工艺专业、食品技术专业,经济系的会计与审计专业、财政专业,能源系的无线电工程专业、电子与电信专业等。自2016—2017学年起,该校所有硕士研究生专业(共31个)和博士研究生专业(共13个)已完全转为多语教学模式。为提高多语教育相关教师、科研人员和硕士研究生的英语水平,该校每年开设由英语母语者执教的语言提高课程。谢福林农业技术大学多语专业数量增长情况见图6-1。

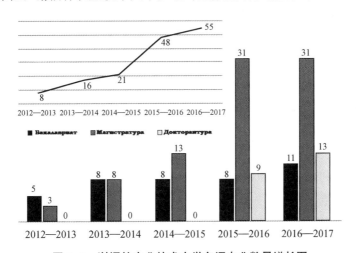

图 6-1　谢福林农业技术大学多语专业数量增长图

在哈萨克斯坦高校中排名第13位的北哈萨克斯坦国立大学是一所综合性大学,该大学针对信息和通信技术专业学生制定了专门的多语教学大纲,并分别在俄语班和国语班(哈萨克语班)设立专门的多语班级,开设双语课程,为学生提供利用两个或多个语言学习学科知识和技能的机会。该校出版了专门针对信息和通信技术专业学生的多语术语词典,该词典主要包括与信息通信技术相关的三种语言(英语、俄语和哈萨克语)最常用的术语词汇,从而帮助信息技术系的学生更有效地学习专业外语。目前,信息技术相关专业的学生已经实现全英语授课,这同时保证了俄语学生和哈萨克语学生都能修读这些专业课程(С. Н. Рягин & Л. Ш. Исмагамбетова，2017：75)。

吉尔吉斯斯坦的多语教育发展总体经历了以下五个阶段。

第一阶段(1991—2002 年)：独立初期，国家主要从意识形态领域引导国民逐渐接受多语教育的理念。这一阶段，制定了开展多文化与多语言教育的首批法律文件，宣布国家对多语教育与社会一体化机制的关注，并大力宣扬"吉尔吉斯斯坦是我们的共同家园"的理念。

第二阶段(2003—2008 年)：该阶段仍主要着重于国家层面的工作，包括研究多文化和多语言教育管理方案，细化法律条款，制定《吉尔吉斯共和国多文化与多语言教育政策纲要》，确定实施目标，完善"第二语言"(国语或官方语言)教学法。

第三阶段(2009—2011 年)：正式建立多文化和多语言教学管理系统，学习多文化和多语言教学国际经验，研究适用的人文科目教科书，同时开始在 10 所试点学校实施多语教学模式，进行多语教学需求分析，并进一步深化普通民众对多语教学的认知。2011 年，第一批试点学校名单确定，最初参与试点的主要是南部地区的塔吉克语学校和乌兹别克语学校，目标是提高学生的国语(吉尔吉斯语)和官方语言(俄语)水平。

第四阶段(2012—2015 年)：颁布《促进吉尔吉斯共和国民族统一和多民族关系的构想》和《吉尔吉斯共和国 2014—2020 年国家语言和语言政策发展纲要》。《纲要》指出"要建立富有成效的语言政策，培养充分掌握母语、国家语言、官方语言以及国际语言等多种语言的新一代吉尔吉斯公民"。该阶段制定了吉尔吉斯语的分级体系，将新的国语标准确定为达到 B1 或 B1+水平；扩大试点规模，将试点学校增加到分布在巴特肯、奥什、贾拉拉巴德、楚河和纳伦州的 56 所中小学、5 所学前教育机构和 2 所高校，并加大资金投入，通过开设教师语言培训班、编写教材和教学法丛书等提高试点学校的语言水平。这 56 所试点中小学分别为 16 所吉语-俄语学校、14 所吉语-乌语学校、13 所吉语学校、5 所乌语学校、3 所俄语学校、2 所吉语-俄语-乌语学校、1 所吉语-塔语学校、1 所俄语-乌语学校和 1 所塔语-吉语-乌语学校。截至 2016 年，共开设 306 个试点班，其中 142 个试点班的目标语言是吉尔吉斯语，155 个是俄语，9 个是两种目标语，并进一步学习英语、土耳其语、汉语等其他外语；共有 8 500 多名学生(约占试点学校学生总数的 20%)和 368 名教师(约占试点学校教师总数的

12%)直接参与试点计划。为增加多语教学的师资人才储备,吉国教育科学部还为近300名中小学教师提供了语言和教学法培训(М. Глушкова,2016:5)。

第五阶段(2016年及以后):在审视试点中小学和高校多语教学成效的基础上,进一步在更多中小学和高校推行多语教育实施规划。吉国教育科学部与社会一体化中心在比什凯克学校随机抽取了600名11年级毕业生进行吉语测试。按预期目标他们应已达到B1水平,但是测试结果并不尽如人意,仅有20%的学生达到该标准,且主要是母语为吉语及在吉语环境成长的学生,30%—40%的学生只达到A2水平,还有一部分学生只有A1水平甚至低于A1水平。低水平学生主要来自俄语家庭,他们在实际生活中并不使用吉语,只是将其作为一门课程学习。针对学生国语掌握程度的现实状况,2017年,吉国教育科学部再次推出新的多语教育举措,要求从2017年秋季学期开始将俄语学校的一部分科目,如体育、艺术、美术等,转换为用吉尔吉斯语教学,学年结束再根据教学效果决定最终哪些科目适合用吉语教学及如何保持语言实践的延续性。社会一体化中心主任Глушкова在回应这一举措是否会导致俄语学校地位下降时表示,"我们并不会立刻将所有科目的教学语言都转换为吉语。多语项目尚处于试点阶段,现在的主要问题是如何在确保教学质量的前提下逐步扩大规模。由于项目的实施和推广还存在很多困难,我们不会草率行动。"①2017年,教育科学部再次加大对试点学校的支持力度,为比什凯克11所试点学校的教师提供专门培训,帮助教师提高教学语言水平,实现语言与课程的更有效结合,这首要目的是改善国语的教学质量。到2017年底,吉国已有5所高校参与多语教育试点项目。

为提高大学生语言培养质量,确保语文系学生毕业时语言水平不低于C1,其他师范专业学生水平不低于B2,吉尔吉斯斯坦试点高校针对一、四年级学生开展了语言水平测试(吉尔吉斯语测试、对外俄语等级考试、托福考试)并发放第二语言或外语等级证书。之后,根据一年级语言水平测试结果,实行第二语言的分级(A1、A2、B1、B2)教学,并在分级教学基础上制定新的第二语言

---

① «Зачем русские школы в Киргизии переводят на киргизский язык?» [EB/OL].(2017-04-25). http://www.stanradar.com/news/full/24824-zachem-russkie-shkoly-v-kirgizii-perevodjat-na-kirgizskij-jazyk-.html.

教学大纲，目前已制定出俄语 B1 和 B2 等级教学大纲并开始试点教学。为保证第二语言专业教师的语言水平不低于 C1,试点高校在多语教学实验室和资源中心基础上为教师开设语言培训课程，对教师的语言水平证书进行认定。试点高校还重新制定母语教学大纲，开设母语学术阅读和写作课程，发展学生的总体学术能力。

6.5 中亚地区高校外语教育政策实施特点

通过以上对中亚各国高校多语教育的现状分析，可以看出，总的来说，中亚地区高校的多语教育发展具有以下特点。

6.5.1 多语教育政策纳入国家语言和教育战略

在哈萨克斯坦，自 2007 年时任总统纳扎尔巴耶夫提出分阶段落实"三位一体语言"文化项目以来，政府出台一系列法规文件，如《2011—2020 年国家教育发展纲要》《2011—2020 年哈萨克斯坦共和国语言的功能与发展国家纲要》《哈萨克斯坦 2015—2020 年三语教育发展路线图》与《哈萨克斯坦的第三个现代化：全球竞争力》等，明确多语教育在国家语言教育政策中的重要地位，推动"三语政策"的实施。哈政府始终将高等院校的教学内容改革作为国家高等教育核心任务之一，从大学一年级起开设第二语言课程；改善将哈萨克语作为教学语言的课程教学法；创新俄语教学方法，完善俄语师资队伍；确保英语课程贯穿整个大学阶段；在高校大力培养英语师资，尤其是能用英语教授自然科学和数学的师资，力求 2020 年掌握哈萨克语、俄语、英语三语的学生比例分别达到 95%、90%、20%[①]。

吉尔吉斯斯坦从独立初期就开始制定多文化与多语言教育法律文件，分别颁布《吉尔吉斯共和国多文化与多语言教育政策纲要》《促进吉尔吉斯共和国民族统一和多民族关系的构想》《2014—2020 国家语言和语言政策发展纲要》和《2017—2030 年多语教育规划》等。其中，《2017—2030 年多语教育规划》的颁布将吉国多语教育向系统化和规模化推进。

---

① http://medialaw.asia/document/-11224.

塔吉克斯坦的多语教育尽管尚处起步阶段，但政府已经颁布多项法规文件，保障并推动多语政策的实施，例如，《2004—2014年关于完善俄语和英语教学的国家纲要》《新教育法》《关于完善俄语教学的国家纲要》《2015—2020年关于完善俄语和英语教学的国家纲要》《塔吉克斯坦共和国多文化和多语言教育发展构想》以及2016年行动计划草案等。

6.5.2　多语教育发展受到欧美与俄罗斯干预

周作宇(2013:15)指出，如果说语言培训是国际交流的除障工具，那么输出国背后的价值指涉与输入国的价值自觉之间的交锋则是更深层次的"领土争夺"。欧美国家与俄罗斯在中亚建立研究所、基金会、大学分校等都在不同程度上具有隐含的国家战略安排。

中亚高校的英语扩展受到欧美的强烈影响。欧盟三大高等教育对外合作支持计划——"坦普斯计划""伊拉斯谟世界计划"与"伊拉斯谟＋计划"在加快中亚国家高等教育现代化进程、提升高等教育质量的同时，也极大推动英语在中亚的发展。这些教育合作计划既是欧盟影响和塑造中亚的重要方式，也是实现价值观输出与利益共享的工具，最终目的是加强欧洲高等教育在世界上的中心地位。1993年，美国在吉尔吉斯斯坦成立吉尔吉斯美国学院，为突出学校的地区重要性，2002年改名为中亚美国大学。学校依照美国模式运作，实行全英文授课。土库曼斯坦的美国信息资源中心是美使馆推广语言和文化的重要平台。美国在阿什哈巴德开设的国际学校是土库曼斯坦唯一自主管理、招生、教学的外国教育机构。

同样，中亚高校的俄语地位受到俄罗斯影响。恢复俄语在中亚影响力、实现俄语复兴是俄罗斯促进其在中亚"软实力"发展的重要手段。俄罗斯政府积极支持中亚国家的俄语学习和研究，力图提升俄语在中亚的地位。2007年，俄罗斯成立"俄罗斯世界"基金会、国际人文合作署与独联体国际人文交流合作基金会，积极推广俄语，向中亚俄语学校提供教科书，设立俄罗斯高校分支机构等。目前，哈萨克斯坦共有7所俄罗斯高校分校；乌兹别克斯坦已成立3所俄罗斯高校分校，并于2017年在乌兹别克斯坦世界语言大学设立第一个俄语中心，计划未来开设12个地区俄语中心；吉尔吉斯斯坦与俄罗斯签订协议成立吉尔吉斯俄罗斯斯拉夫大学，该大学用俄语教学；塔吉克斯坦与俄罗斯合建莫斯科国立大学杜尚别分校,并在多所高校设立俄语中心与"俄罗斯世界"基金会中心,开展俄语与俄罗斯文化推广工作。

中亚国家的多语言发展战略积极支持国语、改善俄语、扶持母语、发展英语等国际通用语言,以更加包容的态度接纳不同国家、民族的文化,促进本国公民多元文化个性的形成与新型社会伙伴关系的建立。但是,多语言发展战略同时也引发强势语言之间、弱势语言之间、强势语言与弱势语言之间的竞争乃至更为激烈的冲突,加剧独立以来在中亚并存竞争的多种文化力量的复杂化。尤其是作为国际通用外语的英语和作为区域性通用语言的俄语在中亚国家高等教育中互相角力,争夺教育功能空间(李宇明,2016)。

6.5.3 多语教育规划具有阶段性

中亚国家实行的多语教育规划并不仅针对高等教育阶段,而是贯穿小学乃至幼儿园到高等院校的所有教育阶段。《哈萨克斯坦—2050》战略明确提出:"应制定从幼儿教育一直到高等教育的系统教学大纲,确保在教育领域全面推行三语政策。这样,我们就能建立一个三语教学体系,开展贯穿幼儿园、中学和高校所有教育阶段的语言教学活动。"根据纳扎尔巴耶夫的要求,2013年起,哈萨克斯坦所有中小学开始向三语过渡。《吉尔吉斯共和国2014—2020年国家语言和语言政策发展纲要》将试点学校确定为5所学前教育机构、56所中小学和2所高校。2016年,吉国颁布《2017—2030年多语教育规划》,公立中小学课程全部实行三语教学。规划内容不包含吉尔吉斯语、俄语和英语的语言课程,仅针对使用不同语言作教学媒介语的课程。规划的实施从幼儿园开始。2012年底,乌兹别克斯坦通过总统决议"关于进一步完善外语学习制度的措施",规定以英语为主的外语学习从全国普通教育学校的一年级开始。独立以来,乌国坚持培训大学外语教师,为5—9年级编写英语、德语和法语等多媒体教科书,并在普通中学、职业学院和高等院校设立5 000多个语言实验室。

6.5.4 发展多语教育的同时重视国语教育

在发展多语教育的过程中,中亚各国政府始终将国语教育放在首要位置。独立前夕,中亚五国相继通过本国语言法,各自赋予主体民族语言以国语地位,开始全面普及国语教学。哈萨克斯坦 1999 年通过的教育法明确规定,所有学校不论实施何种形式的所有制,都应首先保证掌握和发展作为国语的哈萨克语。2001 年哈国发布《2010 年前哈萨克斯坦语言发展国家纲要》,提出促进所有教育层次的哈语教学。《哈萨克斯坦—2050》战略再次强调:"到 2025 年,哈萨克语将成为国家所有领域的主要语言和全民交际语言。无论哈语班和俄语班都应使用哈萨克语教授历史、文学和其他人文科学课程。"为提高国民哈萨克语水平,截至 2015 年哈国已成立 1 个国家级和 63 个地区级的哈萨克语学习中心(田成鹏等,2015:77)。吉尔吉斯斯坦 1989 年通过《语言法》,规定吉尔吉斯语将在社会生活各领域发挥国语作用;2004 年又通过新《语言法》,规定从幼儿园到大学所有阶段都应以吉尔吉斯语为基本授课语言;《2017—2030 年多语教育实施规划》再次明确指出,国家提供必要财政支持作为国语的吉尔吉斯语在社会生活各领域普及与应用,使国语发挥保护、传承吉尔吉斯斯坦各民族语言文化的功能。

1991 年中亚国家独立后,在土耳其影响下,出现将基里尔字母文字进行拉丁化改革的讨论。1993 年,乌兹别克斯坦、土库曼斯坦、哈萨克斯坦和吉尔吉斯斯坦一致同意推动本国民族语言文字拉丁化进程,共同制定由 34 个拉丁字母组成的突厥语字母表,各国可根据自身语言特点进行相应改动。但是,在实际操作中,各国进度不一。乌兹别克斯坦和土库曼斯坦率先启动文字拉丁化改革,土库曼斯坦是唯一彻底完成这种文字转变的中亚国家。2017 年,哈萨克斯坦经过多年争论和探讨之后,正式启动哈萨克文字拉丁化改革,并计划在 2025 年完全过渡到拉丁字母脚本。中亚国家文字改革的核心目的是改变国内俄语占主导地位的现状,大力提高母语地位,增强民众的国家认同。

6.5.5 多语教育的重点实施手段:语言作为教学媒介语

李宇明(2016:218)指出,教学媒介语涉及教育主权。与语言课程相比,教学媒介语的语言竞争对社会的影响更为深刻,其所引发的语言矛盾乃至语言冲突也更为激烈。中亚国家高校的语言教学传统是将语言作为一门课程进行教学,这很难真正推动多语教学的发展。在寻求多语教育新路径的过程中,中亚高校逐渐将重心从单纯教授外语转向将外语与专业相结合,在教学大纲中增加"外语授课"内容,即使用外语作为教学媒介语向专业学生教授具体课程知识。欧洲盛行的双语教学模式"CLIL 教学法"在中亚广泛传播，这一模式是指用外语学习和教授学科知识。各高校根据自身语言环境对具体教学形式进行调整，重视学生所学内容与未来职业的关联性，将语言学习自然融入具体课程教学中。多语教学目标与教学大纲都致力于使用不同语言作为教学媒介语教授不同专业课程，同时努力平衡不同语言在教学媒介语中的比重，协调不同语言在教学媒介语中的地位。

6.6 中亚地区高校外语教育政策对我国的启示

语言是交际工具，任何基础建设、经贸交往都离不开语言沟通。同时，语言又是文化载体和文化要素，是经济资源，是当代科技创新的要素，这都决定了"一带一路"建设在不同层面都需要语言支持（赵世举，2015：37）。中亚国家现行的多语教育战略顺应世界多元文化发展潮流，也为我国语言文化的国际传播提供启示。

6.6.1 进行科学合理的外语教育规划

外语教育规划作为语言规划重要分支，本质是通过组织和协调国家、机构、学校和个人在一定时期的外语习得规划，增进个体对世界语言文化多样性的精通和熟悉程度，以提升不同规划对象的外语能力（沈骑，2017：13）。顺应中亚多语潮流，我们必须因势利导，重新进行科学合理的外语教育规划，拓展第一外语选择范围，加快中亚相关语种专业人才培养。

历史和现实的发展，使中国在同中亚国家的交往与合作中通常使用俄语，在丝绸之路经济带建设过程中俄语同样是一个重要因素。但是，在新型语言政策与多语教育环境下，俄语在中亚地位下滑，年轻一代公民在本民族语言外，对第二语言甚至第三语言的掌握更加多元化。从服务于"一带一路"建设和全球治理等国际化使命看，为适应中亚语言政策变化与当前语言多元化的现实，我国应切实加强外语的语种建设，积极拓展第一外语选择范围，加快培养俄语以外的中亚各国各民族语言人才，结合地缘政治、经济、文化教育和外交发展的实际情况设计规划语言教育的语种，加强对中亚国家国语或民族语言的使用或掌握，有效解决当前我国中亚语种外语人才稀缺问题，实现我国高校多语发展新局面。哈萨克斯坦高校近年来开设的德语、维吾尔语、波兰语、土耳其语、朝鲜语、阿塞拜疆语等专业都是根据国家战略需求实行"订单式"招生和人才培养,学生人数不多,但与国家语言需求总体契合。中国同样需要开展"战略语言"教育规划,由国家负责调控,利用政策杠杆向"战略语言"教育发展倾斜,在外语院校实行"订单式"招生计划,制定合理培养计划(沈骑,2015:13)。

6.6.2 发挥区域性国际组织的纽带作用

在中亚国家实施多语战略背景下,俄罗斯与西方国家以成立研究所、基金会、大学分校等形式,通过推动本国语言在中亚发展,潜移默化地实现自身文化与价值观的输出,从而进一步实现自身战略安排与国家意图。例如,俄罗斯用于推广俄语的语言管理机构就包括俄语总统委员会、独联体事务俄侨和国际人文合作署、俄罗斯世界基金会、俄语教育促进基金会、国际俄语语言文学教师协会等。

我国同样应积极发挥现有区域性组织的纽带作用,增强与中亚国家的凝聚力和文化交流力。上海合作组织(以下简称上合组织)是中国倡导的第一个区域性国际组织,活动空间主要集中在后苏联欧亚大陆。作为历史地理枢纽"心脏地带"的中亚是上合组织施展外交的最重要舞台(焦一强,2013:82)。中亚五国中的哈萨克斯坦、吉尔吉斯斯坦、乌兹别克斯坦和塔吉克斯坦均为上合组织正式成员国,对上合组织的支撑作用不言而喻。2002年,上合组织召开第一次文化部长会晤,签署《文化部长会晤联合声明》,正式启动多边文化合作机制。2007年,俄罗斯时任总统普京又倡议成立上海合作组织大学,以联合培养硕士研究生为主要合作模式,合作高校82所,优先发展方向7个。上合组织大学联合培养框架下的"区域学"研究涵盖作为上合成员国的中亚四国,研究内容涉及中亚语言、历史、文化、文学、宗教、生态、经济、政治、国际关系和外交政策等,具有极强的跨学科性。鉴于中亚之于上合组织的重要性及中国文化在中亚传播的局限性,积极发挥上合组织及其框架下的上合组织大学纽带作用,对中国与中亚文化的相互融通及"一带一路"倡议顺利推进具有重要现实意义。

6.6.3　进一步发挥孔子学院和孔子课堂的平台作用

在多语战略实施过程中,中亚国家为国民积极创造多语实践环境,提高国民的多语掌握程度,促进多语主义形成及多元文化与国际化社会的构建,为汉语与中华文化的中亚传播带来新机遇。中国与中亚的互联互通离不开语言人才,既需要懂当地语言的中国人才,也需要懂汉语的中亚人才。国外学习中国的优秀文化主要通过学习汉语完成,汉语传播对中华民族优秀文化传播起至关重要的作用。因此,我们在了解和学习"一带一路"沿线中亚国家语言文化的同时,也需进一步加大对中亚汉语教学的扶持力度,提升汉语与中国文化在中亚的地位、影响力和通用性,以期在中亚多种语言与文化力量的角逐中占得一席之地。

在海外设立的以教授汉语和传播中国文化为宗旨的孔子学院和孔子课堂已经在增进中亚人民对中国语言文化了解、加强中国与中亚教育合作、发展中国与中亚友好关系、促进中亚多元文化发展等方面发挥积极重要的作用。目前,哈萨克斯坦已有5所孔子学院,吉尔吉斯斯坦已成立4所孔子学院和22个孔子课堂,乌兹别克斯坦和塔吉克斯坦也分别拥有2所孔子学院。各地孔子学院积极开展汉语教学,培训汉语教师,提供汉语资源,开展汉语考试和汉语教师资格认证,举办丰富的中外语言文化交流活动,成为中亚人民学习汉语言文化、了解当代中国的重要场所。但是,除开展汉语教学和传播中华文化外,孔子学院和孔子课堂还应进一步超越现有框架,创新语言交流与文化交往形式,推动新技术运用,推进区域文化交流合作产业链发展,打造多层次、多主体、多类型的合作格局(邓玲、王芳,2018:196),确保孔子学院和孔子课堂的战略布局更好顺应"一带一路"在中亚的发展目标。2020年,为适应国际中文教育事业发展需求,教育部又设立中外语言交流合作中心①,简称语言合作中心。该中心负责统筹建设国际中文教育资源体系,参与制定国际中文教育相关标准,支持国际中文教师、教材、学科建设和学术研究等。这将为中亚民众学习中文、了解中国文化提供更优质服务,为中国与中亚文化的互学互鉴搭建更广阔平台。

---

① 中外语言交流合作中心设立. 人民日报海外版[EB/OL]. (2020-7-17). http://paper.people.com.cn/rmrbhwb/html/2020-07/17/content_1998027.htm.

6.7 结语

语言已被视作重要战略资源和战略工具,世界各国都从国家战略高度规划语言发展,并通过强化语言教育、培养语言人才等措施,全面提升国家语言能力(赵世举,2016)。纵观中亚多语教育战略发展现状,其政策环境不断优化,多语教育体系不断完善,参与学生、教师、语言学者和教学专家人数不断增加,在国家语言政策支持和各基金会大力资助下逐步进入稳定发展阶段。多语教育战略是中亚的长期发展战略之一,该战略将在很大程度上促进掌握多门语言的新一代中亚公民的形成,帮助他们更好地实现自我价值、提升国际竞争力。

中亚国家在"一带一路"沿线国家中地位独特,中亚地区多民族、多语言交替并存的人文环境决定了"一带一路"建设语言外交与文化外交的多元性和复杂性。这就要求我们把握并研究中亚语言政策特点与语言发展现状,以语言为先导,深化文化交流与合作,推进"一带一路"区域特色文化共同体的形成与发展,提升"一带一路"建设的凝聚力、亲和力,改进文化软环境,最终提升中华文化在中亚地区的国际地位和话语权。

参考文献

Глушкова М. (2016). Стратегические направления подготовки студентов для работы впрограмм ахмногоязыного образования. *Диалог. Информационно-Методический Вестник о Многоязычном и Поликультурном Образовании в Странах Центральной Азии*, 5-6.

Рягин С. Н. & Л. Ш. Исмагамбетова. (2017). Особенности внедрения полиязычного образования в республике Казахстан. *Наука о Человеке: Гуманитарные Исследования* (1): 75-79.

Саирова Г. В. (2016). Таджикистане начата работа по продвижению многоязычного и поликультурного обрбзования. *Диалог. Информационно-Методический Вестник о Многоязычном и Поликультурном Образовании в Странах Центральной Азии*, 4.

Kaplan R. B. & R. Baldauf. (2003). *Language and Language-in-Education Planning in the Pacific Basin*. Kluwer Academic.

Schlyter, B. (2003). Sociolinguistic changes in transformed central Asian societies. In J. Maurais & M. Morris (eds.) *Language in a Globalizing World*. Cambridge:

Cambridge University Press,157-187.

邓玲,王芳.(2018)."一带一路"建设的文化风险及其应对策略.《广西社会科学》(1):194-197.

焦一强.(2013).中国文化走向中亚障碍因素分析.《新疆大学学报(人文社会科学版)》41(1):78-82.

李宇明.(2016).语言竞争试说.《外语教学与研究》48(2):212-225.

沈骑.(2017).中国外语教育规划:方向与议程.《中国外语》14(5):11-20.

沈骑.(2015)."一带一路"倡议下国家外语能力建设的战略转型.《云南师范大学学报(哲学社会科学版)》47(5):9-13.

田成鹏,海力古丽·尼牙孜.(2015).哈萨克斯坦"三语政策"及其影响分析.《新疆大学学报》43(1):75-79.

赵世举.(2015)."一带一路"建设的语言需求及服务对策.《云南师范大学学报(哲学社会科学版)》47(4):36-42.

赵世举.切实推进国家语言能力发展战略.《光明日报》,(2016-05-11).

周作宇.(2013).国家语言战略与高等教育国际化.《中国高教研究》(6):14-21.

第七章

西班牙高校的多外语教育政策
——自治区横向对比

◎ 陈 豪

7.1 引言

作为欧洲最早施行高等教育的国家之一,西班牙最古老的大学可以追溯到中世纪时期(俞天红,1987),如创建于13世纪的萨拉曼卡大学和阿尔卡拉大学。西班牙的高等教育受到欧洲宗教、政治、文化的影响,经历了一波三折的发展态势。结合目前国内对西班牙高等教育的研究,我们先对西班牙高等教育发展做一个简要的分析,以便对该国高校多语教育政策的国内外环境有个大致了解。

表7-1为西班牙高等教育大事记和有关政策文件的罗列,表中数据来自Algaba Garrido(2015)、García Manzanares(2015)、Villacañas de Castro(2017)、俞天红(1987)、王留栓(2002a,2002b)、杨启光(2007)、张贯一(2010)、黄洁(2011)、王萌萌(2015)、谭铖(2016)等。

表7-1 西班牙高等教育发展概览

时间和大事记		主要内容
1208	巴伦西亚大学建立	巴亚多利德大学前身
1218	萨拉曼卡大学建立	从诞生起到16世纪末,为欧洲学术领导中心

续　表

时间和大事记		主要内容
1886	德乌斯托大学创办	西班牙最古老的私立大学
1969	颁布《西班牙高等教育白皮书》	分析1969年西班牙教育形式,提出教育改革方案
1970	颁布《普通教育法令》(LGE 1970)	法令规定大学应当拥有自主权,自主做好监管和学历认证,制定教育、教学与研究体系
1972	国立远程教育大学创办	普及了高等教育
1978	颁布《宪法》(CE 1978)	确定了大学自治
1983	颁布《大学改革法》或称《大学改革组织法》(LRU 1983)	规定高等教育管理权力从中央让渡给自治区地方政府,确定大学职能和职责
1985	颁布《教育权利组织法》(LODE 1985)	规定所有人都具有享受受高等教育的权利
高等教育国际化		
1990	颁布《西班牙教育体制普通秩序组织法》(LOGSE 1990)	继续承认法律规定的大学自治
1999	签订《博洛尼亚宣言》	加入欧洲高等教育区
2001	颁布《大学组织法案》(LOU 2001)	进一步赋予大学与自治区独立管理的权利
2006	颁布《教育组织法》(LOE 2006)	规定各个年龄阶段的教育制度,提出语言教学需要达到的A、B、C等级标准
2011	颁布《西班牙科学与创新法案》(LCTI 2011)	第三十九条提到大学国际化问题
2013	颁布《改善教育质量组织法》(LOMCE 2013)	较LOE进一步完善了大学准入体系并确定了等同大学本科学历的高等专业学位
2014	推出《2015—2020年西班牙高等教育国际化战略》	塑造更"稳健"的大学体系,推动"西班牙语作为高等教育语言的潜力",提升西班牙高等教育的国际影响力

通过上述分析,我们可以发现西班牙高等教育发展过程中的两个非常重要的概念,其一是"大学自治"原则,其二是高等教育国际化。"大学自治"原则在欧洲最古老的大学创始时就已经存在,西班牙大学也不例外,该原则在1978

年被正式写入《宪法》。西班牙各高校自《宪法》承认其自治地位以来,统一自行制定其教学研究框架以及语言政策,并经中央政府教育部大学委员会确定其法律地位后施行。

除此之外,西班牙高等教育还受到了欧洲高等教育环境,如博洛尼亚进程和高等教育国际化的影响,对多语教育政策来说后者的影响力更大。目前,在高等教育国际化的影响下,西班牙各高校对多语教学情况纷纷进行改革,并且也将"多语主义"纳入了语言战略计划的制定之中,下文将结合西班牙高校多语使用状况和多语教育的发展来重点分析其多语教育政策的落实情况。

7.2 西班牙高校的外语使用状况

西班牙大学自治导致了高校英语教学体现出极少的同一性,对于外语教学的规定需要遵照具体学位要求,这就使得不同大学在多语培养方案中标准各异。我们根据 universia① 提供的数据,通过关键词"现代语言"进行搜索,发现西班牙大学一共有 869 个本科学位相关条目。以此为线索,我们将不同西班牙语关键词的搜索结果统计成表 7-2。

表 7-2 西班牙高校开设外语相关学位及专业情况统计

关键词 (西班牙语)	本科学位 相关条目数	硕士学位 相关条目数	博士学位 相关条目数	本科双学位 相关条目数	全日制/网络 办学/远程 办学
外语(lenguas extranjeras)	1 256	1 247	496	211	1 158/51/37
现代语言(lenguas modernas)	869	632	152	209	805/40/14
语言(lenguas)	689	530	125	131	650/21/10
英语(inglés)	271	145	48	44	246/14/7
法语(francés)	174	48	21	17	160/8/6

① http://www.universia.es/.

续　表

关键词 (西班牙语)	本科学位 相关条目数	硕士学位 相关条目数	博士学位 相关条目数	本科双学位 相关条目数	全日制/网络 办学/远程 办学
德语(alemán)	129	17	16	17	121/5/4
意大利语(italiano)	84	14	16	2	80/0/5
汉语(chino)	47	13	2	12	31/14/1
阿拉伯语(árabe)	15	5	2	1	15/0/0
葡萄牙语(portugués)	2	1	0	0	2/0/0

表7-2中的本科、硕士、博士学位相关数目反映了本科学位规定的语言相关学分选修情况，其中办学方式为本科学位计划及其他项目，如MBA等。以汉语为例，上述专业所涉及的学科领域包括农业、艺术人文、生命科学、社会科学、工程学、教育学、服务业等大类学科。除此之外，西班牙高校的多语教学还有另外一种存在形式，即"语言中心"模式，如马德里康普顿斯大学的"语言中心"，它不仅面向外国学生开设了符合《欧洲共同语言参考框架》(以下简称《欧框》，Consejo de Europa，2002)标准的西班牙语能力等级培训课程，还开设了相同标准下多达32种的语言课程。基于表7-2的数据，我们还可以发现，在专业设置上，英语处于绝对领先的位置，紧随其后的为法语，从外语教学的历史来看，这两门语言的地位发生了变化（见下一节分析）。在西班牙，当今社会对于英语语言能力的需求排在首位，紧随其后的为德语，接着依次为意大利语、法语和汉语(Instituto Alemán de Granada，2018)，该结果跟表7-2的高校专业设置中语言分布情况有些出入。

7.3　西班牙高校外语教育政策的演进

西班牙的外语教学最早始于18世纪，所教授的语言为法语(Villacañas de Castro，2017)，这跟国家与地区之间的交流和社会需求是分不开的(Martín Gamero，1961)。进行外语教学的机构在初期多为工人协会或经济团体，之后，外语教学才渐渐进入大学，经由大学再向中等教育过渡——纳入大学预科教学,再进入中小学。结合上文研究背景中罗列的文件,可以发现在外语教育的每个发展阶段,基本上都可以找到相关的政策规定。事实上,西班牙历史上外语教学在国民教育体系中并未拥有完善的规划,也未具备一定的规模,具体落实过程中的主要问题之一在于师资的缺乏。

表 7-3　外语教学进入西班牙国民初、中等教育体系的标志性文件及其规定

阶段	法令	主要内容
大学预科	1857 年《莫亚诺法令》①Ley Moyano	开始规定"法语或其他现有语言"为中等教育第二学习阶段(第五、第六学年的大学预科阶段)的内容
中学阶段	1970 年《普通教育法令》Ley General de Educación y de Financiación de la Reforma Educativa (LGE)	开始规定大学预科前的"基础普通教育"(EGB)包含一门外语的学习
小学阶段	1990 年《西班牙教育体制普通秩序组织法》Ley Orgánica de Ordenación General del Sistema Educativo de España (LOGSE)	开始规定在初等教育中"能理解并能表达一门外语的简单信息"

彼时西班牙大学中的语言教学旨在给初、中等国民教育中的外语教学(主要为法语和英语)培养师资,因此,早期的一些专科学校和师范院校随后也并入了大学。二十世纪后半叶,西班牙大学开始授予"哲学与文学的现代语文学学士学位"标志了西班牙高等教育中外语教学的确立。直到 1973 年,西班牙高校开始组建语文学院(Facultades de Filología),这就说明现代语言从哲学与文学院(Facultades de Filosofía y Letras)中获得了独立(Villacañas de Castro,2017)。下文将从西班牙法律法规、欧洲高等教育区计划和高校课程设置三个层面纵横结合来分析西班牙高校外语教育政策的演进。

7.3.1　法律层面

博洛尼亚进程对西班牙语教育产生了巨大影响,其中,对西班牙高等教育的影响甚至扩大到了相关法律法规的制定和修缮方面。我们将西班牙高校外语教育政策法律层面的演进分为先博洛尼亚阶段和博洛尼亚阶段,并着重介

---

① http://www.filosofia.org/mfa/e1857ley.htm.

绍外语教学相关法规及其内容。

7.3.1.1　先博洛尼亚阶段

西班牙于 1978 年制定的《宪法》(CE 1978)中第二十七条谈及教育，其中第十款提出在法律规定的范围内承认大学自治。实行民主制后，西班牙依次出台六个《教育法》，其中包括上文提及的《西班牙教育体制普通秩序组织法》(LOGSE 1990)。因大学自治，自《莫亚诺法令》以来的诸多《教育法》对高等教育点到即止。然而，作为对《宪法》和《教育法》的补充，西班牙政府还相继出台了《大学改革法》(以下简称《改革法》，LRU，1983)、《大学组织法案》(以下简称《组织法》，LOU，2001)、《大学组织法案修正法案》(以下简称《修正法》，LO，2007)和《官方大学教学秩序法案》(以下简称《秩序法》，Real Decreto，2007)。

1983 年的《改革法》预见了西班牙将融入欧洲大学区，规定可以和国内外大学等高等教育机构进行学术文化交流，《改革法》还规定学位由大学委员会拟定，并由政府最终确定其效力；各大学制定教学计划，并由大学委员会确定通过。

1994 年，西班牙教育部在对 1987 年颁布的《全国通用官方有效大学学位中教学计划的普遍指导皇家法令》(Real Decreto，1987)进行修改后，颁布了新的《皇家法令》(Real Decreto，1994)，其中第七条"教育内容"制定了大学课程中与主课相辅相成的选修课规定。有学者将该项规定解释为英语和信息学的选修建议(García Manzanares，2015：137)。

7.3.1.2　博洛尼亚阶段

2001 年的《组织法》进一步阐释了政府大学委员会的组成和职能，第十三条还对西班牙加入欧洲高等教育区作了相关规定。然而，并未改革教学结构。

自 2003 年起，西班牙政府通过颁布法令来对《组织法》进行补充说明。2005 年颁布的《皇家法令》55 号(Real Decreto，2005)指出大学学历将转变为符合欧洲高等教育区规定的本科(grado)学历和研究生(posgrado)学历。该转变直到 2010 年才完成。此外，该法令规定本科阶段需要修 180—240 个学分，然而并未将外语学习纳入学分计算。

2007 年的《修正法》对 2001 年施行《组织法》后所存在的不足进行了修正，

目的使西班牙高等教育更好地融入欧洲高等教育框架。

2007 年的《秩序法》又对《修正法》第六条中的大学教育和官方学位设置作了补充和阐述，使其更符合欧洲高等教育区的相关规定。《秩序法》涉及了博士论文用语以及"欧洲博士"相关情况，具体规定如下：为获得"欧洲博士"提名，论文摘要和结论至少需要附上非西班牙语的另一门欧洲语言。《秩序法》还规定了大学的基本学科，其中的艺术人文学科大类中开始加入"现代语言"学科和"语言"学科。

2013 年底颁布的《改善教育质量组织法》对 2006 年颁布的《教育组织法》进行了修补，并表示支持多语主义，指出掌握第二外语、甚至第三外语是全球化的结果。

7.3.1.3 《大学法典》

作为对《改革法》和《组织法》的回应，西班牙《大学法典》（Arnaldo Alcubilla，2018）对每所大学需要履行的规章制度作了详细的指导性规定。无论是《组织法》还是西班牙各个自治区制定的大学法规都与《大学法典》有着相辅相成的作用，后者对自治区内各大学各个层面的规定，如入学要求、学术学位制度、大学生法规，大学组织规定、学科规定等均做出了指导。

《大学法典》不仅收录了上节所提及的法律法规中跟大学教育有关的部分，还收录了部分自治区关于大学语言政策规定。其中：

第六十九章收录的《安达卢西亚大学法》第 57 款规定大学应当促进多语主义发展，对来自安达卢西亚地区、西班牙其他地区及世界各地的大学生施行多语授课。

第七十二章收录的《加泰罗尼亚大学法》第 6 条对语言做了详细规定，指出加泰罗尼亚语为加泰罗尼亚地区大学用语，同西班牙语一样为加泰罗尼亚大学官方语言；还指出政府和大学需要根据学术活动、学位、学科要求做出第三种语言方案的制定。

第七十四章收录的《加利西亚大学体制法》第 89 条对语言做了详细规定，指出加利西亚语和西班牙语均为加利西亚地区大学的官方语言；加利西亚语应当和西班牙语等其他语言在教学科研中共存。

第七十八章收录的《巴斯克大学体制法》第 11 条对语言使用作了规定，指出巴斯克语和西班牙语均为巴斯克地区大学的官方语言，大学各职能部门应当促进科学发展中其他语言知识的获取并将语言使用融入大学学术活动中去；《巴斯克大学体制法》还将加强语言学习写入了教学计划中。

第七十九章收录的《巴伦西亚大学体制协调法》第 4 条对语言做了规定，指出巴伦西亚语和西班牙语均为巴伦西亚地区大学的官方语言。

由于双语自治区存在两种官方语言（一种为西班牙语，另一种为本地语言），因此《大学法典》中收录的双语自治区大学的《体制法》中对语言都有专门的规定：既肯定了两种官方语言相同的法律地位，又针对其高校语言环境的特殊性，指明了语言的应用方向，明确了语言的使用规范。关于不同双语自治区大学中语言教育政策和设置情况，我们将在下文中具体分析。

7.3.2　大学教学层面

因大学自治，其教学计划由各所大学自行制定之后呈递给大学委员会进行审议。然而其制定的大环境却受到上文提及的法律法规影响，因此，我们将大学教学计划中的外语教学发展情况也初步分为两个阶段，即先博洛尼亚阶段与博洛尼亚阶段。

7.3.2.1　先博洛尼亚阶段

2006—2007 学年之前，西班牙大学的教学计划并未采用欧洲高等教育区的相关规定。尽管如此，其课程设置中已包含英语学习。除开语文学、翻译学等与外语直接关联的学科，在信息工程专业中也有英语教学。在 2005—2006 学年中，大部分西班牙大学将技术英语或是专业相关的英语学习（如科技英语、信息英语等）纳入了本科教学计划的制定中（García Manzanares，2015：148）。

西班牙高校在该阶段的外语教学基本以英语为主，而大学英语教学又是以 ESP（English for Specific Purpose）为主。

7.3.2.2　博洛尼亚阶段

当大学学历实施了欧洲高等教育区的相关规定以来，西班牙所有大学逐渐完成了本、硕、博"三个阶段"的转变。此时的外语教学仍以英语为主导。根据加西亚·曼萨纳雷斯（García Manzanares，2015）的统计，2005—2006 学年和 2013—2014 学年西班牙高校信息工程专业中开设通用英语（inglés general）和技术英语（inglés técnico）课程的高校数量对比如图 7-1。

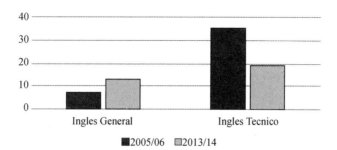

图 7-1　2005—2006 学年和 2013—2014 学年开设通用英语和技术英语课程的西班牙高校数量比较(García Manzanares, 2015: 263)

图 7-1 显示,在信息工程专业课程设置中,技术英语占比下降,通用英语比重增加,这就意味着英语作为通用语在整个专业的学习中有了更广泛的应用。

7.3.3　欧洲教育区计划层面

1999 年,29 个欧洲国家(包括西班牙)签订的《博洛尼亚宣言》开启了博洛尼亚进程。截至 2015 年,一共有 48 个国家加入了该进程。该进程成立了"欧洲高等教育区",制定了《欧洲共同语言参考框架》,成为欧洲高等教育区中高校多语教育、外语课程设置的一个强有力的指导力量(Bocanegra-Valle, 2016)。

7.3.3.1　《欧洲共同语言参考框架》

《欧洲共同语言参考框架》(以下简称《欧框》)详尽描述了语言学习者在不同语言能力阶段可以达到的语言运用水平,对课程设计、教学实践和教学评估有着很重要的现实意义(蔡基刚,2012)。

与此同时,《欧框》也为来自世界各地的非西班牙大学学生去西班牙大学留学深造提供了语言上的准入标准。

7.3.3.2　苏格拉底综合教育计划

苏格拉底计划是欧盟委员会推行的由 30 多个欧洲国家参与的综合教育计划,下分八大行动,其中跟高等教育密切相关的为伊拉斯谟计划,跟语言教学有关的为语言(Lingua)计划。

伊拉斯谟行动主要面向高等教育,申请人一般为大学在校生,需要完成第一年的学业。该计划提供学生 3 到 12 个月时间去到派出大学认可的另一个欧洲国家学习,并于归国后承认相应学分。该计划还提供奖学金,目的地国家均提供语言课程使学生能更好融入当地的学习和生活。

　　语言计划旨在促进欧盟语言多样性,改善欧盟语言教学质量,根据个人需要提供长期的语言学习机会。该计划还提供给公民利用新科学技术终身学习欧盟语言的机会,同时包括语言学习的各种资源。

7.3.3.3　高等教育国际化战略

　　西班牙高校多语教育政策跟西班牙高等教育国际化是密不可分的,然而,根据高校存在环境的特殊性,我们很难定义西班牙高校教育国际化的起始时间,从上文以博洛尼亚进程作为分界线,讨论高校信息工程专业技术英语和通用英语两个阶段的发展变化,结合欧洲高等教育区计划实施来看,该进程加速了西班牙高等教育国际化。本节将从近几年西班牙为高等教育国际化而拟定的方略来探讨高校多语教育政策的现状。

　　博洛尼亚进程开启后,欧洲高等教育区实施了"高等教育改革计划",该计划旨在整合欧盟的高等教育资源,打通教育体制,推动欧洲高等教育一体化进程(范怡红、黄洁,2011)。西班牙教育部于 2010 年制定的《2010—2020 十年教育目标:2010—2011 行动计划》(Ministerio de Educación 2010)中第 6 条指出"多语主义是语言学习的动力"。2011 年,西班牙政府颁布的《科学、技术与创新法案》(LCTI 2011)制定了这三方面的国际化方案,并指出在科技领域为了吸引国外人才,需要设置合理的英语测验来进行人才筛选。同年,西班牙政府还出台了《2010—2020 外语学习整合计划》(以下简称《整合计划》),提出"语言能力已经不再是一种附加值,它在我国面对经济、社会、教育的挑战时会转化为一种重要的需求"(Ministerio de Educación 2011, p. 3)。《整合计划》最终目标为改善西班牙居民的语言能力,其中 6 个分目标中的第 4 个指出:"加强高等教育中外语能力的培养,并根据专业领域每个培养周期的需要,给第二外语能力等级给出适当证明。"

《2010—2020 外语学习整合计划》

　　《整合计划》第 4.2 条指出,初等教育专业的本科学生需要掌握一门水平为达到《欧框》规定等级为 B1 的外语。对于中学教师也有类似的规定。

　　《整合计划》也规定了需要资助大学生沉浸式的外语学习,涉及的语言有英语、法语、德语等。

　　《整合计划》还规定筛选聘用国外具有大学学位的教师来访学,于 2011—

2012年度提供60个名额(40个给初等教育，20个给中等教育)来招募国外教师去相应多语机构任教。

《2015—2020 西班牙大学国际化战略》

2015年，西班牙教育部颁布了《2015—2020西班牙大学国际化战略》(下称《国际化战略》，Ministerio de Educación 2014)。《国际化战略》在导言中指出，国际化不仅要巩固西班牙在西班牙语国际教育中的参照地位，还要开始提供具有国际质量的英语及其他外语教学。

《国际化战略》指出了目前大学面临的挑战之一为外语知识的匮乏。在"增加大学国际吸引力"中提出需要制定英语或者其他外语的培养计划。其中在提供更多英语或其他外语双学位(学士、硕士)培养计划这一目标中指出西班牙大学合作及国际化委员会(CICUE)需要从2015年第一个学期开始，确定设置双语学士和硕士学位数目的组织目标。

ENQA 和 ANECA

欧洲高等教育质量保证协会(European Association for Quality Assurance in Higher Education，以下简称 ENQA)为一个代表欧洲高等教育区及国际质量保证及认证组织的组织。ENQA 颁布了《欧洲高等教育区学位标准和质量保证准则》(European Association for Quality Assurance in Higher Education 2005)，具有以下目标：(1)为欧洲、各国及学校的教学质量保证制定普遍框架；(2)使欧洲高等教育区高等教育质量的保证和提高成为可能；(3)支持互相信任，从而促进内部和跨越国界的认可与交流；(4)提供欧洲高等教育区质量保证的信息。

西班牙国家教育质量及认证评估局(ANECA)作为 ENQA 的一员，从属于西班牙科技、创新和大学部，其职责为通过对教学、教师和机构的评估、认证来改善高等教育体系的质量，其中也包括对教学计划制定的评估，通过ANECA 网站的学位调查评估，我们可以了解西班牙各高校相关专业多语授课情况。

7.4 西班牙双语自治区高校外语教育政策的实施情况

自西班牙《宪法》做出大学自治的规定以来，高校对于教学计划制定以及组织机构任命具有绝对自主权,然而,这种权利同样会受到大学委员会的监管,也会受到各自治区颁布的相关法律制约。大学委员会(Consejo de Universidades)直属于西班牙政府科技、创新和大学部门,委员会成员主要有由教育部长兼任的主席、由各西班牙大学校长兼任的委员,以及由主席任命的五个其他成员组成。大学委员会主要给西班牙大学在教学计划、学术协同等方面提供咨询和建议。

西班牙一共有17个自治区,其中5个自治区拥有两种"官方语言"(加泰罗尼亚自治区、巴斯克自治区、加利西亚自治区、巴伦西亚自治区、巴利亚里群岛,后三个自治区均将加泰罗尼亚语列为官方语言之一),非西班牙语的官方语言与西班牙语在自治区中的地位是并列的。下文将对西班牙上述几个自治区高校的多语教育政策进行横向对比,选取西班牙四大自治区具有代表性的综合大学来分析西班牙双语自治区高校多语教学政策的异同,所选取的四所大学为西班牙马德里大区的康普顿斯大学、西班牙加泰罗尼亚地区的巴塞罗那大学、西班牙巴斯克地区的巴斯克大学以及西班牙加利西亚地区的圣地亚哥德孔波斯特拉大学。

7.4.1 马德里康普顿斯大学的多外语教育

1982年,马德里大区获得自治权,我们将以马德里康普顿斯大学为例(Universidad Complutense de Madrid,以下简称UCM)对马德里大区高校多语教学情况进行分析。根据2016年大学委员会通过的《对本科学生学分认定的规定》(Vicerrectorado de Estudios 2016),UCM规定学生可以对教学计划之外的6—9个学分进行认定,其中语言课程的学分根据所获得的语言等级认定如表7-4。

表7-4　UCM外语等级学分认定情况表

等级	学分	认定单位
A2	1 ECTS	官方语言中心秘书处
B1	1.5 ECTS	
B2	2 ECTS	
C1	2.5 ECTS	
C2	3 ECTS	

语言课程由官方语言中心所开设。UCM本校的现代语言高级中心（Centro Superior de Idiomas Modernos，以下简称CSIM）提供多达32门语言的课程教学以及基于《欧框》标准的学分认证。除此之外，UCM某些本科教学计划中还有外语必修选项，必修语言多为英语。学校针对涉及英语的本科专业专门做了以下区分：全英语授课的专业（英文专业）、双语授课的专业（9个）、包含英语课的专业（13个）和包含远程英语课的专业（社会工作专业）。

英文专业由语文学院开设，为全英语授课。根据《欧框》标准，英语语言能力要求针对大一学生为B.1.3，针对大四学生为C2。学生从大一开始就可以选择第二外语的学习（共18门外语），第二外语最高等级为四级（根据每学期开设的课程来定），其中一、二级为必修等级，三、四级为选修等级。课程设置还包括多门语言学及文学相关课程。

双语授课的专业一般是指在相应专业用西班牙语授课的基础上增设了一个英语授课的班级，学生可以根据自己的条件申请进入英语班学习，进入英语班学习的学生在语言上的要求至少为B2（学院提供了各类型英语水平证书相对应的等级参考标准）。此外，CSIM会组织等级考试。开设双语授课专业具体情况如表7-5、7-6。

表7-5 UCM 2018—2019年双语授课专业一览

专业	开设英语班的专业	是否双学位
企业领导管理	企业领导管理	否
法律-企业管理	企业领导管理	是
经济学	经济学	否
经济学-国际关系	经济学	是
心理学	心理学	否
信息工程学	信息工程学	否
数学-物理	数学-物理	是
初等教育学	初等教育（双语授课）	否
物理学	物理学	否

在初等教育学的课程设置中既有西班牙语必修课，也有英语、法语的必修课。

表 7-6　UCM 2018—2019 年开设英语或其他外语课程的专业一览

院系	专业	学年/每门学分	外语必修课	外语选修课
贸易和旅游学院	贸易学	1/6 ECTS	英语,法语或德语	1. 英语 2（商贸）、法语 2（商贸）或德语 2（商贸） 2. 英语（国际贸易）、法语（国际贸易）或德语（国际贸易）
	法学	1—2/6—8 ECTS	英语Ⅰ（商贸）、商贸法语Ⅰ（商贸）或商贸德语Ⅰ（商贸）	第一、第二学年可以选修部分以英语授课的课程
法学院	法学（法国法律）	3—4/共 136 ECTS	第三、第四学年必修课全为法国相关法律,学生赴法国学习	—
企业经济学学院—数学学院	经济—数学与数据专业（双学位）	部分课程提供英语授课		
哲学学院	哲学	2/6 ECTS	基础德语（哲学）	高级德语（哲学）、拉丁语（哲学）、希腊语（哲学）
历史地理学院	历史学	3—4/6 ECTS	—	6 门英语选修课
	艺术史学	4/6 ECTS	—	3 门英语选修课
	考古学	—	—	1 门英语选修课
语文学院	现代语言和文学专业	比较复杂,下文介绍		
医学院	人类营养饮食学	—	—	—

续 表

院系	专业	学年/每门学分	外语必修课	外语选修课
光学和视力鉴定学院	光学和视力鉴定学	1—4/6 ECTS	必修课中提供4门英语授课的课程	1. 科技英语 2. 应用英语（光学）
政治社会科学院	政治科学	因国际联合办学，提供相应的语言学习课程		
政治社会科学院	社会学	2017—2018学年伊拉斯谟计划中同英语、法语、德语、葡萄牙语、意大利语高校有合作协议		
社会工作学院	社会工作专业	提供30 ECTS的英语课程		
语文学院	口笔译专业	涉及西班牙语、英语、法语、德语的语言特点，口笔译互译等理论与实践课程		
商贸旅游学院	旅游专业	1/6 ECTS	1. 英语Ⅰ 2. 第二外语（德语/法语）Ⅰ	第三、第四学年可以选择6 ECTS 现代外语Ⅳ（英语/德语/法语）
		2/6 ECTS	1. 英语Ⅱ 2. 第二外语（德语/法语）Ⅱ	
		3/6 ECTS	1. 英语Ⅲ 2. 第二外语（德语/法语）Ⅲ	

UCM语文学院开设的现代语言和文学专业对语言能力要求较高,从第一学年到第四学年均设有语言课程。学生要选择两种语言的学习,分为语言A(主语)和语言B(副语)。

语言A可以从下列语言中择一学习:德语、阿拉伯语、法语、意大利语、波兰语和俄语。

语言B可以从下列语言中择一学习:德语、阿拉伯语、西班牙语、法语、意大利语、英语、波兰语、葡萄牙语、俄语、匈牙利语、汉语。语言B课程的开设与否要根据一定的申请人数来确定。

除上述语言外,学生还可以在第一学年学习以下语言中的一种:加泰罗尼亚语、捷克语、韩语、加利西亚语、荷兰语、罗马尼亚语、巴斯克语、现代希腊语、现代希伯来语、挪威语、波斯语、土耳其语。

关于语言A和语言B的文化课在四个学年大致相同,然而语言A的语言课程在第四个学年继续开设,语言B则没有。尽管如此,语言A和语言B在教学计划中的要求是均要达到B1或C1等级。选修课中还增设了语言A的相关课程。

7.4.2 加泰罗尼亚地区巴塞罗那大学

加泰罗尼亚地区于1979年获得自治权。2002年,自治区首府巴塞罗那通过《巴塞罗那声明》(奥乔亚·费尔南德斯,2014),较早规定了学生需要从小开始学习至少两种外语。下文将以巴塞罗那大学(Universssidad de Barcelona,以下简称UB)为例概述加泰罗尼亚地区高等教育中多语教学的情况。依照上文《大学法典》中《加泰罗尼亚大学法》第6条的规定,《巴塞罗那大学规章制度》(Real Decreto, 2003)中关于语言政策的第6条规定如下:

(1) 加泰罗尼亚语为巴塞罗那大学的官方语言。
(2) 作为加泰罗尼亚的官方语言,加泰罗尼亚语和卡斯蒂利亚语(西班牙语)在巴塞罗那大学的使用应当符合语言政策的规定。
(3) 根据《语言使用规定》,巴塞罗那大学应当促进加泰罗尼亚语在研究、教学、管理及服务领域的使用,应当使加泰罗尼亚语同各领域知识相结合。因此,语言政策委员会要制订语言政策指导文件，加速加泰罗尼亚语的规范化。作为大学委员会一分子，语言政策委员会主席由大学校长担任，或者受其任命，其他成员由一名主管、八名来自大学活动各领域的老师、四名学生及两名管理和服务部门成员组成。

(4) 巴塞罗那大学应当促进加泰罗尼亚语言文化知识的学习。
(5) 巴塞罗那大学也欢迎其他语言文化，并应当通过语言服务给大学范围内的各种学术活动提供多语学习帮助和咨询服务。

根据《巴塞罗那大学规章制度》的语言相关规定，UB 一共有若干个语言机构，首当其冲的当属语言政策委员会，以及下文所列的几个相关委员会：

(1) UB 的语言政策委员会创建于 1986 年，致力于制订语言政策以及促进加泰罗尼亚语的规范化进程，主要任务是为了维护加泰罗尼亚语在大学各领域的使用及规范化。
(2) UB 语言动态化网络创建于 1992 年，致力于促进加泰罗尼亚语在教学研究、大学管理、对外信息化和形象领域的使用。
(3) UB 语言和教学政策副校长办公室为 UB 语言政策及相关政策的代表机构。
(4) UB 多语委员会负责大学范围内多语活动的宣传工作。
(5) UB 语言服务机构致力于促进加泰罗尼亚语培训及多语咨询服务。
(6) UB 西班牙语学习中心主要致力于对外西班牙语语言文化教学工作。
(7) UB 现代语言学校为语言培训中心，提供 21 种语言课程，与国际多个机构有合作关系，可以颁发欧洲语言官方等级证书。
(8) 加泰罗尼亚大学委员会语言政策委员会由加泰罗尼亚各大学分管语言政策的副校长组成，履行若干义务。
(9) 加泰罗尼亚语言培训及资格认定大学委员会由各大学语言服务机构组成，负责协调和认定各大学校长签订的相关语言政策。
(10) RV 语言委员会是一个实施年度语言政策计划的委员会。

上述机构负责 UB 语言政策的决定和执行,其中具体的政策文件也可以从大学网站上获取,大学还阶段性地制定《语言计划》,如:《2017—2020 巴塞罗那大学语言计划》(Universidad de Barcelona 2018)。

《2017—2020 巴塞罗那大学语言计划》(以下简称《语言计划》)规定了 2017 到 2020 年 UB 的语言政策,并结合国际环境以及加泰罗尼亚语的特殊地位给 UB 在语言上所肩负的责任指明了方向。《语言计划》保障了学生的语言权利,规定了教师需要达到的语言能力,同时也明确了 UB 的多语战略:除了加泰罗尼亚地区的官方语言外,UB 需要加强以下语言的学习和使用,首先是作为主要学术及诸多国际关系通用语的英语;其次是德语、法语和意大利语。由于加泰罗尼亚自治区在高中就开设了这些语言课程,因此大学和研究处(Secretaría de Universidades e Investigación)认为这些是当下仅次于英语的重要语言;接着为西班牙其他官方语言;之后为欧洲高等教育区其他成员国的语言,以及加泰罗尼亚地区的其他语言,如汉语、阿拉伯语或柏柏尔语等。

《语言计划》分两方面实施。一方面是对加泰罗尼亚语、卡斯蒂利亚语(西班牙语)、英语及其他语言的培训。培训主要面向学校的教师、后勤管理人员以及学生,由上文提及的语言机构具体负责各项培训工作。另一方面是给教师、后勤管理人员及学生提供语言协同服务。每项语言协同服务都包含一个简短的介绍、服务涉及的语言和相应资源供师生选择。

《语言计划》中制定了 25 个目标以及 61 个具体指导行动来巩固加泰罗尼亚语及西班牙语在教学科研服务中的地位,同时在校园中营造一种多语氛围。其中"语言透明"原则使学生在报名之前能够了解相关课程授课语言情况,根据 UB 官网数据,本科专业中有 8 个专业开设了全英语授课的课程,如表 7-7。

表 7-7 UB 本科全英语授课专业列表

专业	英语授课课程比例(%)
企业领导管理	100
生物信息学	100
电子游戏及应用游戏艺术创造	100
国际企业	100

续表

专业	英语授课课程比例(%)
英文专业	100
理疗专业	100
生物医学工程	33
旅游	100

7.4.3 巴斯克地区巴斯克大学

巴斯克地区同加泰罗尼亚地区一样为双语自治区。目前国内对巴斯克自治区多语教育有过研究的有邹慧民(2012)、张京花、李英浩(2013)等学者。巴斯克自治区于1979年获得自治权,并且于同年通过了《巴斯克自治区法》,其中第六条规定了巴斯克语和西班牙语同为自治区官方语言。1982年的《巴斯克语法规范》规定学生有权接受母语教育,巴斯克语和西班牙语是初、中等教育阶段的必修课。1983年的《双语教学法》针对不同语言的教学、培养目标及对象制定了完整的规范(张京花、李英浩,2013)。张京花、李英浩(2013)对巴斯克地区多语教育政策做了概括分析,所涉及的多语教育主要为学前教育到义务中学教育阶段,作为补充,邹慧民(2012)谈及巴斯克大学中多语教学情况,并指出了巴斯克大学不论是巴斯克语还是多语教学都存在师资、教材和科研方面的诸多困难。下文仍将选择巴斯克大学(Universidad del País Vasco,以下简称 UPV/EHU)作为案例,针对当今巴斯克地区高校多语教育现状进行更为深入的分析。

2016年11月30日,UPV/EHU颁布了《巴斯克大学学生章程》(Reglamento de Alumnado,下称《学生章程》,España,2016),其中关于学生权利规定的第二条指出,学生拥有应用两种官方语言之一进行学习和考核的权利;学生有提前获取相关课程所授语言信息的权利。此外,《学生章程》第十一条还特别规定了学生享有以下语言权利:

(1) 使用两种官方语言之一进行交流的权利。
(2) 使用两种官方语言之一同巴斯克大学内各机构进行沟通的

权利。

（3）根据教学计划，使用两种官方语言之一进行学习和考核的权利。

（4）使用两种官方语言之一实施科研、发表成果和答辩的权利。

（5）在提供双语教学的课程中，学生因缺少巴斯克语班级而不得不选择西班牙语班级的情况，仍可以用巴斯克语进行相关科目考试。

（6）本科论文和硕士论文的语言可以为巴斯克语。

结合在初、中等教育中巴斯克语的地位，UPV/EHU 的《学生章程》进一步巩固了巴斯克语在大学中的使用情况。

在保证两种官方语言在大学教学、科研、生活中的相关权利的基础上，UPV/EHU 还于 2005—2006 学年制定了多语主义计划①，旨在增加外语在学校教学计划中的比重。多语主义计划包括以下六项具体目标：

（1）延续巴斯克自治区中学教育中多语主义计划规定的英语和法语课程。

（2）促进培养学生语言能力，为其在欧洲高等教育区中的交流提供便利。

（3）通过开展外语会议、外语研讨会等大学活动来帮助学生借由来访的外国教师及外语出版活动来提高自身的外语能力。

（4）由于外语知识为一种附加值，学习外语将为学生就业提供便利。

（5）通过国内及国际的交换计划，提供多语教学将更能吸引外国学生。

（6）加强教师团队的国际化，不论在教学还是科研中加速专业发展。

可以说 UPV/EHU 的多语主义计划不仅保障了学生自身的语言能力，而且还为学生国际交流创造了更多的机会。

多语主义计划在开设外语课程、培训教师和学生外语能力、组织开展外语

---

① https://www.ehu.eus/es/web/nazioarteko-harremanak/eleaniztasun-plana-aurkezpena.

活动等方面都起到了关键的指导作用。其中最具特色的当属每学年的"多语主义计划课程设置"以及"英语友好课程"(English Friendly Course,以下简称EFC)。多语主义计划规定,每个院系可以根据自身需要,以及 UPV/EHU 多语主义计划的规定手续,提前一年开始申请开设英语或法语课程,申请结果将会在网上公布。以 2018—2019 学年为例,学校批准了 162 门授课语言为英语的课程、4 门授课语言为法语的课程申请,剩下 14 门授课语言为英语的课程、4 门授课语言为法语的课程申请没有通过。

"英语友好课程"计划于 2017 年 1 月 18 日开始实施,其设置初衷是为留学生提供课程相关辅助。EFC 主要为那些以西班牙语授课的课程提供英语教学指南、英语习题及英语考试等"英语友好"的教学内容。以 2018—2019 学年为例,本科阶段一共开设了 283 门"英语友好课程",研究生阶段一共开设了 53 门。

UPV/EHU 多语主义计划的"多语主义计划课程设置"及"英语友好课程"使 UPV/EHU 在高等教育全球化进程中取得了巨大进步。随着世界范围的高等教育全球化影响力不断加深,UPV/EHU 的多语主义计划或将面临更多创新,因为就目前来看,增设的多语课程多为英语,法语仅占一点比重,而除英语、法语、西班牙语、巴斯克语外,欧洲其他语种及欧洲语种之外语种的学习仅限于文学院。根据 UPV/EHU 文学院的教学计划,供英文专业、翻译专业和巴斯克文专业的学生选择的第二、三外语有德语、古典语言、法语、俄语、阿拉伯语、加利西亚语、现代希腊语、意大利语等。

在英语授课课程所在院系专业的教学计划中,均会特别注明其多语主义计划方案及潜在的英语或法语授课课程情况。除此之外,UPV/EHU 部分院所在教学计划中对多语主义计划的规定如表 7-8 所示。

表 7-8　UPV/EHU 部分院所教学计划中的多语主义计划

院所	教学计划中多语主义相关规定
比尔巴鄂工程学校	提供相关专业英语、法语和德语课程;同样给外国学生提供上述授课语言课程(有师资的情况下)。
吉普斯夸工程学校	提供三语课程(巴斯克语、西班牙语,一部分为英语)。有些工业学科第一学年全英语授课。

续 表

院所	教学计划中多语主义相关规定
维多利亚-佳斯特斯工程学校	大部分专业为双语授课(巴斯克语和西班牙语),自动化专业所有课程为西班牙语和巴斯克语或西班牙语和英语授课。毕业论文可用上述三语之一撰写。
维多利亚-佳斯特斯护理学校	获取学位的语言要求为巴斯克语和西班牙语。提供授课语言为英语的选修课。
高级建筑技术学校	除了巴斯克语和西班牙语,还提供英语课程。最后三年可选修163学分的授课语言为英语的课程(包含毕业论文)。
科学技术学院	所有必修、选修课都提供双语授课(巴斯克语和西班牙语),毕业论文可以用英语撰写。每学年提供授课语言为英语的课程。
社会科学及通讯学院	所有必修、选修课都提供双语授课(巴斯克语和西班牙语)。每学年提供授课语言为英语的课程。
美术学院	所有必修课和大部分选修课提供双语授课(巴斯克语和西班牙语)。某些选修课提供英语授课。
法学院	法律学和犯罪学及律师学硕士课程提供双语授课(巴斯克语和西班牙语),在上述本科课程中某些课程提供英语授课。
经济企业学院	所有基础必修课,及部分选修课提供双语教学(巴斯克语和西班牙语)。提供英语授课课程。本科论文可以用上述语言及法语、德语撰写。本科学位要求学生获得一门外语等级证书,英语优先。
教育体育学院	幼儿教育根据语言分为两种方案(巴斯克语或巴斯克语-西班牙语),第二种情况需要在第三、四学年修满至少30个巴斯克语学分。 初等教育根据语言分为两种方案(巴斯克语或三语),第二种情况需要修满占总学分60%的巴斯克语学分,占20%的英语学分和占20%的西班牙语学分。 所有体育活动科学专业的课程为双语授课(巴斯克语和西班牙语)。 部分课程为英语授课。学位论文可用上述三语之一撰写。进入本科学习前建议上述三语的语言能力达到B2。
比尔巴鄂教育学院	幼儿教育为西班牙语授课或者巴斯克语授课。如选择西班牙语授课,需修满至少30个巴斯克语学分,并需达到B2等级。 初等教育分巴斯克语授课和三语授课。第二种情况需要修满占总学分40%的巴斯克语学分,占30%的英语学分和占30%的西班牙语学分。

续 表

院所	教学计划中多语主义相关规定
比尔巴鄂教育学院	社会教育专业提供双语授课（巴斯克语和西班牙语）。 选择巴斯克语授课，最终需要认定的语言等级为C1。在初等教育的三语方案中，需要选修一门巴斯克语指导方案课来对巴斯克语等级作出C1的认定。
教育、哲学及人类学学院	教育学、社会教育、哲学和人类学提供双语授课（巴斯克语和西班牙语）。 幼儿教育和初等教育中主要语言为巴斯克语，但是需要完成24个学分的西班牙语学习，占学位要求的10%。 还提供部分英语授课课程。
劳动和社会工作学业	基础必修课提供双语授课（巴斯克语和西班牙语）。还提供部分英语授课课程。
化学院	本科所有课程均提供双语授课（巴斯克语和西班牙语）。少量课程提供英语授课。
心理学院	本科所有课程及硕士必修课程均提供双语授课（巴斯克语和西班牙语）。本科部分课程还提供英语授课。
医学和护理学院	本科所有必修和绝大部分选修课均提供双语授课（巴斯克语和西班牙语）。每学年提供授课语言为英语的课程。
文学院	部分课程提供英语授课。
信息学院	所有必修课均提供双语授课（巴斯克语和西班牙语）。第四学年的选修课中，8门课为巴斯克语，15门课为西班牙语。 第二学年所有课程都提供英语授课，毕业论文也可以用英语撰写。从2017—2018学年开始，四年级选修课中两门课程也提供英语授课。
药物学院	本科课程提供双语授课（巴斯克语和西班牙语）。每学年提供授课语言为英语的课程。

7.4.4 圣地亚哥德孔波斯特拉大学

西班牙加利西亚地区也为双官方语言地区，于1981年获得自治权。圣地亚哥德孔波斯特拉大学（Universidad de Santiago de Compostela，以下简称USC）作为加利西亚首府圣地亚哥德孔波斯特拉著名高等学府之一，引领着加利西亚地区高等教育的发展，因此其语言政策也显得尤为重要。

USC 有两个机构同语言政策紧密相关。一个为语言规范服务机构 (Servizo de Normalización Lingüística,以下简称 SNL);另一个为现代语言中心(Centro de Linguas Modernas,以下简称 CLM)。CLM 创办于 1975 年,前身为语言学院(Instituto de Idiomas),旨在给大学成员及年满 16 岁的非大学成员提供语言学习的机会。CLM 目前根据不同时间段(学期班、学年班、暑期班等)提供多达 23 种语言的课程,并提供德语、英语、法语、意大利语、葡萄牙语的 B1、B2 水平等级考试及学分认定服务。除此之外,CLM 也举办 12 种国内、国际官方语言等级考试,如 DALF、IELTS 等,还会定期举办各种语言相关活动和语言类图书出版工作。SNL 为语言服务机构,为各种语言应用项目提供技术支持,其主要服务分为四大板块,分别为咨询板块、培训板块、动态板块、术语板块。

2018 年 11 月 26 日,USC 举办了名为"语言与 USC"(As linguas e a USC)的研讨会,会议包括两项语言政策议题:(1)依据法规继续实现加利西亚语的标准化,加强加利西亚语的使用,尤其是在教育方面的应用;(2)根据欧洲高等教育区相关规定,促进大学教育在欧洲维度上的发展及应用,重视交流和语言学习。上述两方面看起来存在矛盾,然而该矛盾应当是 USC 的语言政策所面临的并需要做出努力使之互相和谐而考虑的问题。因此,该会议的召开旨在给未来十年创建一种语言政策模式提供建议。然而,早在 2010 年之前,USC 就有关于加利西亚地区语言教育方面的研究,并于 2010 年出版了《加利西亚地区语言和教育》电子书。该书的出版为加利西亚地区语言形势在学术和社会讨论的互通提供了标准,对双语和多语在初、中等教育的情况,及大学师范专业、语文专业为培养初、中等教育外语教师方面都作了充分的论述。

USC 规定学生在获取本科学位前需要认定一门外语等级,该等级一般为《欧框》标准的 B1。根据 USC 官方网站数据,几乎所有非人文学科在本科学位获取上都有该项要求,而人文学科一般会安排第二外语学习。

7.5 西班牙高校多外语教育政策评价和对我国的启示

作为欧洲最早进入高等教育的国家之一,西班牙拥有欧洲最古老的大学,也具有较成熟的大学发展体系以及课程设置,加上西班牙在欧洲乃至国际高等教育舞台非常活跃、对国际高等教育政策及语言政策的响应积极并且迅速，因此，对西班牙高等教育体制、政策的分析对我国高等教育的发展具有极为重要的借鉴意义与启示。在全球化背景下，我国的高校的多语教育面临着巨大前景与机遇，通过对西班牙高校多语教育政策的分析有助于我国在过程中取长补短，并结合目前高校外语教育的特殊性进一步明确演进方向。

7.5.1 西班牙高校多外语教育政策评价

通过上文对西班牙高等教育发展、外语教育法律法规、西班牙高校多语教育政策、西班牙代表性高校的语言机构和开设外语课程现状的分析，我们可以发现西班牙语高校外语教育从起步阶段到如今的大学国际化阶段包含了大学自治、博洛尼亚进程（欧洲高等教育区计划）、自治区双语政策、大学国际化（多语主义）等几个主要方面，其多语教育的发展在地理分布上主要体现为从"邻国"到"洲际"再到"国际"的扩充式演变。然而，不论从高等教育政策，还是从国际合作层面来看，西班牙高校中多语教学从政策的制订到具体落实的机构都非常类似，后者主要包括两种语言机构：多语言中心负责开设外语教学课程并提供相应学分认证；语言服务机构负责提供语言相关技术服务（有些高校的语言服务机构从属于多语言中心）。两种机构在高校多语教育的不同阶段都发挥了各自的作用。下文将对各个阶段分别评述。

7.5.1.1 博洛尼亚进程下的多外语教学

假如高等教育国际化让西班牙高校充分认识到了多语主义的重要性，并在开始拥有全球观的多语教学视野的同时，想方设法将多语教育（主要为英语）融入大学生态系统，那么在此之前的博洛尼亚进程即为该环节中不可或缺的助力。

博洛尼亚进程在建立欧洲高等教育区、统一学分、学位互认、交流合作项目等方面对西班牙高等教育作出了巨大贡献，同时也促进了欧洲高等教育区高校多语教学的双向发展：不仅促进了留学生在目标学校的语言学习，也为本校学生提供了目标学校语言的学习机会。不仅如此，后博洛尼亚进程延伸出来的高等教育计划，如伊拉斯谟加计划，将合作机制辐射至全球，扩大了欧洲高等教育区的语言生态圈，拓宽了多语主义边界。

应当说博洛尼亚进程直接对语言能力评定做出的贡献在于《欧框》的制

定。《欧框》统一了欧洲高等教育区内语言能力评定标准和等级，并为非欧洲高等教育区语言能力提供了参考标准。《欧框》不论是在高校学生外语学习动机、外语学习框架、外语课程选择、外语等级认定上，还是在高校外语授课课程建设（如专业课的外语授课），高校外语总体能力达标（如 USC 本科学位外语所需的 B1 标准等），还是外语专业能力达标（如 UCM 的英文专业通过四年学习所需要达到的英语等级等）等各个高校外语乃至多语体系的建设上都具有重大意义。《欧框》还极大促进了西班牙语在欧洲乃至世界范围的传播，为西班牙语国际的各类考试提供了等级参考，也为其他各大洲语言在国际化进程中等级的制定提供了参考样本。

7.5.1.2 多外语课程设置

由于大学自治，西班牙政府的大学委员会只能对所有大学提供政策导向性支持，并且具有批准各所大学提交的培养方案的权利。西班牙每所大学将结合国际环境及自身需求来制定具体的学生培养计划，其中也包含多语教育发展计划：各高校根据上述需求设置多语课程及多语授课课程。

在开设外语授课的专业课程方面，随着高校在国际化大环境下对多语主义的重视，在提供更多语言能力培训机会的同时，西班牙高校在大部分与国际接轨的专业上都开设了多语专业课程，其中英语为主要授课语言，并经由学校多语言中心开展对本校学生及教学科研人员的外语技能培训，以配合相关专业外语授课课程的建设，提高其专业吸引力和竞争力；在外语应用课程方面，西班牙高校设置的外语课程主要体现在跟专业密切相关的应用性语言的课程设置上，比如 UCM 开设的哲学方向的高级德语课，以及光学方向的应用英语等课程；在外语专业课程上面，多语教学更是大放异彩、全面铺展，除了全面培养语言能力的课程之外，基本上均涉及语言学和文学方向的深入学习，还包括相应语言国家的历史文化课程，使学生对这门语言以及对象国的语言与文化有全方位的了解。除了上述课程设置之外，同样重要的多语教育阵地为西班牙高校师范类课程，具体体现为各高校幼儿教育、初等教育等专业中外语课程的设置。相关课程对写进国民教育体系的几门语言有较高的要求，如英语、法语。UCM 的初等教育专业开设了双语授课（西班牙语-英语），如果毕业生的英语等级超过 B2，可以申请额外"外语评定"；巴斯克大学教育体育学院专业的课程设置对外语的要求也为 B2。以上专业对外语等级的具体要求体现了西班牙政府对于国民外语素质的整体要求。

通过语言相关课程设置还可以发现，西班牙高校的多语教育极大地将语言跟大学主要学科相结合，在充分认识语言作为一门工具的基础上，根据人才培养的需要全方位地让多语教学在各个院系、各个专业全面开花、结果。在各个专业中，对外语能力的重视将直接影响学生在完成本科学业之后的眼界和竞争力，尽管开设通用语（英语）的课程较其他外语更多，然而如此多的外语学习机会能让学生能以一种全新的高度，更广阔的视角看待今后的学习和工作，"多一门语言、多一条路子"这句话在西班牙高校的课程设置中得到了很好的诠释。

7.5.1.3 双语自治区的语言政策

西班牙双语自治区政府在初、中等教育中对本地官方语言的学习都有相关政策和要求，双语自治区高校也开设了本地语言授课的课程，因此这些地区高校的多语教育情形相对比较复杂。在欧洲高等教育区和高等教育国际化的影响下，他们需要在保障本地官方语言地位的前提下，再将多语教学跟大学生态体系相结合，在营造好本地双语语言环境的基础上再跟国际接轨。

根据上文分析，我们发现加泰罗尼亚地区和巴斯克地区的高校已经形成了比较完善的双语教育和多语主义结合体系。上至法律法规等政策的制订，下至具体机构职能部门的实施，他们都形成了比较完善的多语教学生态系统。以 UB 为例，其语言相关机构和部门分别具有不同的职能。他们提供加泰罗尼亚语教学和服务，使得非加泰罗尼亚语地区学生有了学习语言的机会，进而选修加泰罗尼亚语授课的课程；提供西班牙语教学和服务，使得外国学生有了学习西班牙语的机会，可以选择西班牙语授课课程；也提供各种外语教学和服务，使得西班牙语学生有了外语学习的机会；同时提供全英语授课课程，并且对德语、法语和意大利语也非常重视。应当说，UB 不仅做到了学科本地化，而且也基本做到了学科国际化。而 USC 在这方面就稍显落后，学校仅对获取本科学位所必需的外语能力作了要求，并未就多语主义制定实践性较强的多语战略计划，然而在 2018 年年末，USC 通过举办语言政策研讨会，不久应该会出台相关多语政策。

7.5.2 对我国的启示

西班牙高校多语教育政策现状对我国高校多语教育现状有以下几个方面

的启示。

7.5.2.1 政策方面

就目前来看,我国并未制定高等教育国际化中高校语言的政策或规划(金絮,2018),比如于2015年修正的《中华人民共和国高等教育法》(下称《高等教育法》)并没有语言政策相关规定。

教育部颁布的《国家中长期教育改革和发展规划纲要(2010—2020)》(以下称《纲要》)谈到语言相关的两方面规定：一为加强少数民族双语教学；二为在教育国际合作框架下支持一批示范性中外合作办学机构、培养外语人才、支持孔子学院建设等。我们可以将我国双语教学同西班牙双语自治区相比较,以彝语教学为例,彝语教学不论是在政策支持、教学资源、课程设置等方面都存在不足(阿苏克的莫,2018),就语言政策层面来看,西班牙双语自治区对自己本地语言更为重视,制定的规章政策也更为完善。

高等学校大学外语教学指导委员会研究制定的《大学英语教学指南》(以下简称《指南》)将大学英语教学分成三个阶段,并分别提出每个阶段的教学内容和目标,对课程和教学安排提供了指导性的建议,应该说《指南》的提出有助于统一国内高校大学英语教学的现状。然而,《指南》虽然包含了专门用途英语课程的设置情况,却并未进一步阐述其他专业英语授课的情况,提出对于个性化大学英语课程的设置需要各高校根据实际情况来定。目前高校的大学英语教学任务基本由大学英语部担任,而大学英语部的教师几乎都具有英文专业的背景,这就使得大学英语的教学主要是以培养英语综合能力(听、说、读、写、译等)为出发点,难以结合其他学科领域"大展拳脚"。对于《指南》指点下的大学英语定位从激烈讨论也趋于达成基本共识(王文宇等,2018),大学英语教学的改革迫在眉睫。

高等教育国际化过程中势必形成多语主义的格局,我国应当抓紧研究并制订高校多语主义政策文件,以及双语教学相关政策,对内要在推广语言标准化的前提下完善本地语言,做好本地语言的保护工作,对外要积极推进高校多语主义建设,做好外语语言能力与国际标准对接等具体措施,将国家语言能力和个人语言能力进行有机结合(戴曼纯、潘巍巍,2018)。

7.5.2.2 大学组织机构及课程设置方面

《高等教育法》中第三十三条指出："高等学校依法自主设置和调整学科、

专业"。然而中国高校的"自主"和西班牙高校"自治"还是有一定的差异。从上文分析来看,西班牙有着更完善的专业课程设置评估机构。而我国大学课程设置体系需要进一步完善。正如王留栓(2002b)所言:"和西班牙的大学相比,我国高校的自主权还相当有限。"

除此之外,上述西班牙高校均为综合性公办高校,其院系设置、组织机构虽然大同小异,然而在外文系所的基础上,几乎每所大学都拥有语言中心和语言服务中心。相比之下,我国尽管有专业性较强的外语高校,它们主要从事人文社科的外语相关教学和研究,而对高等教育各专业全面铺展的外语能力及外语应用培养的责任应当落在综合性大学身上,然而国内的综合性大学恰恰对外语专业不够重视,综合大学也少有专门的语言中心来为大学生态提供语言能力培训和语言服务,目前来看,这也是我国高校管理体制在高等教育国际化背景下需要改革的主要环节之一。

在课程设置方面,部分高校已经做到了将大学英语专业课程细分,如南京大学开设的"学科专业课程群"中包括了"新闻英语读写""法律文书经典导读"等课程(王文宇等,2018),应当说南京大学的英语教学在相关课程上已经逐步同国际接轨。然而大部分高校关于其他语种开设的必修及选修课的方向还有待明确。根据上文分析,除了英语,西班牙高校已经开设了跟其他专业相结合的语言课程方向,如哲学专业德语方向、旅游专业必修的二外德语或法语、商贸专业必修的商贸德语或法语等,我们发现,将人文社科专业跟专业其他外语结合的改革在不久的将来也势在必行。以西班牙语专业为例,国内不乏开设"商贸西班牙语"相关的课程,然而对"商贸专业(西班牙语)"几乎鲜有涉足,不论是课程设置、师资还是教学资源的不足,这些都将成为在面向国际化的多语教学改革中不得不解决的问题。

西班牙高校师范类专业的多语课程设置也带给了我们重要启示。关于我国师范类专业的多语教学情况也需要进行重新思考,在不久的将来也将面临重要改革,西班牙语等"小语种"已经被纳入国民教育体系,该举措在给义务教育带来积极的多语环境的同时也会催生出各种问题。以西班牙语为例,眼下高校西班牙语专业如雨后春笋般增长,导致了师资出现了青黄不接的情况,更不用说普通中、小学校的所存在的师资问题,目前来看,我国国民教育中的多语主义必然会导致基本教学资源的缺乏,因此,师范类专业在语言的必修、选修课程上也将面临改革,这又将对高校的多语教育提出一个巨大的挑战。

7.6 结语

  自古至今,西班牙高校对多语教学非常重视,并且在国际大环境的指导及推动下(博洛尼亚进程和高等教育国际化)均作出了积极主动的政策回应,并且迅速组建相关机构因地制宜,目前已经形成了比较成熟的多语教学体系:在保障自己本地语言的前提下,多语种教学结合专业设置全面铺展,且有所侧重(英语)。中国高校目前已经在大学英语教学上做出了初步的改革尝试,而对其他外语教学的处境需要进一步重视并制定相应规划。

  西班牙双语自治区语言政策反映出来的对本地语言的重视意味着假如需要更为深入地进行本地政治、文化、风俗等人文和自然科学研究和从事相关服务,必须要掌握本地语言,因此,高校中本地语言课程的开设在保护了本地语言的同时也为地区建设做出了贡献。从开设的专业英语课程来看,基本上西班牙高校与国际接轨的专业中所涉及的语言是英语,而人文学科对英语课程的设置相对较少,反而对古典语言有较大的要求;语言政策的倾向也有所侧重,对于应用型英语占统治地位的专业,如高新科技、通信科技等为主的领域及物理、数学、化学等理工科可以加强英语课程的授课,而针对人文艺术大类专业应当重视非英语课程的开设。由此观之,面向全校的多语课程需要紧密结合专业所需,而非英语专业的各外语需要在相应的语言技能和人文学科上继续强化,这将成为我国高校多语教学改革的一种必然方向。

  综上所述,在国际化和多语主义的影响下,我国高校多语政策的制订已经刻不容缓。高校多语政策的制订不论是对各个阶段国民外语教育的普及、外语能力的提高,还是对高校国际化战略以及国家语言能力的建设都将具有深远的影响。

参考文献

Algaba Garrido, E. (2015). Universidad pública y privada en España: Dos modelos distintos con objetivos similares. *Encuentros Multidisciplinares* (49): 1-10.

Bocanegra-Valle, A. (2016). Foreign language learning needs in higher education: Reasons for convergence and accountability. *Revista de Lenguas para Fines Específicos* 21(1): 67-87.

Arnaldo Alcubilla, E. (2018). *Código de Universidades*. CRUE: Universidades Españolas (BOE, de 10 de diciembre de 2018).

Consejo de Europa. (2002). *Marco Común de Referencia Europeo para las Lenguas*. Madrid: Ministerio de Educación Cultura y Deporte. http://cvc.cervantes.es/OBREF/marco/cvc_mer.pdf.

CE. (1978). *Constitución Española* (BOE núm. 311, de 29 de diciembre de 1978).

España. (2016). *Universidades. RESOLUCIÓN de 30 de noviembre de 2016, del Secretario General de la Universidad del País Vasco/Euskal Herriko Unibertsitatea, por la que se ordena la publicación del Reglamento de Alumnado de la UPV/EHU* (BOPV núm. 242, de 22 de diciembre de 2016).

European Association for Quality Assurance in Higher Education. (2005). *Criterios y Directrices para la Garantía de Calidad en el Espacio Europeo de Educación Superior*. Helsinki. http://www.enqa.net/bologna.lasso.

Farrerons Vidal, O. (2005). *Evolución Histórica de la Universidad Española*. Escola Universitària d'Enginyeria Tècnica Industrial de Barcelona.

García Manzanares, N. (2015). *La enseñanza de idiomas en la universidad española antes y después de la implantación del Espacio Europeo de Educación Superior*. Tesis doctoral. Universidad Rey Juan Carlos.

González Villarón, M. (2015). *La enseñanza de las lenguas extranjeras en España y Holanda: un estudio comparado*. Tesis. Unversidad Complutense de Madrid.

Halbach, A., A. Lázaro Lafuente & J. Pérez Guerra. (2011). La lengua inglesa en la nueva universidad española del EEES. *Revista de Educación* 362: 105-132.

Instituto Alemán de Granada. (2018). El inglés no es siempre el idioma más requerido para trabajar en Europa. https://www.institutoalemandegranada.com/el-ingles-no-es-siempre-el-idioma-mas-requerido-para-trabajar-en-europa/.

LCTI. (2011). *Ley 14/2011, de 1 de junio, de la Ciencia, la Tecnología y la Innovación* (BOE núm. 131, de 2 de junio de 2011).

LGE. (1970). *Ley 14/1970, de 4 de agosto, General de Educación y Financiamiento de la Reforma Educativa* (BOE núm. 187, de 6 de agosto de 1970).

LO. (2007). *Ley Orgánica 4/2007, de 12 de abril, por la que se modifica la Ley Orgánica 6/2001, de 21 de diciembre, de Universidades* (BOE núm. 89, de 13 de abril de 2007).

LODE. (1985). *Ley Orgánica 8/1985, de 3 de julio, reguladora del Derecho a la Educación* (BOE núm. 159, de 4 de julio de 1985).

LOGSE. (1990). *Ley Orgánica 1/1990, de 3 de octubre, de Ordenación General del*

Sistema Educativo (BOE núm. 238, de 4 de octubre de 1990).

LOU. (2001). *Ley Orgánica 6/2001, de 21 de diciembre, de Universidades* (BOE núm. 307, de 24 de diciembre de 2001).

LOE. (2006). *Ley Orgánica 2/2006, de 3 de mayo, de Educación* (BOE núm. 106, de 4 de mayo de 2006).

LOMCE. (2013). *Ley Orgánica 8/2013, de 9 de diciembre, para la mejora de la calidad educativa* (BOE núm. 295, de 9 de diciembre de 2013).

LRU. (1983). *Ley Orgánica 11/1983, de 25 de agosto, de Reforma Universitaria* (BOE núm. 209, de 1 de septiembre de 1983).

Martín Gamero, S. (1961). *La enseñanza del inglés en España*. Madrid: Gredos.

Ministerio de Educación y Ciencia. (1969). *La Educación en España: Bases para una política educativa*. Secretaría General Técnica.

Ministerio de Educación. (2010). *Objetivos de la Educación para la década 2010–2020. Plan de Acción 2010–2011*. Madrid.

Ministerio de Educación. (2011). *Programa Integral de Aprendizaje de Lenguas Extranjeras* (BOE, de 11 de julio de 2013).

Ministerio de Educación. (2014). *Estrategia para la Internacionalización de las Universidades Españolas 2015–2020*. Gobierno de España.

Moyano Samaniego, C. (1857). *Ley de instrucción pública*. Madrid: Imprenta Nacoinal.

Patricia Roseti, L. (2017). *Inglés: La lengua extranjera por antonomasia*. Revista Digital de Políticas Lingüísticas, 9(9): 54-66.

Real Decreto. (1987). *Real Decreto 1497/1987, de 27 de noviembre, por el que se establecen las directrices generales comunes de los planes de estudio de los títulos universitarios de carácter oficial y validez en todo el territorio nacional* (BOE núm. 298, de 14 de diciembre de 1987).

Real Decreto. (1994). *Real Decreto 1267/1994, de 10 de junio, por el que se modifica el Real Decreto 1497/1987, de 27 de noviembre, por el que se establecen las directrices generales comunes de los planes de estudios de los títulos universitarios de carácter oficial y diversos Reales Decretos que aprueban las directrices generales propias de los mismos* (BOE núm. 139, de 11 de junio de 1994).

Real Decreto. (2003). *Decreto 246/2003, de 8 de octubre, por el que se aprueba el Estatuto de la Universidad de Barcelona* (BOE núm. 275, de 17 de noviembre de 2003).

Real Decreto. (2005). *Real Decreto 55/2005, de 21 de enero, por el que se establece la estructura de las enseñanzas universitarias y se regulan los estudios universitarios oficiales de Grado* (BOE núm. 21, de 25 de enero de 2005).

Real Decreto. (2007). *Real Decreto 1393/2007, de 29 de octubre, por el que se establece la ordenación de las enseñanzas universitarias oficiales* (BOE núm. 260, de 30 de octubre de 2007).

Vicerrectorado de Estudios. (2016). *Acuerdo del Consejo de Gobierno de fecha 5 de julio de 2016, por el que se aprueba el Reglamento de Reconocimiento de Créditos a los Estudiantes de Titulaciones de Grado*. Universidad Complutense de Madrid.

Universidad de Barcelona. (2018). *Plan de lenguas de la Universidad de Barcelona 2017-2020*. Vicerectorat d'Estudiants i Política Lingüística.

Villacañas de Castro, L. S. (2017). Panorama de la enseñanza de lenguas extranjeras en la España moderna. In O. Barberá Marco & A. Mayordomo Pérez (eds.), *Escoles i Mestres. Dos siglos de historia y memoria en Valencia*. Valencia: Universitat de València, 382-401.

阿苏克的莫.新时期凉山彝汉双语教育现状调查研究.《红河学院学报》.2018:16(6):34-38.

蔡基刚.(2012).CEFR对我国外语教学的影响.《中国大学教学》(6):6-10.

戴曼纯,潘巍巍.(2018).国家语言能力建设视角下的个人多语能力.《语言文字应用》(1):2-11.

范怡红,黄洁.(2011).西班牙第斯托大学的内部教学质量管理——基于博洛尼亚进程中的"欧洲教育结构调整计划".《复旦教育论坛》9(4):75-79.

黄洁.(2011).中国-西班牙高校内部教学质量管理比较——以中国海洋大学和西班牙第斯托大学为例.《学园》(3):53-59.

金絮.(2018).高等教育国际化进程中的高校语言规划——以芬兰为例.上海外国语大学硕士学位论文.

奥乔亚·费尔南德斯·玛丽亚·路易莎,宋思祺.(2014).西班牙的多语教育.《世界教育信息》27(16):60-61.

谭钺.(2016).西班牙高等教育国际化战略及其启示.《新疆师范大学学报(自然科学版)》35(3):71-75.

王留栓.(2002a).西班牙高等教育普及化综述.《江苏高教》(1):118-121.

王留栓.(2002b).西班牙高等教育的主要特征及其对我国的启示.《高等教育研究》(1):104-107.

王萌萌.(2015).西班牙外语教育改革及其启示.《外国教育研究》42(1):39-46.

王文宇,王海啸,陈桦.(2018).构建具有校本特色的个性化大学英语课程体系.《中国外语》15(4):18-26.

王秀彦,王立勇,王超.(2013).博洛尼亚进程中西班牙研究生教育改革措施与启示.《教育与考试》(4):78-82.

杨启光.(2007).西班牙高等教育地方化政策问题分析及其消解机制.《高教探索》3:66-68.

杨启光.(2011).拉美高等教育的国际化发展进程.《高教发展与评估》27(3):73-76+96.

俞天红.(1987).西班牙《大学改革法》评介.《外国教育动态》(3):3-6.

赵慧.(2016).博洛尼亚进程对西班牙高等教育的积极影响.《文教资料》(29):104-105.

张贯一.(2010).西班牙高等教育的实践及其对我国教育改革的启示——以巴塞罗那自治

大学为例.《河南工程学院学报(社会科学版)》25(2):91-93.
张京花,李英浩.(2013).西班牙巴斯克自治区的双语和多语教育.《世界民族》(1):76-81.
邹慧民.(2012).巴斯克多语教育探析. Information Engineering Research Institute, USA. Proceedings of 2012 2nd International Conference on Applied Social Science (ICASS 2012) Volume 3. Information Engineering Research Institute, USA: Information Engineering Research Institute, 5.

第八章

北欧高校的多语教育政策

◎ 梅子雯

8.1 引言

北欧整体人口仅占世界人口的 0.35%,却构成了世界第十二大经济体(World Bank 2019),带来欧洲最高的就业率和持续稳定的经济增长率(OECD 2018)。北欧国家包括丹麦、瑞典、芬兰、挪威、冰岛,五国的历史、文化、经济关联紧密,相互支持,相似的文化和语言背景支持着北欧五国的发展。北欧国家与语言之间并不存在绝对的一一对应关系,其中丹麦语、瑞典语、挪威语大致能够相互理解。可以说多语的土壤为北欧高校推行多语教育政策和实践提供了坚实的基础。

1987 年《北欧语言公约》生效,推进北欧语言互通互懂,此后欧洲联盟对于多语使用的支持进一步促进北欧建设多语环境。而在博洛尼亚进程开展后,欧洲高等教育领域课程逐渐英语化,一定程度上削弱了多语教育(Costa & Coleman, 2013),甚至撼动了本国语言的语言地位(Lanvers & Hultgren, 2018)。面对多语教育的形式变化,北欧国家率先采取行动,于 2006 年共同发布了《北欧语言政策宣言》,推行平行语言使用(Parallel Language Use)政策,在继续培养必要英语技能的同时,维护加强本国语地位,同时鼓励对其他外语的学习(林晓,2021)。在北欧组织和国家政府指导下,北欧各国高校陆续起草并颁布明确的高校语言政策,并以平行语言使用作为高校的核心语言政策之一。

本章基于斯波斯基语言政策模型，将从语言信念、语言实践、语言管理三个维度探索平行语言使用政策在北欧语言教育中的具体所指。语言信念指人们对语言价值和地位的观念，语言实践指人们在实际场景中的语言选择，语言管理是对语言具体使用的明确规划和主张。本章将以北欧五国最具代表性的五所高校为例，探讨北欧多语政策在高等教育领域推行中的具体实践及管理措施。

8.2 北欧多语教育政策演进的历史背景

北欧五国在历史上经历了多次分合，在 16—18 世纪曾较稳定地形成丹麦-挪威联盟（包括现在的丹麦、挪威、冰岛）和瑞典联盟（包括现在的瑞典、芬兰），彼时北欧地区的主要用语就是丹麦语和瑞典语。而后挪威于 1905 年独立，芬兰于 1917 年独立，冰岛于 1944 年独立。但北欧各国的语言在邻国中仍被部分居民使用，这是北欧语言互通互懂的基础。

1952 年，北欧五国成立了北欧理事会，北欧地区进入现代化协同发展。北欧各国基于北欧理事会建立了完善的政治合作，语言合作也由北欧部长理事会主要负责。理事会在以五国语言为官方语言的基础上，将丹麦语、挪威语和瑞典语定为官方语言。北欧理事会对语言合作的监管包括四个协议：《赫尔辛基条约》（Helsinki Treaty）、《文化合作协定》（Agreement concerning cultural cooperation）、《北欧语言公约》（Nordic Language Convention）和《北欧语言政策宣言》（Declaration on a Nordic Language Policy）。其中，《赫尔辛基条约》《文化合作协定》与《北欧语言公约》都致力于推动北欧一体化，并将北欧建设成多语社区，不仅使居民能在区域内达到语言互通互懂，也保留他们使用自己母语和学习其他北欧语言的权利。在多语社区和多语教育的推行中，北欧地区主要关注的始终是区域内语言。值得一提的是，《北欧语言政策宣言》首次将英语纳入了讨论的中心。《北欧语言政策宣言》（以下简称《宣言》）于 2006 年 11 月发布，明确了每个北欧国家在语言政策方面的优先事项。在持续构建北欧语言平等多元使用的基础上，《宣言》提出了英语与主要北欧语言之间的平行语言使用，这也成为当前主导北欧各高校的语言政策。

对北欧高校而言，欧洲和北欧层面的跨国教育和语言协作对其产生了较为深远的影响。欧洲层面，对北欧高校语言教育影响较深的是博洛尼亚进程。在博洛尼亚进程正式启动前，欧洲部分国家已为欧洲教育一体化和高等教育改革作出了行动。1997 年欧洲理事会与联合国教科文组织推出了《欧洲地区高等教育资格承认公约》（简称《里斯本公约》），其核心鼓励在一个国家的学历资格可以在另一国得到承认。1999 年，29 个欧洲国家在意大利博洛尼亚提出欧洲高等教育改革计划，北欧五国均参与计划。博洛尼亚进程的目标是整合各国高等教育资源，消除欧洲内国家间的学生流动障碍；提高欧洲高等教育在世界的吸引力；建立统一的欧洲高等教育体制，标准化学位结构。

北欧五国积极响应《博洛尼亚宣言》，按照改革高等教育体系的建议对高校学位结构和课程等进行修改。虽然博洛尼亚进程的政策举措没有直接明确与语言相关，但其核心目标是促进学生流动。因此，北欧各高校在实践中都提升了对跨国通用语的需求，增加英语使用以加强对国际学生的吸引。这无疑巩固了英语在实现学生跨国流动中的重要性（Rose & Galloway, 2019），使得北欧各国对平行语言政策的实践和管理变得更为复杂和多样。

8.3　北欧的平行语言政策

平行语言使用（Parallel Language Use）最早由瑞典语言委员会主席欧乐·约瑟夫森（Olle Josephson）教授于 2001 年提出，首次出现于 2002 年的一份北欧联合报告中（Nordic Council of Ministers 2002），约瑟夫森对这一概念的定义是"两种或两种以上的语言可以在一个领域内并行使用"，且"平行语言使用指在可以选择的情况下在不同的语言之间进行选择和使用"（2005）。

2006 年，来自北欧国家丹麦、芬兰、冰岛、挪威、瑞典，以及几个自治区的政府代表共同发布了《北欧语言政策宣言》（Nordic Council of Ministers 2007），在宣言中确定了平行语言使用作为北欧语言政策的主要领域之一。该宣言虽不具有法律效力，但被各国视作长期的语言政策目标之基础。

《宣言》侧重于语言政策的四个领域，以斯堪的纳维亚语作为邻语和外语教学、英语和主要北欧语言之间的平行语言、多语社会和多语公民、官方机构语言使用。而平行语言使用的第一部分即涉及英语与北欧语言的平行使用，《宣言》指出北欧居民良好的英语语言能力，为部分领域发展英语与一种或多

种北欧语言的平行使用提供了有利条件,并在具体执行方面提供了以下几点政策建议:

(1) 科学用语鼓励英语与北欧语言平行使用,科学发表鼓励使用北欧语言,术语鼓励英语与北欧语言并行使用;

(2) 大学、学院和其他科学机构可以制定在其领域内选择语言、平行语言使用、语言教学和翻译的长期战略;

(3) 除英语外的语言使用也鼓励并行,如母语非北欧语言的居民,鼓励其深入学习本国语言并继续使用自己的母语。

同时,《宣言》还确定了北欧居民应有的多语权利:

(1) 掌握社会关键语言的口语及书面技能,以能够参与社会运作;

(2) 理解掌握一门斯堪的纳维亚语言,并理解其他斯堪的纳维亚语言,以能够参与北欧语言社区;

(3) 掌握一门国际重要语言,以能够参与国际社会发展;

(4) 保存并发展自己的母语及少数族裔语言。除了掌握语言本身外,语言政策还应保证所有居民理解语言的作用并知晓自己的语言权利。

《宣言》中也特别提及大学等科学机构应制定语言使用和教学的长期策略。《宣言》的出台为北欧地区平行语言使用及多语规划和管理提供了基础,在机构层面,越来越多北欧地区高等教育机构颁布并实施明确的语言政策和策略(Saarinen & Taalas, 2017),许多高校的语言政策围绕平行语言使用设立(具体将在下一节展开),这一概念也成为近来北欧高校语言政策研究的一大议题(如 Bolton & Kuteeva, 2012; Hult & Källkvist, 2016; Airey, et al., 2017)。

8.4 研究问题与方案

基于北欧五国语言教育政策推行的历史背景与平行语言使用政策的推行,本章将在斯波斯基(Spolsky, 2004)的语言管理理论框架(Model of Language Policy)下探索该政策在北欧高校中的实施情况。本章旨在回答以下研究问题:

(1) 在语言信念层面,北欧五国代表高校如何解读平行语言使用政策?
(2) 在语言实践层面,北欧五国各代表高校在教学与学术发表中的语言使用具有怎样的特征?
(3) 在语言管理层面,北欧五国各代表高校提供了怎样的语言课程与服务?

语言管理框架能够体现研究对象在语言信念、语言实践和语言管理三个层面的对应关系,相较于广泛调研,更适宜的研究方法是聚焦于一个或几个样本,深入探究并分析样本在三个层面所体现的特征。本文期望探究的问题是北欧五国语言教育政策在高校的推行情况,因此第一步确定的采样策略是以高校为研究单位,在五国分别选取少量高校展开个案研究。

为了在北欧五国选择符合研究目的的代表性个案,研究者先对各国在国家层面针对高校的语言使用规划展开调研。

丹麦在国家层面没有针对高校语言采取立法规定(Saarinen & Taalas, 2017),但在国家层面与外语教育相关的规划是丹麦教育和研究部于 2013 年 6 月启动的政府国际化战略。行动计划分为两部分:第一部分重在加强丹麦学生的国际能力,其中包括外语技能、国际学习或工作经验与能力;第二部分则重在吸引和留住优秀国际学生。高校在培养国内学生国际技能和招徕海外优秀学生方面都承担了很重要的责任,因此,政府战略在丹麦高校的外语教育规划中会起一定的促进作用。虽然缺少立法背景,但丹麦高校都设立了语言政策(Mortensen, 2014),并聚焦于英语如何作为教学和研究语言与丹麦语平行使用。哥本哈根大学在明确的语言政策基础上,做到了较为有效的语言管理,并为北欧邻国提供了丰富的语言实践经验。

在 20 世纪 90 年代,英语在瑞典社会的广泛使用引起人们对瑞典语在公共和私人领域语言地位的担忧(Teleman & Westman, 1997; Berg et al., 2001),瑞典政府开始积极规划语言使用,并于 2009 年颁布了《瑞典语言法》。《语言法》在立法层面将瑞典语设定为瑞典官方语言(SFS 2009:600)。根据《语言法》规定,大学有义务使用瑞典语作为大学的主要语言;但是没有规定研究和教学语言必须是瑞典语,因此各高校在实际上承担教育语言规划的任务(Salö,

2010)。目前,瑞典过半的高等教育机构起草并发布了高校语言政策。

芬兰是少数承认两种官方语言的国家,以芬兰语和瑞典语为国家官方语言。相较于邻国,芬兰在国家层面对大学语言使用的规范更为详细,通过《大学法》《政府大学法令》《公共机构个人语言知识法》等立法文件规定了两种国家语言在大学中的地位,规范了大学的官方教学和学位语言、行政语言、大学成员语言技能和语言权利。当前芬兰推出了 2017—2025 高等教育和研究国际化战略(Ministry of Education and Culture 2017),理想目标是将芬兰高等教育和研究质量提升到全球领先位置,将芬兰的专业能力和成果推向全球;战略中没有提及外语教育,但提到对芬兰官方语言的教学支持。国家层面充分的立法和战略引导促使芬兰各高校加强机构内战略和政策制定(Godenhjelm et al.,2014),绝大多数芬兰高校都发布了自己的语言政策或相关文件。

挪威的国家语言是挪威语,但有博克马尔语和尼诺斯克语两种书写形式,立法层面规定两种挪威语都需在教育系统中使用且地位平等。挪威较早地关注到维护和发展挪威语在国际进程中的重要性,2009 年,挪威议会讨论通过了一份面对全球化挑战的国家语言政策文件(Kristoffersen et al.,2014),并通过了与高等教育机构相关的法案修正案,将在各知识领域维护挪威术语的责任交给了各高等教育机构,各大学也随之建立大学语言政策。

冰岛的本土语言保护主义比挪威更为历史悠久。冰岛于 2011 年确立国家官方语言为冰岛语并一直坚持语言纯粹主义(linguistic purism)(Vikør,2010;Kristinsson,2014),不鼓励使用和输入新词。不过与北欧整体类似,冰岛居民的英语水平普遍较高,英语作为媒介语教学在冰岛高校的实施不会遇到太大困难。目前,绝大多数的冰岛高校都推出了自己的语言政策,并都将英语教学限定于硕士学位以上阶段(Kristinsson & Bernharðsson,2014)。

从各国在国家层面对高校语言的规划情况可以看出,北欧五国针对高校的语言使用均有一定的指导性文件,在平行语言使用政策的指导方向下,结合各国自身的语言背景和国际地位诉求展开相应的语言管理。由此推断,各国高校在具体的语言管理和实践方面可能有所差异,但在本国内具有一定的政策统一性。基于此,本研究在各国分别选取了一所代表性高校,高校需符合的条件为:在本国的高校发展中居于核心地位并有较高影响力;高校制定了明确的语言政策;高校积极参与国际化竞争和交流,其语言政策对全球其他地区的国家有一定借鉴意义。

本章选取的代表性高校为丹麦的哥本哈根大学、瑞典的斯德哥尔摩大学、芬兰的赫尔辛基大学、挪威的奥斯陆大学以及冰岛的冰岛大学。

哥本哈根大学是丹麦排名最高的大学,在北欧和欧洲范围内也名列前茅。根据2021年的统计数据①,哥本哈根大学的学生总数为36 897人,本科生约为2万,研究生约有1.5万人;在学校攻读学位的国际学生人数为3 681人,其中来自欧盟及欧洲经济区内的学生人数占一半以上。

斯德哥尔摩大学位于瑞典首都,该大学排名世界前200,在各类大学排名中始终位于瑞典前五。根据官方网站公布数据,斯德哥尔摩大学目前约有30 500名学生、1 400名博士生和5 700名教职工,国际交换生有一千余名②。大学目前也制定了2019—2022战略③,强调国际研究合作是大学运作的基础,大学会持续发展国际合作,并在本科和硕士阶段增加国际合作课程和项目;战略中还提到,大学应为不同群体的学生提供以"瑞典语以外的语言(主要是英语)"的学习机会。

赫尔辛基大学位于芬兰首都,世界排名稳定在前一百,是芬兰排名最高的学校。以学校2021年的统计数据④,共有30 817名学生在学校就读,其中攻读学位的国际学生有2 012人,占全校学生数的7%。赫尔辛基大学非常强调双语大学形象,在其首页便有关于其双语教学的宣传,该校有三十多位教授和一百多位讲师以瑞典语授课,学生始终有权使用瑞典语完成作业和考试;学校特别推出双语学位,1/3以芬兰语教学,1/3以瑞典教学,1/3以学生自己的语言,在学位完成时学生还需同时通过欧洲共同语言参考标准C1级的语言测试,这意味着语言使用者能够灵活使用目标语言完成社交、学术、工作目的⑤。

---

① 哥本哈根大学官网:https://about.ku.dk/facts-figures/.
② 斯德哥尔摩大学官网:https://www.su.se/english/about-the-university/university-facts.
③ 斯德哥尔摩大学官网:https://www.su.se/english/about-the-university/strategies.
④ 赫尔辛基大学官网:https://www.helsinki.fi/en/about-us/university-helsinki/university-numbers.
⑤ 欧洲共同语言标准等级描述:https://www.coe.int/en/web/common-european-framework-reference-languages/level-descriptions.

在赫尔辛基大学2021—2030战略计划中,大学强调建立多元化和多语社区,并将通过"提供芬兰国家语言的教学来支持国际学生和教职员工融入大学社区和芬兰社会"。高校于2014年发布了大学语言政策(University of Helsinki 2014),政策文件以芬兰语、瑞典语、英语三种语言印发,涵盖了政策、实施和监督要求,内容非常详细。

奥斯陆大学是挪威历史最悠久的高等教育和研究机构,目前有约28 000名学生和7 000名教职工①。奥斯陆大学也发布了大学2030年战略,与邻国高校将国际化作为战略核心不同的是,奥斯陆大学在其战略中几乎未提及国际化而相似的表达仅是加强与外界对话,而这一"外界"指校园外的广泛社会。但是战略中的一个重点是,大学在保护挪威文化历史方面发挥重要作用,"对更新和传播有关挪威社会、语言、历史和自然知识负有特殊责任"。大学政策和国家立法层面的倾向对奥斯陆大学语言政策的方向有很重要的指导作用。奥斯陆大学语言政策于2010年发布,2019年修订,规定大学实施平行语言政策,并解释平行语言为"挪威语为大学的主要语言,同时鼓励语言多样性,以英语为主要外语"。语言政策仅对教学、研究、出版用语作了规定,大学及部门语言选择则遵循挪威语言委员会制定的《大学与大学学院的语言选择指南》(2018),其指导核心为保障挪威语在各领域的使用。

冰岛大学是冰岛学科设置最全面的大学,排名冰岛第二,目前大学有15 098名注册学生,其中本科生约9 000名,国际学生有1 689名②。冰岛大学2021—2026战略中,大学注重与世界各地大学加强合作关系,并确保教学和研究的国际竞争力;战略中提及为提高在国际学术界的知名度,应特别关注大学的英文网站。冰岛大学的语言策略于2016年通过,其大学指导文件是2016—2021年的大学战略,彼时战略点明应支持冰岛语发展及大学国际化工作。因此,语言政策在开篇中提到,大学肩负促进冰岛语言发展和推进国际化发展的双重责任。

本研究的探究过程虽以个案研究展开,但在分析并获得研究结论时,仍以研究问题为指导,将北欧地区作为一个整体来理解高校语言政策规划和实践

---

① 奥斯陆大学官网:https://www.uio.no/english/about/facts/.
② 冰岛大学官网:https://english.hi.is/university/facts_and_figures.

情况。下一节将基于语言管理理论框架，呈现北欧高校在语言信念、语言实践、语言管理三个层面的整体特征和各国从现实情况出发所采取的具体策略。在呈现研究结论时，本文也将引用不同文献的论点以作印证或对比，但由于本研究采取个案研究法，研究结论在普遍性推论上具有一定局限性，特在此点明以引起注意。

8.5 结果

8.5.1 语言信念：保护主义与实用主义并行

研究发现平行语言使用概念的提出将宏观规划的本地语言保护主义与微观实践的实用选择摆在并列位置，似乎是为应对英语在北欧迅速扩张的一项折中方案，在瑞典与芬兰的高校语言政策中，这种将现实的语言选择需求与捍卫国家语言文化的职责相结合的情况最为典型，斯德哥尔摩大学与赫尔辛基大学在语言政策中为本国语言制定了详细的语言规划，赫尔辛基大学更为两种官方语言的发展确定了相应的语言管理措施和能够形成闭环的语言使用情况跟进和反馈机制；而对于英语语言的使用则不作限制，随大学成员个体语言实践而发展。对于本国语和英语不同的管理措施在顺应国际化趋势的同时又满足了维护本土语言文化的职责。

与此同时，北欧高校在政策中多数将语言视作一种资源，强调语言使用的关键在于满足个体在实际场景中的需求。因此，在语言选择中，语言平行政策在实际场景中留给了个体选择和调整的空间，使得个体可以选择自己需要的语言，并针对需求特点学习相应能力，而非追求各门外语达到母语水平（Sorace，2003）。

然而，在全球国际化背景和北欧地区相似的政治经济环境中，这种实用主义使语言的选择在不同国家高校间趋同，在所有外语中，英语作为全球通用语和学术主要用语，会获得更多的个体关注和需求。北欧高校在其战略、政策文件中提到的外语，在多数情况下实际上指向英语，与英语不同的外语则被称作"其他外语"（例如哥本哈根大学、奥斯陆大学的语言政策）。国际化在高校语境中主要表现为英语作为教学媒介语（English as a Medium of Instruction，简称EMI)而提供相关课程或提供英语语言教学(Saarinen & Taalas, 2017)。各高校在定义平行语言使用时,部分会直接说明是本国语与英语的平行语言使用,也有部分将其他语言加入概念,但政策中实际的关注仍是英语与本国语。

总体而言,采用平行语言使用作为语言政策的北欧高校虽具有保护主义的语言信念,但并未在具体文件中明确阐述和制定多语言在不同对象及场景中的使用。这使得北欧高等教育的语言政策呈现出不同语言、不同理念、不同权力主体的复杂互动。而受实用主义语言观念的影响,外语教育更多时候只强调对通用语英语的学习。

8.5.2 语言实践:理想化的平行语言使用

教学语言与科研发表

整体而言,如《宣言》所倡导的,越来越多北欧高校都将平行语言使用列入明确的语言政策或在实践中尝试。这一概念在最初并未指明两种或几种特定语言,但落实到各国高校的具体情况中,实际呈现的是在尊重多语平等的前提下,在教学、科研与发表中平行使用英语与本国语言。

首先,在教学语言方面,北欧五国均在立法或高校政策中强调了本国语言作为主要教学语言,但同时也为英语教学留有较大的空间。在丹麦,所有的大学都制定了大学语言政策或类似文件,这些文件基本着力于规划英语和丹麦语如何作为教学和研究语言共存。在教学语言的实际使用中,最新数据显示,丹麦高校目前提供超过600个英语授课项目,其中共有385项硕士学位项目和64项学士学位项目[1]。瑞典高校则基本在教学中选择将英语与瑞典语平行使用。

芬兰高校也很重视英语作为教学和研究语言的规划和发展,不过由于芬兰以芬兰语和瑞典语两种语言作为国家官方语言,实际高校语言管理和实践会更为复杂。为保证两种官方语言在高等教育机构中的使用,芬兰政府通过立法规定了芬兰语和瑞典语在大学中的地位,并在《大学法》中规定了具体学

---

[1] Study in Denmark: https://studyindenmark.dk/why-denmark/education-in-denmark/study-in-english#content-area.

校的教学和考试语言,位于首都的赫尔辛基大学便是立法规定使用双语的大学之一。即便在兼顾芬兰语和瑞典语双语教学的前提下,赫尔辛基大学所选择的是芬兰语、瑞典语、英语三种语言平行使用。包括赫尔辛基大学在内的大多数芬兰高校提供英语授课项目,根据"Study in Finland"官网最新数据①,芬兰目前提供五百多个英语授课本硕项目,其中硕士项目约有 385 项,学士项目约有 135 项。

相比以上三个邻国,挪威与冰岛对英语在高校中的使用管理相对保守,但英语作为教学语言的使用情况仍然可观。挪威部分高校限制了英语作为教学语言在本科阶段的使用,如奥斯陆大学所有本科课程都以挪威语教学,卑尔根大学规定本科阶段必修课程应使用挪威语教学,且教科书尽量使用挪威语教科书;两所大学在硕士和博士课程中可根据具体需求以挪威语、英语和其他外语教学。与挪威类似,冰岛也在本科和硕士课程之间划定了一条明确的分界线。冰岛共有七所大学,绝大多数都有成文的语言政策,这些大学语言政策中均强调冰岛语是大学的主要语言,且英语教学应主要限于硕士阶段。不过在一些语言实践调查中,也能够在挪威和冰岛大学中看到相当比例的英语使用,以冰岛阿克雷里大学为例,其在研究生阶段有 36% 的课程以英语授课(Gregersen,2014)。

相比于欧洲乃至全球高校,北欧高等教育更早地开始使用英语教学,这一趋势在博洛尼亚进程之前早已出现(Airey et al.,2017)。多项研究指出,英语作为教学媒介语(EMI),在北欧高校最为广泛。一项针对欧洲高校英语授课项目的研究指出(Wächter & Maiworm,2014),北欧地区 61% 的高等教育机构提供英语授课项目,而当时在整个欧洲范围,这一比例为 26.9%;研究以提供英语授课项目的机构、英语授课项目数、英语授课项目招收学生人数三项指标的相对值总和对调查涉及的所有国家进行排名(见表 8-1),丹麦、瑞士和芬兰位居欧洲前四,而五个北欧国家均在前十二,可见北欧地区在高等教育英语教学方面处于领先位置。

---

① Study in Finland: https://www.studyinfinland.fi/.

表 8-1　欧洲 EMI 项目数综合排名——前 12 国

国家	提供 EMI 项目的机构(排名)	EMI 项目数(排名)	EMI 项目招收学生数(排名)	三项排名平均值	综合排名
荷兰	3	2	2	2.3	1
丹麦	**7**	**1**	**1**	**3.0**	**2**
瑞典	**2**	**4**	**4**	**3.3**	**3**
芬兰	**1**	**5**	**5**	**3.7**	**4**
塞浦路斯	8	3	3	4.7	5
瑞士	6	6	9	7.0	6
立陶宛	5	7	13	8.3	7
拉脱维亚	13	8	8	9.7	8
奥地利	9	10	11	10.0	9
挪威	**11**	**12**	**7**	**10.0**	**9**
冰岛	**4**	**19**	**12**	**11.7**	**11**

注：数据来源 Wächter & Maiworm (2014)，其中粗体字表示北欧国家及其数据

北欧高校对英语的使用情况不仅体现在 EMI 项目中，学术发表的语言使用也是备受关注的一个方面。同在 2014 年，格里格森等(Gregersen et al., 2014)发表了《如何平行：关于北欧大学的平行语言使用》一书，调研了北欧五国主要高校的发表语言使用情况(见表 8-2)。

表 8-2　北欧高校学术发表的英文使用比例

	人文学科	社会学科	理工学科
丹麦	<50%	>60%	>90%
瑞典	<50%	>60%	>90%
芬兰	≈50%	≈50%	>90%
挪威	≈50%	≈50%	>80%
冰岛	≈50%	≈50%	>80%

注：数据来源于 Gregersen (2014)

高校语言使用最受关注的教学语言方面,在英国文化协会与 StudyPortals 机构于 2021 年共同发布的英语授课项目调研报告中,北欧地区被特别指出,EMI 项目增长趋势在整个欧洲范围内最缓慢,如果以 EMI 项目数和国家大学数的相对值计算,瑞典的在五年间仅增长了 4%,而丹麦和挪威的 EMI 项目数都在减少;而欧洲 EMI 项目数增长最快的爱尔兰和德国,其增长率可达 40%。

不过,在最新的研究中,平行语言政策实践也存在波动的趋势。在英国文化协会与 StudyPortals 机构于 2021 年共同发布的英语授课项目调研报告中(见表 8-3),北欧各国的 EMI 项目都进入增长平缓期,丹麦的 EMI 项目数已在减少;瑞典、芬兰、丹麦、挪威四国仍能排在欧洲和全球较为前列,但排名都有所下降,而冰岛似乎已退出这方面的竞争。

表 8-3 北欧各国 2017—2021 年 EMI 项目数对比

	EMI 项目数(绝对值) 2017 年 1 月	EMI 项目数(绝对值) 2021 年 5 月	EMI 项目数排名 (全球非英语国家)
瑞典	846	952	8
芬兰	375	498	16
丹麦	530	424	19
挪威	286	351	24
冰岛	43	51	56

注:数据来源 British Council & StudyPortals (2021)

从教学语言使用和学术发表语言选择这两个高校语言实践的主要方面可以看出,北欧高校的平行语言使用以本国语和英语为主,无论是自上而下的语言政策还是自下而上的个体语言实践,英语都是北欧高校使用的主要外语。当然,各高校也为其他语言的使用提供了政策基础和实际学习机会。比如丹麦高校为学生提供包括英语、德语、法语、西班牙语等语言在内的语言课程,并与世界各地的大学合作,以加强学生的多语能力;芬兰的赫尔辛基大学为学生提供包括阿拉伯语、西班牙语、意大利语、日语、汉语等十多种不同语言的课程,并在教学计划中要求在校生修满一定学分的语言技能课程;挪威各高校在规定挪威语为主要语言、英语为主要外语的基础上,鼓励语言多样性,奥斯陆大学在语言政策中明确提及另两门北欧语言瑞典语、丹麦语，并将其视为与挪威语平等的教学语言——不过在与教学语言相关的其他条目中，主要提到的仍是挪威语和英语。由于北欧高校提升国际市场竞争力和维护发展本土语言文化这两项诉求最为显著，其矛盾也更加激烈，其他外语的管理与实践所能获得的关注相对而言会微弱很多。

与此同时，尽管北欧五国高校已整体确立了平行语言使用的核心政策，各国高校在经历了较长的探索阶段后，进入更为具体、有效的管理和实践中，宏观政策与微观实践的调节仍在进行。北欧各个国家在相似背景下，基于对各自的历史和现实特点、国际竞争需求的评估，仍然存在区域内国家之间的差异。

8.5.3 语言管理：动态而缓慢调整

在分析对比五国高校语言政策时，本文也收集了对各国高校语言政策做过更广泛调研的文献，以避免本文所选高校案例的个体差异影响。

在国家立法层面，北欧五国高校语言使用的立法背景各不相同（Björklund *et al.*，2013）。芬兰由于其复杂的双语传统，制定了全面详细的高校语言使用规范；瑞典和挪威为应对英语在各自社会中的广泛使用，颁布相应法案并督促高等教育机构层面的政策起草和推行；冰岛的立法层面动作较少，但有较为长久的保护主义语言政策；而丹麦则没有相关立法。但相似的是五国都通过国家战略、法案修订等形式对国际化做出了明确回应，随着国际化竞争愈趋专业化，同时英语作为国际学术语言的地位愈趋巩固，高校在深入参与国际化竞争和维护发展本国语这两个看似矛盾的任务上都承担重要责任。

北欧五国高校的语言政策都建立在这双重责任上，并希望能从平行语言使用政策中探索出本国语和英语的更理想关系。然而各国高校的语言政策和管理方式却体现了不同的语言理念。丹麦高校的语言政策仍侧重英语能力的培养和使用，这或许与其国际化推进阶段有关，目前丹麦国家战略倾向吸引并留住国际人才，如果在高校的本国语言保护太多，反而会对国际学生进入本国学习工作形成阻碍，而英语仍然是促进国际流动的有效资源。

瑞典与芬兰的高校或国家战略也处于国际化进程中,这两国高校的语言政策则是更注重本国语言使用的保障,但不对英语使用加以管理限制。以瑞典而言,无论是政府或高校,推行语言政策的初衷便是维护本国语言在公共和私人领域的地位,因此瑞典高校规划本国语和英语地位的动机更强,而国际化进程对英语使用仍有客观需求,这种加强本国语言管理并默许英语语言发展的政策结构是相对迂回的语言地位规划。对芬兰高校而言,国家和机构层面对语言的精细管理一定程度上是源于两种官方语言并行的复杂背景;另一方面,相比丹麦高校"引进来"的国际化阶段,芬兰高校实行的则是"推出去"的国际化策略,国际知名度提升既需要英语在高校内持续发挥其作用,也需要稳步提升本国语言地位作为优质语言资源,赫尔辛基大学对于双语学位的设立和宣传便可体现这一点。也因此,芬兰对于外语教育甚至转向更宽松的政策指导(Saarinen & Taalas,2017)。

挪威和冰岛高校对本国语言更趋于保护主义,在侧重规划本国语言使用的同时会为英语使用进行管理和限制。其语言理念将本国语言和英语视为竞争关系,国家和高校都认识到国际化进程下英语对本国语言地位的威胁,并在语言政策和管理措施中为本国语言划出保留地。然而在英语非常强势的领域,如学术发表和交流中,两国高校在承认英语地位的同时,选择加强对本国术语库建立和维护,以避免术语缺失(domain loss)、双层语言(diglossia)——即英语作为学术语言,本国语言降为日常社会用语等语言危机(Gunnarsson,2001;Kuteeva,2011)

北欧部长理事会在2018年发布的高校平行语言调查报告《请多平行使用语言!》和挪威语言委员会在2018年发布的《大学与大学学院的语言选择指南》都对语言管理措施提出了更详细的建议,比如大学应设立语言中心作为跟进语言政策推行、调整语言管理的集中服务部门,大学也应督促各级部门确立各自的负责人员、制定管理办法,以帮助个体明确如何在实践中平行使用不同的语言。在这一方面,哥本哈根大学及其国际化和平行语言使用中心提供了很好的示范,因此他们的管理策略和工具能推广至国家之外供北欧邻国借鉴。其他几所高校也有机构提供语言支持与服务,但其职能存在详略之分,侧重有所不同(见表8-4)。

表 8-4　北欧各国典型高校语言管理机构及职能

国家	学校	机构	职能
丹麦	哥本哈根大学	国际化和平行语言使用中心（CIP）	(1) 对大学语言政策和实践涉及的重要概念进行阐释； (2) 主要承担了辅助政策实现的语言课程资源开发（e.g. 为学术人员、技术行政人员和学生提供语言课程）； (3) 为语言政策和管理的制定与修订提供研究数据支持； (4) 总结语言教学循环模式，供大学内部及外部社会借鉴（e.g. 开发教职员英语口语水平测试）。
瑞典	斯德哥尔摩大学	语言工作坊（Language studio）	主要负责组织语言相关的日常活动，如设立语言咖啡馆，供学生在轻松的沟通氛围中与他人练习语言技能、促进文化理解，工作坊还会组织瑞典语午餐。
		语言相关院系	提供学术英语课程、瑞典语课程及其他外语课程等通选课供学生选择。
		学术写作中心	为有需要的师生提供一对一学术写作咨询、讲座、研讨会等资源，服务均以英语和瑞典语提供。
芬兰	赫尔辛基大学	高校层面	(1) 设定国际学生准入要求，需确定必要的英语、芬兰语、瑞典语能力水平； (2) 在系统注明学生使用的考试和作业语言，监测每种语言完成的学分数量，追踪多语教学的实际实践情况； (3) 要求研究人员将其发表内容的芬兰语、瑞典语、英语关键字录入系统中，鼓励研究人员参与国家术语库搭建工作，花费时间可计入工时中； (4) 组建由语言学科专家组成的"语言团队"，协助各单位解决语言使用问题，跟进并监督实际语言使用，并提供具体实践的示例和模板； (5) 由学术事务委员会、研究委员会、瑞典语事务委员会负责监督语言政策的执行情况，并至少在大学每个战略时期更新反馈情况。

续 表

国家	学校	机构	职能
芬兰	赫尔辛基大学	语言中心	(1) 集中提供各部门、师生所需要的语言服务； (2) 承担部分课程开发,将语言能力培训融入学科教学中。
		各院系及行政单位	(1) 各单位可平行使用芬兰语、瑞典语、英语,但要求单位管理层明确具体使用方式,以便个人能更好地使用多种语言； (2) 每个学院都需由一名院长或副院长负责双语事务； (3) 在大学每个战略时期提供院系语言使用情况报告、员工参与语言培训的情况等。
挪威	奥斯陆大学	高校层面	(1) 挪威语是主要教学语言,除非教学课程中有明确规定,否则学生没有义务在教学或考试中使用英语或其他外语； (2) 大学要求所有博士论文应包括英语摘要和挪威语摘要——鉴于博士论文的语言选择更多倾向于英语(Gregersen, 2014),这一措施主要为维护挪威语在研究方面的使用； (3) 大学网站应提供易于访问的英语信息。
冰岛	冰岛大学	高校层面	(1) 冰岛语为本科和硕士阶段的默认教学语言,英语教学应限于特定课程或语言课中,EMI课程如果没有国际学生,教师可以使用冰岛语教学； (2) 大学承认英语是博士论文的主要语言,但在师生达成共识的情况下,可以选择使用冰岛语； (3) 大学鼓励研究人员搭建和传播冰岛术语库,将学术成果翻译成冰岛语,并会在评估系统中给予奖励； (4) 要求教职工在合理时间内达到相应冰岛语水平,大学会提供免费冰岛语课程并为参与学习的人员减免教职工作； (5) 无论是会议开展或是书面文件,都要求使用冰岛语,书面语在适当情况下可添加英文版本。

8.6 讨论

8.6.1 北欧高校多语教育政策评价

综上所述，北欧地区一直具有推行多语教育和平行语言使用的基础土壤。历史的连接使北欧国家形成了紧密的语言文化社区，至今北欧国家的许多居民在语言上仍能相互理解，为北欧国家奠定了开放、多元的语言基调。

平行语言使用的语言政策推行，既是对抗英语威胁的务实保护主义，也是容纳不同诉求和语言理念的理想化方式。但是相对理想的政策概念在实施中会遇到更多挑战。在概念提出之初，对其实际含义的争论持续不休，而至今高校中的语言实践也仍在探索平行语言使用的最佳模式。各国高校的政策实施和管理实践都有值得借鉴之处，如哥本哈根大学的语言中心承担起实践调研、政策评估、资源补充等管理职能，芬兰赫尔辛基大学对语言政策、实施、监督的详尽规划，瑞典与挪威在政府层面对语言地位规划的及时引导，以及冰岛在接受英语作为学术主要语言的同时在各方面对本地语言的地位保护。

与此同时，北欧高校多语政策实践也提供了很多经验教训。在高校环境中，语言作为参与知识构建的重要符号和资源，会在不同学科中呈现出非常不同的语言实践生态。因此，对于特定语言政策的推行，在行政、运营等用语之上，应给予教学和研究语言特别的关注。北欧高校在早期实施的语言管理措施较少，平行语言使用作为概念在高校环境中"漂浮"许久，在广泛的实践调研后获得更为具体的政策制定和管理方向，并出现可见的语言使用转变趋势。高校语言政策的推行应有清晰的动机、明确的定义，辅以各级语言管理措施，并跟进评估语言实践的具体状态。

8.6.2 对我国多语教育规划的启示

从北欧高校多语教育政策实施来看，语言政策文件的制定始终与高等教育国际化进程齐头并进，已成为国际化竞争的重要组成部分，这一背景下产生的语言政策在非英语国家高校中尤为重要。北欧一直以来的多语环境和丰富的欧洲语言教学资源，看似在多语发展进程中不需要有意的语言规划，然而当微观英语实践反向扩展到更广的社会面,在本地语言地位受到威胁时,高校语言政策在政府推动下又为应对情势起草并发布了多语政策。这一系列政策无可避免地需在继续推动国际化进程的同时处理更复杂的语言地位规划。

北欧高校相对被动的语言政策对我国外语教育发展是一个警示。近年来有学者提出对外语威胁中国语言地位的担忧(李君等,2012;陈春雷,2013),不过也有学者回应,外语在中国立法层面的语言政策和各级政府法律法规文件中,始终处于从属地位,《中华人民共和国国家通用语言文字法》在提及外语的条款中均规定外语在中国的使用必须以国家通用语言文字为前提(赵蓉晖,2014)。社会面的语言地位一直由国家一级的本土语言保护主义所维护,但在高校的语言使用或许应作另一观。一方面,北欧高校希冀通过语言政策极力避免的术语缺失问题在我国高校也可能存在。在国内高校提升国际竞争力进程及"双一流"大学建设过程中,各学科更加重视国际学术参与,并越来越多地以英语发表研究与学术成果,在顶尖学术与学科研究中,英文教学与研究所占比重更大,高校需要通过语言政策推动各学科中文术语库建设,及时对高校语言实践和语言地位进行规划和指导。另一方面,北欧地区对英语发展的"放任"使英语在多语环境中占得主导地位,其他外语所获得的关注和发展空间实则较少(Gregersen,2014)。北欧对英语的引入和英语教学的水平都先于我国,其当下遇到的危机是对我国未来语言使用生态的预警。目前在我国的很多大学出现英语一家独大,非英语外语教育资源不足的问题(艾菁、郑咏滪,2018)。相较于北欧地区,我国本缺少多语发展的原始土壤,为促进容纳多元的语言文化,更需要长远规划多语发展。

北欧高校平行语言发展政策相对曲折而缓慢的进程,同样证明了语言管理在语言政策指导语言实践中的重要性。首先,语言政策应为中观语言规划和管理留有空间,宏观层面的政策难以触达不同行为方的不同需求,而过于严苛的"一刀切"政策也难以适用于复杂多变的语言实践,政策在制定方向和框架后应交由动态语言管理跟进和调节(Kuteeva & Airey,2014)。其次,应重视中观语言管理机构,如各高校和语言中心,对语言政策的解释、应用和管理。政策推行是多方意义构建的过程,本地规划和管理不仅受政策规定的条件影响,也由各级实际执行者的理解及每个语言使用者对他们所感知、理解的他人语言使用所决定(Källkvist & Hult,2016)。这一现象已在经济和外交领域被认可并加以运用,在语言政策中更应如此。从哥本哈根大学国际化和平行语言使用中心的实践范例中,可以看到语言中心持续管理和监督中对中层及个体的政策推行与实践,同时通过调研获得反馈并及时调整政策。

我们也需认识到高校复杂的语言实践状况。不同背景、不同语言的个体共同参与知识学习与构建,在很多小场景中形成了"瞬时多语社区(Transient Multilingual Community)"(Mortensen,2013),其中不断重塑的语言使用模式似乎与语言政策所希望引导的特定语言选择在理念上相悖。从北欧高校不同学科的实际语言使用情况中便可看出语言选择的规划在高校语境中面临极大挑战。因此,在政策和管理实施过程中,需区分不同的领域或语言场景,调研了解具体的语言生态。外语使用往往分领域,我国高校需了解各领域外语使用情况、个体外语水平及知识结构如何,并结合各领域在高校内的实际发展(李宇明,2010),预测外语需求的变化并实施相应的语言管理。

北欧高校多语教育政策之间的国际协作模式也值得借鉴,比如支持彼此语言课程的建设、提供其他北欧语言的学习资源、借鉴各自的语言管理和实践模式。北欧高校的多语政策推行充分利用了区域合作的积极效用。中国也是许多国际组织的重要成员,可基于"一带一路"倡议、上海合作组织等中国主导的国际合作,倡议更深入的跨境高校合作,丰富多语学习资源,促进国际流动及大学成员组成国际化,并共同开发国际化多语课程体系和学位项目。近年来,国内高校与国外研究机构的合作已逐渐增多,如华中科技大学与英国洛桑研究所建立了中英第一个联合实验室,复旦大学也早于1995年成立北欧中心,成为北欧学者与中国学者的重要交流合作场所。持续深入探索国际高校合作的更多可能性对推进高校国际化进程、提升国际竞争力有重要作用,而高校人才培养的成果也能反向回馈于"一带一路"倡议等国际合作中对多语复合型人才的需求(沈骑,2015)。

毫无疑问,高校语言政策不仅关乎语言本身,也是高校战略实现的重要组成部分,更与国家发展紧密相关。在北欧国家的政策实施中,国家层面的引导在推行平行语言使用的政策概念上起到至关重要的作用,五国高校的语言政策都有国家政府的立法或战略引导,在瑞典、挪威等国更是带动高等教育在本国语与英语地位的理念塑造。反向观之,高校与社会有很强的互动和引领作用,而高校对于语言的规划和实施,也会影响国家规模的语言规划(Schissel,

2014)。高校应承担国家国际化战略推动和本国语言文化维护的双重责任,而国家层面也需明确的语言政策规划以奠定基调并加以引导。对比北欧国家,我国目前高等教育中的投入仍然偏少(方芳、刘泽云,2018),高等教育相关的立法《中华人民共和国高等教育法》对高等教育机构的语言使用也未做规划或指导。然而,在 2018 年起实施的《普通高中课程方案和语文等学科课程标准(2017 年版)》中已提到增加外语科目,多地高考的外语语言选择也随之增加,可以看到国家外语教育规划中有多语发展的趋势,如需更深入推行多外语教育,国家需在高等教育机构语言规划中推出更明确的总领性语言政策,高校在本地语言规划中承担代理责任。

8.7 结语

本文基于斯波斯基的语言政策模型,对北欧高校目前的平行语言使用政策展开调研,并选取了其中最具代表性的高校进行分析。整体观之,北欧部长理事会发布的《北欧语言政策宣言》对国家及高等教育机构有很强的引导作用,目前北欧高校的本地语言规划均围绕本国语与英语平行语言使用的实现而展开。各国高校经历了较长的探索,在制定语言政策后的初始阶段,语言管理措施并不有力,具体体现在英语在教学及研究发表中使用比例的持续增长。近年来北欧高校 EMI 项目数量或减少或趋于平缓增长,似乎可以看到多语实践英语化的转变趋势。

从北欧五国的个体情况切入,各国高校对实现平行语言使用的本地规划和管理方式各有不同。丹麦高校仍然重视通过英语技能提升国内国际化水平,并在高校内设立了集中部门以有效跟进和调整政策实施,但丹麦高校的 EMI 数量已下降,说明高校对于英语技能的关注因需而立,不仅着眼于英语作为媒介语教学。瑞典和芬兰高校对英语语言实践相对放权,但推行了更多维护本国语言地位的政策,以此满足高校在国际化和本国语言维护中的双重责任。挪威与冰岛高校在语言政策中对英语使用有所限制,以更大程度地保护本国语言。

北欧多语教育政策演进的大背景体现了北欧地区多语制的传统和建立北欧多语社区、平等使用区域内语言的语言理念。而高等教育国际化进程则带来英语语言的威胁,北欧国家必须转移关注,着力规划本国语与英语的地位。平行语言使用政策一定程度上沿袭了北欧的语言政策传统,一方面,它保留多语使用的空间,在语言理念上仍希望语言使用者能够根据需求平等使用多种语言;另一方面,它与北欧语言互通互懂的政策一样,是基于语言理念而非语言实践的一项语言政策。正因此,平行语言使用在微观语言实践中会遇到多种困难和阻碍。

平行语言使用政策体现了高校提升国际化竞争力和维护本国语言文化的双重使命,这一点对于我国高校当前的阶段也同样适用。目前,我国立法和高校政策层面对语言规划的关注都相对较少,但北欧高校正在应对的问题也将是我们需要处理的。英语化等同国际化的语言意识形态(邱译曦、郑咏滟,2021)影响全球高校,当前提升国际化竞争力看似只需重视单一外语,但其背后隐藏着语言危机。北欧高校推行平行语言使用政策,或许是促进语言生态良性转变的一种方式,其对语言实践的影响值得持续关注。

参考文献

Airey, J., K. M. Lauridsen, A. Räsänen, L. Salö & V. Schwach. (2017). The expansion of English-medium instruction in the Nordic countries: Can top-down university language policies encourage bottom-up disciplinary literacy goals?. *Higher education* 73(4): 561-576.

Björklund, M., S. Björklund & K. Sjöholm. (2013). Multilingual policies and multilingual education in the Nordic countries. *International Electronic Journal of Elementary Education* 6(1): 1-22.

Bolton, K. & M. Kuteeva. (2012). English as an academic language at a Swedish university: Parallel language use and the 'threat' of English. *Journal of Multilingual and Multicultural Development* 33(5): 429-447.

British Council & StudyPortals. (2021). The changing landscape of English-taught programmes 2021.

Costa, F. & J. A. Coleman. (2013). A survey of English-medium instruction in Italian higher education. *International journal of bilingual education and bilingualism* 16(1): 3-19.

Hult, F. M. & M. Källkvist. (2016). Global flows in local language planning: Articulating parallel language use in Swedish university policies. *Current Issues in Language Planning* 17(1): 56-71.

Gregersen, F. (ed.). (2014). *Hvor parallelt: Om parallellspråkighet på Nordens universitet* [How parallel: About parallel language at the Nordic University]. Nordic Council of Ministers.

Gunnarsson, B. L. (2001). Swedish, English, French or German-the language situation at Swedish universities. *Contributions to the Sociology of Language 84*: 287-318.

Källkvist, M. & F. M. Hult. (2016). Discursive mechanisms and human agency in language policy formation: Negotiating bilingualism and parallel language use at a Swedish university. *International Journal of Bilingual Education and Bilingualism 19* (1): 1-17.

Kortmann, B. (2019). *Language policies at the LERU member institutions*. LERU: Briefing Papers No. 4.

Kuteeva, M. (2011). Teaching and learning in English in parallel-language and ELF settings: Debates, concerns and realities in higher education. *Ibérica: Revista de la Asociación Europea de Lenguas para Fines Específicos(AELFE)* (22): 5-12.

Kuteeva, M. (2014). The parallel language use of Swedish and English: The question of 'nativeness' in university policies and practices. *Journal of multilingual and multicultural development 35*(4): 332-344.

Kuteeva, M. & J. Airey. (2014). Disciplinary differences in the use of English in higher education: Reflections on recent language policy developments. *Higher education 67*(5): 533-549.

Lanvers, U. & A. K. Hultgren. (2018). The Englishization of European education: foreword. *European Journal of Language Policy 10*(1): 1-11.

Mortensen, J. (2013). Notes on English used as a lingua franca as an object of study. *Journal of English as a lingua franca 2*(1): 25-46.

Nordic Council of Ministers. (2002). Engelska språket som hot och tillgång i Norden [The English Language as a Threat or an Asset in the Nordic Countries]. *Copenhagen: Nordic Council of Ministers*.

Nordic Council of Ministers. (2007). Deklaration om nordisk språkpolitik 2006 [Declaration on a Nordic Language Policy]. *Copenhagen: Nordic Council of Ministers*. http://www.nordicom.gu.se/common/publ_pdf/280_nordisk%20sprakpolitik.pdf.

OECD. (2018). *Is the Last Mile the Longest? Economic Gains from Gender Equality in Nordic Countries*. Paris: OECD Publishing.

Rose, H. & N. Galloway. (2019). *Global Englishes for Language Teaching*. Cambridge University Press.

Saarinen, T. (2012). Internationalization of Finnish higher education—is language an issue?. *International Journal of the Sociology of Language* (216): 157-173.

Saarinen, T., & P. Taalas. (2017). Nordic language policies for higher education and their multi-layered motivations. *Higher Education 73*(4): 597-612.

Swedish Code of Statutes. (2009). The Language Act in English. https://www.government.se/information-material/2009/05/language-act-in-english/

Schissel, J. L. (2014). Classroom use of test accommodations: Issues of access, equity, and conflation. *Current issues in language planning* 15(3): 282-295.

Spolsky, B. (2004). *Language Policy*. Cambridge: Cambridge University Press.

Stockholm University. (2021). Language Policy. https://www.su.se/polopoly_fs/1.548088.1616661998!/menu/standard/file/Language%20Policy.pdf.

Söderlundh, H. (2010). *Internationella universitet-lokala språkval: Om bruket av talad svenska i engelskspråkiga kursmiljöer*. Ph. D. dissertation, Institutionen för nordiska spark, Sweden.

Sorace, A. (2003). Near-nativeness. *The Handbook of Second Language Acquisition*, 130-151.

University of Copenhagen. (2017). Talent and collaboration-Strategy 2023. https://about.ku.dk/strategy2023/.

University of Copenhagen. (2021). Language policy for the University of Copenhagen. https://cip.ku.dk/english/development-and-research/research/research-areas/language-policy-and-planning/.

University of Helsinki. (2014). Language policy of the Universty of Helsinki from guidelines to practice: towards functional multilingualism. https://teaching.helsinki.fi/instructions/article/language-policy-studies-and-degrees.

University of Helsinki. (2021). Strategy plan of the University of Helsinki 2021–2030: with the power of knowledge for the world. https://www.helsinki.fi/en/about-us/strategy-economy-and-quality/strategic-plan-2021-2030/strategic-plan-of-the-university-of-helsinki.

University of Iceland. (2016). University of Iceland language policy. https://english.hi.is/university/university_of_iceland_language_policy#:~:text=The%20basic%20principle%20of%20the,unless%20specific%20circumstances%20dictate%20otherwise.

University of Iceland. (2021). A better university for a better society — strategy 2021-2026. https://stefna.hi.is/en.html.

University of Oslo. (2019). Language policy guidelines for the University of Oslo. https://www.uio.no/english/for-employees/support/profile/language/.

Wächter, B. & F. Maiworm. (2014). English-taught programmes in European higher education. *ACA Papers on International Cooperation in Education*. Bonn: Lemmens.

World Bank. (2019). World Bank national account data, and OECD National account data files. https://data.worldbank.org/indicator/ny.gdp.mktp.cd?end=2018&name_desc=true&start=1960&view=chart.

艾菁,郑咏滟. (2018). 日本高校多外语教育传统、现状及对我国的启示.《当代外语研究》18(5):1-6+15+108.

陈春雷.(2013).汉语危机并非耸人听闻——与汉语危机否定论者商榷.《学术界》(4):109-116.

方芳,刘泽云.(2018).高等教育投入模式的国际比较研究.《南京师大学报(社会科学版)》(6):40-47.

李君,马庆株,黄彩玉.(2012).我国英语教育状况及对汉语国际化的影响.《语文学刊》4(1):38-49.

李宇明.(2010).中国外语规划的若干思考.《外国语(上海外国语大学学报)》33(1):2-8.

林晓.(2021).新世纪欧洲高校英语作为教学媒介语的发展研究.《语言战略研究》6(2):24-36.

邱译曦,郑咏滟.(2021).日本高校全英文学位项目的语言政策和规划.《语言战略研究》6(2):47-55.

沈骑.(2015)."一带一路"倡议下国家外语能力建设的战略转型.《云南师范大学学报(哲学社会科学版)》47(5):9-13.

赵蓉晖.(2014).中国外语规划与外语政策的基本问题.《云南师范大学学报(哲学社会科学版)》(1):1-7.

第九章

中东欧高校的多外语教育

◎ 颜 滢

9.1 引言

中东欧（Central and Eastern Europe）是一个地缘政治术语，指波罗的海、中欧、东欧和东南欧（主要是巴尔干地区）的国家，通常指的是欧洲东欧集团和原华沙条约组织的前社会主义国家。中东欧国家（Central and Eastern European Countries）包括阿尔巴尼亚、保加利亚、克罗地亚、捷克共和国、匈牙利、波兰、罗马尼亚、斯洛伐克共和国、斯洛文尼亚和波罗的海三国，即爱沙尼亚、拉脱维亚和立陶宛[①]。根据世界银行对国家经济收入的分类，上述中东欧国家的国家收入均处于中上等收入及以上。本章从中东欧国家中选取高收入国家中的匈牙利和波兰，以及中上等收入国家中的罗马尼亚和保加利亚四国为代表[②]，通过文献梳理探索其高校外语教育政策的变革历史及政策实施特点。下文将分别对每个国家的多外语教育的历史和现状进行详细介绍，旨在为我国的外语教育规划提供一些启示。

---

① https://en.wikipedia.org/wiki/Central_and_Eastern_Europe.
② https://datatopics.worldbank.org/world-development-indicators/the-world-by-income-and-region.html.

9.2　中东欧四国的多外语教育

9.2.1　保加利亚

保加利亚,官方名称为保加利亚共和国,是东南欧的一个国家。它占据了巴尔干半岛的整个东部,北面与罗马尼亚接壤,西面与塞尔维亚和北马其顿接壤,南面与希腊和土耳其接壤,东面与黑海接壤。作为欧洲第十六大国,保加利亚属于发展中国家,经济发展达到中上收入水平,是欧盟、北约和欧洲委员会的成员国。保加利亚语是保加利亚共和国的官方语言,也是绝大多数保加利亚人的母语。2011年人口普查显示,保加利亚语是约 560 万人的母语,占总人口的 85.2%,保加利亚是一个近似单一语言国家(傅荣、王克非,2008);土耳其语人口约为 60 万人,占总人口的 9.1%;罗马尼亚语人口约为 28 万人,占总人口的 4.2%①。

9.2.1.1　保加利亚的外语教育简史

保加利亚的外语教学传统反映了 20 世纪在保加利亚社会中形成的主导语言态度,以及这些态度与其他影响教育政策的经济、文化和政治因素之间的互动和关系。因此,保加利亚的外语教学受到具体特定历史时期国家政治和经济取向的影响。就其具体取向和提供的外语语种而言,现代保加利亚的外语教育可以分为三个时期(Stoicheva & Stefanova,2012):

(1) 1878—1944 年,结束奥斯曼帝国长期统治建立独立国家的时期;
(2) 1944—1989 年,社会主义进入到公共生活的所有领域时期;
(3) 从 1989 年起,向民主转向的过渡时期,建立了民主国家,拥有运作良好的市场经济和欧盟成员资格。

在第一个时期(1878—1944 年),保加利亚在建立独立国家的过程中主要受到三门语言的影响:俄语、德语和法语。这三门语言都被纳入了公民教育系

---

① http://www.efnil.org/projects/lle/bulgaria/bulgaria.

统。俄语之所以与保加利亚的建国过程紧密相关是因为俄罗斯产生的重大政治影响以及两国人民在文化上的接近，如相近的语言、传统、宗教、人民心理、长期的相互影响和长期的相互关系等。德语对于保加利亚的影响力在整个 20 世纪都很突出，这与 1886 年后保加利亚公共生活的各个领域都以西方为导向有关。尽管法语在经济和政治生活中没有影响力，但它仍然是一个重要的学术标志。1878 年之前，法语是保加利亚公民教育系统中引进的第一门外语，和希腊语、土耳其语的习得同时进行。除了法语，公民教育系统中还教授德语和俄语。然而，在整个 20 世纪，法语作为第一门"西欧"外语保持着显著的地位（Stoicheva & Stefanova，2012）。

在国家政治方向转变的下一个时期（1944—1989 年），学校提供的核心外语语种发生了根本性的变化。这一时期，保加利亚成为了苏联的一个卫星国，文化和教育领域深受苏联的影响。整个国家的教育体系，尤其是高等教育都效仿苏联的教育制度。俄语成为必修的第一外语，在教育系统中享有特殊地位。1945 年后，学校课程中保留了教授两种外语的政策，一种是作为必修外语的俄语，另一种是西欧语言（英语、法语、德语或意大利语）。国家为所有学校提供中央制定的教学大纲和一个单一的必修教材。在 1979 年到 1985 年的时间段里，第二种"西方"语言的学习和教学目标曾一度减少，到 1985 年后，第二种外语的比例才有所增加（Stoicheva & Stefanova，2012）。

在第三个时期（1989 年至今），保加利亚于 1992 年成为欧洲委员会的成员国，并在 1995 年提交了加入欧盟的申请，于 2007 年正式成为欧盟的成员国。自此以后教育系统的语言政策发生了改变。首先，俄语作为必修外语的地位被取消；其次，长期占据"西欧"语言首位的法语也受到了影响。和其他欧洲国家的趋势一样，英语成为这个时期公民教育系统中的首要选择，这是由于英语"欧盟化"的影响，英语已经成为欧盟公民的现代外语技能中的一个普遍组成部分。此外，保加利亚于 2006 年加入北大西洋公约组织，这一举措极大地提高了教育和就业的流动性，从而进一步助长了英语的重要性（Stoicheva & Stefanova，2012）。

9.2.1.2 保加利亚高校的外语教育

保加利亚教育系统的官方教学语言是保加利亚语。高等教育的学科用保加利亚语授课，但也有一些课程用外语授课，主要是英语、法语和德语①。保加利亚的《学术自治法》规定，所有大学和高等教育机构必须独立决定与其课程、组织架构、教学和研究、资格和认证有关的所有事项（Bulgaria，2012）。保加利亚的《高等教育法》规定，保加利亚的高等学校享有学术自主权，其中包括学术自由、学术自治和高等学校领土的不可侵犯性。除了其他特征外，学术自治还表现在教师的自主选择、录取要求、培养学生和研究生的形式以及课程设置上。课程由各个高等学校的学术委员会批准和更改。这种高度的自治权或许可以解释保加利亚国家统计局最新发布的"2022年保加利亚教育"（Education in the Republic of Bulgaria 2022）的文件中没有统计高等教育阶段的外语语种的教学情况。该文件基于每年综合统计调查的总数据，回顾并总结出2017年到2021年间，1—12年级学生所学习的外语语种，这些语种按照人数递减顺序包括英语、德语、俄罗斯语、西班牙语、法语、其他语言和意大利语；同时，该文件还提供了职业学校学生学习外语的语种情况，这些语种按照人数递减顺序包括英语、俄语、德语、法语、西班牙语、意大利语和其他语言（Education in the Republic of Bulgaria 2022）。尽管这份重要的教育文件没有提供高等教育阶段的多外语教育情况，但我们从初、中等教育和职业教育的外语教学情况仍然可以看出保加利亚的多外语教育的规律和趋势，即英语是学习人数最多的语言。

保加利亚高校的高度自治权体现在了各个主要高校所提供的不同的外语语种课程，如普罗夫迪夫大学的语言研究学院开设不同语言的语言学专业和双语专业，斯拉夫语（捷克语、波兰语、塞尔维亚语和克罗地亚语）语言学、英语语言学、俄罗斯语语言学、法语语言学，以及保加利亚语和英语、保加利亚语和意大利语、保加利亚语和俄语、保加利亚语和西班牙语、保加利亚语和希腊语、保加利亚语和土耳其语、保加利亚语和中文、保加利亚语和韩语、保加利亚语和希伯来语的双语专业②。新保加利亚大学的外国语言和文化系针对本科生、硕士生和博士生提供英语、德语、法语、西班牙语和意大利语的教学③。索

---

① https://eurydice.eacea.ec.europa.eu/national-education-systems/bulgaria/bachelor.
② https://uni-plovdiv.bg/en/pages/index/566/.
③ https://flc.nbu.bg/en/.

菲亚科技大学的外国语言和应用语言学系为该校的本国学生和国外学生提供英语、德语、法语、俄语教学①。大特尔诺沃大学的现代语言学院建于1963年，其开设的语种极其丰富，包括英语、西班牙语、汉语、德语、俄语、法语、阿拉伯语、希腊语、意大利语、韩语、荷兰语、波兰语、葡萄牙语、罗马尼亚语、斯洛伐克语、日语、塞尔维亚语和克罗地亚语②。保加利亚美国大学开设有现代语言和文化专业，该专业的学生可选择德语、法语、西班牙语或保加利亚语为主修/辅修语种③。国家与世界经济大学的外国语言和应用语言学系开设商务交际、外交等领域的专门语言课程，语种包括英语、德语、法语、西班牙语和俄语④。保加利亚鲁塞公立大学为攻读保加利亚语＋一门外语专业学士学位的学生提供英语、法语和罗马尼亚语，为攻读保加利亚语言、文学和文化专业的硕士学位学生提供英语、法语和俄语作为可选语种⑤。这些大学网站在罗列所提供的外语语种时，都把英语放在首要位置，或许是对英语在保加利亚外语教学中享有的头等地位的一个证明。上述各高校提供的外语语种可参见表 9-1。

表 9-1　保加利亚高校提供的外语课程

高等教育机构	提供的外语课程
普罗夫迪夫大学	斯拉夫语（捷克语、波兰语、塞尔维亚语和克罗地亚语）语言学、英语语言学、俄罗斯语言学、法语语言学； 保加利亚语和英语、保加利亚语和意大利语、保加利亚语和俄语、保加利亚语和西班牙语、保加利亚语和希腊语、保加利亚语和土耳其语、保加利亚语和中文、保加利亚语和韩语、保加利亚语和希伯来语
新保加利亚大学	英语、德语、法语、西班牙语、意大利语
索菲亚科技大学	英语、德语、法语、俄语

---

① https://www.tu-sofia.bg/faculties/read/41.
② https://www.uni-vt.bg/eng/pages/?page=2006&zid=3.
③ https://www.aubg.edu/academics/bachelor-degrees/.
④ http://departments.unwe.bg/flal/en/pages/1446/history.html.
⑤ https://www.uni-ruse.bg/en/branches/Silistra/specialities.

续　表

高等教育机构	提供的外语课程
大特尔诺沃大学	英语、西班牙语、汉语、德语、俄语、法语、阿拉伯语、希腊语、意大利语、韩语、荷兰语、波兰语、葡萄牙语、罗马尼亚语、斯洛伐克语、日语、塞尔维亚语、克罗地亚语
保加利亚美国大学	德语、法语、西班牙语
国家与世界经济大学	英语、德语、法语、西班牙语、俄语
保加利亚鲁塞公立大学	英语、法语、罗马尼亚语、俄语、德语

尽管保加利亚的高校提供多语种的教学，但是实际上，保加利亚公民的外语能力呈现单一且重视英语的趋势，如根据欧洲晴雨表（Eurobarometer）2012 年的调查，只有 48% 的保加利亚公民认为他们至少能使用一门外语进行对话，比欧盟的平均水平低 6%；至少会说两种外语的人只有 19%，低于欧盟的平均水平 25%；至少说三种外语的人数是 4%，低于欧盟的平均水平 10%；完全不会说外语的人数比例是 52%，高于欧盟的平均水平 46%。从语言来看，能使用英语进行对话的人数比例最高，占 25%，其次是俄语（23%）、德语（8%）、西班牙语和法语（各占 2%）。显然，保加利亚使用最多的外语是英语（25%），尽管这个数字仍然低于欧盟的平均水平（38%）。此外，保加利亚公民认为英语是对个人发展最有用的语言（57%），但这个数字低于欧盟的平均水平（67%）（*Europeans and their Languages* 2012）。与上一次（2005）的欧洲晴雨表调查相比，至少能使用一门外语进行对话的人口比例减少了 11%，完全不说外语的人数比例增加了 11%。至少能使用两种和三种外语的人数比例分别减少了 12% 和 4%。

9.2.1.3　保加利亚高校的汉语教学

保加利亚汉语教学是 20 世纪 50 年代由中国著名语言学家朱德熙先生开创的。1952 年至 1955 年，朱德熙先生作为首批汉语言文学教师在保加利亚任教。即使在两国关系冷淡的 20 世纪 60、70 年代，汉语教学也始终没有间断。2007 年，北京外国语大学与索非亚大学合作建立了保加利亚的第一所孔子学院。2012 年，中国地质大学（武汉）与大特尔诺沃大学合作建立了保加利亚的第二所孔子学院。到 2020 年，保加利亚的两所孔子学院在 17 个大区开设了 9 个孔子课堂和约 50 个中文教学点，占行政区划的 60%。2020 年度注册学生人数为3 781人(肖珊等,2022)。

  保加利亚境内有10所大学开设了中文课程,包括中文系和非中文系两大类课程。中文系课程在三所大学开设:索非亚大学、大特尔诺沃大学和普罗夫迪夫大学。索非亚大学于1986年成立了古典与现代语言文学系东方语言与文化中心,下设"汉语言文学"专业,是保加利亚最早设立中文系的高校。保加利亚的第二所国立大学大特尔诺沃大学于20世纪90年代初设立"汉语言文学"专业,并于1993年招收了第一批"俄汉应用语言学""法汉应用语言学"双语专业硕士生,于1994年增设"英汉应用语言学""德汉应用语言学"专业,于1997年招收了第一批"俄汉应用语言学"等专业本科生,于2004年招收了第一批"汉语言文学"专业方向的博士生,于2002年成立了"保加利亚中国语言文化中心"。普罗夫迪夫大学从2011年起开设了三个与中文相关的本科专业。三所学校的汉语课程设置可见表9-2。

表9-2 保加利亚大学中文系教学情况

教学点		索非亚大学	大特尔诺沃大学	普罗夫迪夫大学
课程设置	语言教学课程	汉语综合课	汉语综合课	汉语综合课
	语言学课程	普通语言学入门 汉语语言学入门 汉语句法学 汉语音韵学 词汇学和词典学 汉语词法学 成语歇后语典故 汉语方言学 社会语言学 虚词 汉字入门 汉字的历史 古代汉语等	普通语言学入门 汉语语言学入门 汉字入门 现代汉语概况 汉语词法学 汉语句法学等	语音学 词汇学 汉语听力 汉语口语等
	文学课程	文学概论 中国文学入门 中古文学 现代文学 当代文学 民间文学等	文学概论 中古文学 现代文学 当代文学 民间文学等	中国文学入门 汉语阅读等

续 表

教学点		索菲亚大学	大特尔诺沃大学	普罗夫迪夫大学
课程设置	翻译课程		报刊翻译 电影翻译 技术文本翻译 文学文本翻译	基础翻译

注：数据来源于肖珊等（2022）

非中文系课程包括中文辅修专业课程和中文函授课程。瓦尔纳自由大学、布拉戈耶夫格勒西南大学、鲁塞大学和多布里奇国际大学开设了中文辅修专业课程。舒门大学、瓦尔纳经济大学和斯维什托夫经济科学院开设了中文函授课程。总之，虽然中文教学在保加利亚外语教育的发展史上有一定的波动，但总体上是呈上升的趋势（肖珊等，2022）。

9.2.1.4 小结

尽管俄语、德语、法语、希腊语、土耳其语都曾在保加利亚的外语教育发展史上扮演过重要的角色、保加利亚的高校也开设多种外语课程，但从以上梳理中可以看出，在众多外语中，英语的教育是最受重视的。与之相符的是，大部分保加利亚人的外语能力较为单一，且使用最多的语言也是英语。这种对英语的重视和保加利亚国家的转型、加入欧洲委员会、欧盟、北约，以及英语在国际化和全球化中与日俱增的重要性是紧密相关的。值得一提的是，尽管汉语教学在保加利亚的发展呈现上升的趋势，但纵观保加利亚高校提供的外语语种，不难发现，欧洲语种的比重较重，其他语言相对较少，而东南亚语言、非洲语言等几乎没有教授。保加利亚的外语教育呈现掌握外语的人数和语种减少、所教授的外语大部分都是欧洲语言、外语能力单一且倾向英语的趋势。

9.2.2 匈牙利

匈牙利是中欧的一个内陆国家，横跨喀尔巴阡盆地约9.3万平方公里，北部与斯洛伐克接壤，东北部与乌克兰接壤，东部和东南部与罗马尼亚接壤，南部与塞尔维亚接壤，西南部与克罗地亚和斯洛文尼亚接壤，西部与奥地利接壤。匈牙利有近1000万人口，其中大部分是匈牙利人和罗姆人。官方语言匈牙利语是世界上使用最广泛的乌拉尔语，也是欧洲为数不多的非印欧语系语言之一,匈牙利语属于芬兰乌戈尔语,而其周围的所有国家都使用源自印欧语系的语言为母语,因此,如果匈牙利人不学习外语则无法与他们的邻国沟通,这也是为什么匈牙利高度重视外语能力,正如一句匈牙利谚语所示:"你会说多少种语言,你就能成为多少种人(You are as many persons as many languages you can speak.)"(Medgyes & Miklósy, 2000)。同保加利亚一样,匈牙利也是一个近似单一语言的国家(傅荣、王克非,2008)。根据 2011 年人口普查,匈牙利有 989 万多人(99.6%)说匈牙利语,其中 982 万多人(99%)将其作为第一语言,6.8 万多人(0.7%)将其作为第二语言。英语(16.0%)和德语(11.2%)是使用最广泛的外语。匈牙利也是欧盟、北约和欧洲委员会的成员国。

9.2.2.1 匈牙利的外语教育简史

纵观匈牙利历史,匈牙利的外语教学与世界其他国家一样,深深植根并取决于该国的政治和经济结构。虽然历史上匈牙利从来没有一个设计完善的国家外语规划,但是无论如何学校一直根据国家利益的需要提供外语教学。如第二次世界大战结束前匈牙利一直处于德语国家的影响和统治之下,因此直到 20 世纪 40 年代末,德语一直是所有学校的必修外语。1948 年,匈牙利加入苏联后,俄语成为学校的必修外语,几乎没有其他语种的教学。现在,英语垄断了越来越多的生活领域,英语正在成为匈牙利学校体系中的主要外语。具体来说,匈牙利的外语教育发展可以分为三个时间段(Medgyes & Miklósy, 2000):

缓慢变化时期(1879 年—1948 年)。外语教育的变化不是一蹴而就的,正如匈牙利的外语教育 70 年都没有改变。拉丁语和古希腊语享有最重要的地位,德语的作用微乎其微,更不要说其他语言。但是到了 1938 年,包括古典语言和现代语言在内的外语的比例都达到了高峰,占所有课程的 34%。这一时期,德语是第一外语。1879 年法语成为第二外语,随后又增加了英语和意大利语。其中,技术学校为那些不打算接受高等教育的学生提供现代语言,取代了拉丁语和希腊语。因此,拉丁语和希腊语逐渐让步于现代语言。从教学效果来看,46.4%的大学生认为他们至少能说一门外语,并且全部都认为会说德语,而法语、英语和意大利语的使用者少得多。但需要指出的是,这一高比例的外语能力描述的仅仅是成绩顶尖的学生,普通的受中等教育学生不会上大学,因此他们的外语能力差得更多(Medgyes & Miklósy,2000)。

重大变化时期(1949年—1989年)。1949年,匈牙利人民共和国成立,走苏联模式的社会主义道路。尽管1946年的国家课程已经将俄语纳入外语选择中,但是直到1950年才规定俄语是匈牙利所有学校里必学的第一外语,与此同时,其他现代语言都被排除在外,古典语言被边缘,古希腊语在教育领域和历史上几乎消失,拉丁语只能在中等教育的文法学校教授。中学课程中的外语比例从1938年的34%降至1978年的13%,是历史最低点。这一时期的教学重心是培养学生的俄语口语能力,并熟悉俄罗斯和苏联的伟大人物和文学作品。1956年后,课程中才逐渐开始出现其他外语课程,但还是次于俄语的教学,并且国家公立学校中学习第二外语的学生的人数依然没有快速增加的迹象。这一时期,匈牙利甚至被称作外语文盲(foreign language illiterate)。1970年国际教育成就评估协会(International Association for The Evaluation of Education Achievement)做了一项关于英语在十个国家的教学和学习情况,调查结果显示17—18岁的匈牙利人处于欧洲的最末位。虽然英语发展的困境不能代表所有其他外语的发展状况,但是至少我们可以推测其他语言的调查结果未必就会比英语好。为了弥补公立教育中外语学习的不足,从1980年开始,私立或者合作式语言学校可以招收成年人或者青少年,但最受追捧的语言是英语和德语(Medgyes & Miklósy,2000)。

逐渐恢复时期(1989年至20世纪末),1989年,俄语的优势地位被正式取消了。从小学来看,俄语的学习人数陡然下降,取而代之的是德语和英语。德语是小学里最热门的语言,其次是英语。法语的学习人数在缓慢上升,但到1992年和1993年开始下降,甚至都不及俄语的学习人数。从中学来看,俄语的学习人数下降速度稍缓,1997年至1998年时下降到了2.4%。但与小学不同,英语是最热门的语言,德语次之,但两种语言的学习人数接近,且人数增速缓慢。英语和德语两种语言的学习人数占近90%,第三学习人数最多的语言是法语,但仍不及1992年至1993年顶峰时期的法语学习人数。从大学来看,根据1993年的《高等教育法》及其1996年修正案,高等教育机构高度重视外语能力的培养。大多数大学和学院会奖励获得外语能力证书的学生额外的得分,这些分数可以计入大学的入学考试成绩。因此,进入高等教育机构时,较多学生(87%)声称至少会说一门外语。到毕业时,具有外语能力的学生人数增加了 4%。1997 年至 1998 学年，超过三分之一的学生在高等教育机构中的外语服务部学习。该部提供的外语语种包括英语（51.4%）、德语（27.7%），这两门语言就占据了学生人数的近 80%。拉丁语（7%）排名第三，因其在神学院、医科大学和某些人文学科的专业中受到广泛学习。这一时期，外语教学的目标是国际交流，再加上匈牙利即将加入欧盟，因此外语学习备受关注和重视。但是，虽然这一时期除俄语以外的其他语言教学开始逐渐恢复，政府也对匈牙利的外语教育投入了大量的资金扶持，如匈牙利政府利用世界银行的长期贷款"赶上欧洲的高等教育"（Catching Up With European Higher Education）基金设置了一项专门的外语项目，但从教学效果来看，普通的匈牙利年轻人仍然不会说外语，跨越语言障碍要比从边境上拉下铁丝网更难（Medgyes & Miklósy, 2000）。进入 21 世纪以来，匈牙利又出台了外语教育规划相关的政策和措施，旨在继续提升匈牙利的外语能力，这些政策和措施将在 9.2.2.3 小节进行详细介绍。

9.2.2.2　外语能力的严重缺乏

如前所述，匈牙利人的外语能力是严重不足的。进入 21 世纪后情况仍然没有得到明显改善。根据中央统计局 2001 年的数据，只有 19.2% 的人口会说外语。而且这些数据是根据自我报告得出的，实际的比例可能会低得多，并且该比例并未说明外语的水平。从国际上来看，匈牙利人的外语能力也显得尤为不足。25% 的匈牙利人声称至少知道五种使用最广泛的外语中的一种，而这一比例在欧盟扩大前的 15 个成员国是 53%，即使与后加入欧盟的其他 9 个国家相比，匈牙利也落后了。此外，外语语种的分布也不均衡，虽然法律没有规定学习哪种外语，但英语和德语的学习人数最多，而几乎没有人学习其他语言。再加上社会贫富差距，经济条件优越的孩子中有 17.5% 可以享有更多的外语课，而经济条件落后的孩子中同一比例仅为 2.7%。究其原因，匈牙利在发展外语能力方面的一个主要障碍是缺乏协调一致的语言规划，直到 2002 年，匈牙利都没有一个明确和全面的外语政策或国家语言项目（Medgyes & Öveges, 2004）。2002 年社会党和自由民主联盟的联合政府上台，才取得了突破。教育部通过了一项决议，要求迅速设计教育语言政策文件，并采取一系列配套措施，将这项政策付诸实施，由此产生了《世界语言战略》。下面将对此进行讨论。

9.2.2.3 外语教育政策与规划

《世界语言战略》(World Language)

《世界语言战略》(以下简称《战略》)是匈牙利教育部用来宣传其新的国家外语教育战略运动的标志,是匈牙利有史以来最完整的一份政策文件,因此被政府称为匈牙利的国家外语战略。政策文件的初稿由 10 个独立的外语专家组成的委员会于 2002 年起草完成,一年后,即 2003 年匈牙利政府批准了这项计划,并将其作为匈牙利的官方外语战略。为了进行广泛宣传,2003 至 2004 学年被宣布为"外语学习年"。它不仅旨在提高学生对外语重要性的认识,而且还旨在通过创造性和愉快的任务来激发学生的学习动机。同时政府发起了一系列运动,辅以一串口号,如"说外语很酷""我们不应该无声地加入欧洲"和"大声说出来"等(Medgyes & Miklósy, 2005)。该政策有两个基本原则,一是外语应该在个人发展最易受影响的时期学习,因此,应将注意力集中在初等和中等教育上;二是为了创造平等的机会,应该对来自弱势背景和有学习障碍的学习者有所偏护。因此,《战略》制定的大部分的措施都旨在支持弱势群体的外语学习,并且更加关注初/中等教育阶段的外语学习。具体而言,《战略》共包含五个部分,其中有一条提到根据欧盟和欧洲委员会提倡语言和文化多样性以及"三语欧洲公民",即母语加两种外语的建议,对开设和保持英语和德语以外非通用语言(Lesser Taught Languages)教学的学校提供经济资助(Medgyes, 2005)。这么做的目的是为当时已有的外语教学提供补充,即大多数学校只提供英语或德语,因为家长和学生大多只对这两种主要语言感兴趣,只有少数较大的学校偶尔提供法语、意大利语或西班牙语。

然而,《战略》也存在一些争议,如从事高等教育工作的语言教师公开谴责其没有涉及加强大学语言中心发展的内容;其次,这些促进外语教育的激进举措让人担心外语,尤其是英语会让母语被边缘化并最终消亡;尤其是有关课程中的语言选择的问题,因为《战略》中提到英语已经成为国际交流使用最多的语言,每个学生在离开学校之前都应该有学习英语的机会,这一说法受到其他语言教师的批评(Medgyes, 2005)。此外,在"强化语言学习年"的实践中,所有外语课程只教授一种语言,通常是英语或德语。即使提供两种语言,选择通常也仅限于英语和德语,这使得非通用语言的发展空间非常受限(Medgyes & Öveges, 2004)。

《公共教育法》(*Public Education Act*)和《国家核心课程》(*National Core Curriculum*)

然而,要保障《世界语言战略》的实施效果,还需要一系列彻底改善语言教育的立法措施,比如新的《公共教育法》(以下简称《教育法》)和《国家发展计划》(The National Development Plan)。《国家发展计划》是一份关于匈牙利加入欧盟头三年(2004—2006)的首要任务的蓝图。作为一份全面的计划,其规定外语是匈牙利公民需要掌握的六项主要能力之一(Medgyes & Öveges, 2004)。根据修订后的《高等教育法》(2003 年),新的《公共教育法》废除了大学入学考试,从 2005 开始,将高中毕业考试作为进入高等教育的唯一资格标准,而外语是该考试的必考科目之一,同时学生还可以选择另一种外语作为第五个考试科目(Medgyes 2005)。用语言考试衡量交际能力,考试的结果应达到《欧洲共同参考框架》的中级水平 A2/B1 或高级水平 B2。通过高级水平考试的学校毕业生也将自动获得国家外语考试证书。此外,《教育法》规定,教学语言应为匈牙利语或少数民族语言,但也可以部分或全部使用其他外语授课。根据《教育法》的原则,教育部与包括教学专家在内的专业咨询和决策机构共同制定了匈牙利教育改革的重要组成部分,即《国家核心课程》(*National Core Curriculum*,以下简称《课程》)。虽然《教育法》没有与外语教育直接相关的条款,但通过规定《国家核心课程》的概念和实施,并确定其基本原则,间接地对匈牙利的语言教和学的发展产生影响。《课程》根据文化领域而不是传统的学科来制定内容和目标。作为十个文化领域之一,"外语交际能力"是《课程》的九项关键能力之一,仅次于"母语交际能力"。《课程》没有明确规定在匈牙利教授哪种外语,只是对语言问题进行笼统的处理,允许当地的教育主管部门、学校和教师根据当地特点和需要自由决定每种外语的学习要求。该文件的序言指出,外语教学的主要目标是为学习者提供实用的语言技能,并教授学生至少一门现代外语,使他们达到能够在日常生活中使用该语言的水平。除了次要目标,如熟悉不同文化的价值观、个性提升和合作技能的发展外,整个文件都以外语教育的实用概念为基础(Medgyes & Miklósy, 2000)。

9.2.2.4 当代高等教育机构提供的外语

根据匈牙利中央统计局的数据,过去 21 年在匈牙利高等教育中学习外语的学生人数如图 9-1 所示①。从图中可以看出,从 2001 至 2019 年间,英语一直是学生学习的第一语言,远远超过其他语种的学习人数。学习人数第二多的是德语,尽管从 2020 年开始,其他语种的学习人数开始超过德语,但仍远不及英语的流行程度。以 2021—2022 年为例,英语依然保持头等地位(25 107 人),其次是其他语言(7 415 人)、拉丁语(5 990 人)、德语(5 145 人)、西班牙语(1 844 人)、法语(1 094 人)、意大利语(997 人)和俄语(982 人)。

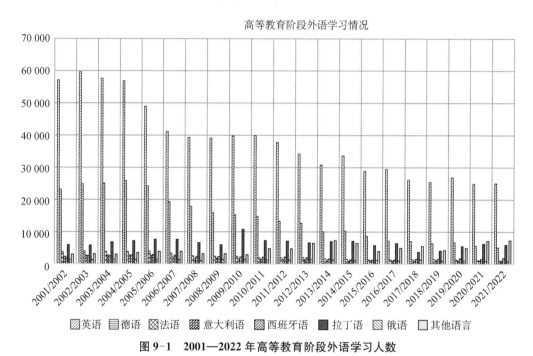

图 9-1　2001—2022 年高等教育阶段外语学习人数

9.2.2.5　匈牙利汉语教学现状

2008 年经济危机后,匈牙利政府决定重点发展与东方国家的经贸关系,提出了"向东开放"政策。该政策旨在减少匈牙利经济对西方尤其是欧盟成员国的依赖,吸引东方国家的投资,提升其在远东出口市场上的竞争力。这一政策也使得汉语在匈牙利的教育受到重视和推广。匈牙利汉语教育始于 20 世纪 50 年代,目前汉语教育已走进匈牙利国家教育体系的大中小学。截至 2015

---

① https://www.ksh.hu/stadat_files/okt/en/okt0023.html.

年,中国国家汉办已在匈牙利设立四所孔子学院,分别为罗兰大学、赛格德大学、米什科尔茨大学孔子学院及佩奇大学中医孔子学院和两个孔子课堂,分别是博雅伊中学和匈中双语学校孔子课堂。罗兰大学、卡文纽斯大学等五所院校开设了汉语课程,标志着汉语教育进入匈牙利国教育体系中的大学阶段(杨荣华、任冰清,2017)。

截至 2017 年,开设汉语课程的匈牙利大学有 14 所。大学汉语教学可分为中文系和非中文系汉语教学。中文系汉语教学是指大学设有中文系,汉语教学是在汉学或中国学框架下展开的,形式包括专业必修课、专业选修课及专业兴趣课等。大学中文系汉语教学主要在罗兰大学和帕兹玛尼彼得天主教大学展开。大学非中文系汉语教学是指没有中文系的大学开设的汉语课,又可分为东亚语言系课程和非东亚语言系的二外课程,课程性质是必修课、选修课和兴趣课。匈牙利教育政策规定,亚洲语言专业的学生必须修读两门语言课程,其中一门是主要专业课程,另一门是二外课程。对欧盟语种的外语教学,大学规定如果是以这些语言作为专业的本科生,毕业时应达到《欧洲语言共同参考框架》(CEFR)C1 水平;非语言专业的学生则需要达到 B2 以上水平。但对学生的汉语水平却无明确的要求。卡洛里加斯帕新教大学和布达佩斯外贸学院东亚语言系的学生在大学期间必须选择汉语作为必修课,且能够通过考试并获得学分。如果愿意学习汉语,可在大一时开始学习汉语,大二时选择中文专业,且三年内不能改变;而对于不选中文专业方向的学生,可在通过考试后不再选学汉语。按照匈牙利外语教学的相关规定,非语言专业的大学生如果能够通过任意一门外语的水平考试即可免修外语,否则必选一门 2 学分的外语课。近年来,汉语课成为匈牙利众多大学的新兴二外课程,用汉语进行交际是大部分匈牙利学生的学习目标(黎敏,2020)。

9.2.2.6　小结

匈牙利从一个单语国家和外语能力不足的国家为出发点,以政府的宏观政策为指引、颁布显性的语言政策,旨在提升匈牙利国民的整体外语水平。鼓励并探索多语言发展的政策和措施,所规划的外语种类除了热门的语种如英语、德语、法语等,还兼顾容易被学生和家长忽视的其他教授较少的语言。此外,诸如《世界语言战略》及其一系列的举措还格外地关注并保障社会弱势群体学习外语的机会。然而,根据欧盟晴雨表(2012)对欧盟公民外语能力的调查,匈牙利在成员国中的排名是最后一名。此外,外语语种分布不均。尽管法律没有规定使用哪种语言,但两种语言(英语为主,德语为次)占据了最大的份额,几乎没有为其他语言留下空间,如讲英语(20%)的匈牙利人数最多,其次是德语(18%)、法语(3%)、俄语(3%)和西班牙语(1%)(Europeans and their Languages 2012)。因而,匈牙利的外语教育和公民的外语能力发展依然任重而道远。

9.2.3 波兰

波兰,官方名称为波兰共和国,是中欧国家。人口超过 3 800 万,是欧盟第五大人口大国。波兰东北面与立陶宛和俄罗斯接壤,东面与白俄罗斯和乌克兰接壤,南面与斯洛伐克和捷克共和国接壤,西面与德国接壤。波兰 93.9% 的人口都是由波兰民族构成,因此波兰社会具有独特的民族特点和单一文化特征(Jasienczyk-Krol,2021)。大多数波兰人讲波兰语,波兰是近似单一语言国家(傅荣、王克非,2008)。根据 1997 年的《波兰共和国宪法》和 1999 年的《波兰语法》,波兰语是所有国家机构、法案、公共生活、各类公立和非公立学校使用的语言。波兰也是欧盟、北约和欧洲委员会的成员国。

9.2.3.1 波兰的外语教育简史

语言教育政策的分析离不开对当代和历史背景因素的关注。因此,本节首先将简要介绍波兰的历史,以帮助我们了解波兰高等教育历史上出现的不同外语的教学。波兰的历史漫长而动荡,经历了统一国家、波兰-立陶宛联邦(始于 1569 年)、被普鲁士、俄罗斯和奥地利三国分裂(1772 年—1792 年)。之后波兰从欧洲地图上消失了一个多世纪。第一次世界大战结束时波兰才获得独立,但在 1939 年又遭到纳粹德国入侵。第二次世界大战后,波兰又受到俄罗斯的影响,成为苏联事实上的卫星国,国名为波兰人民共和国。受波兰动荡的历史的影响,其外语教育也几经改变。1795 年至 1918 年间,波兰的领土被奥地利、普鲁士和俄罗斯分割,在此期间,俄罗斯和普鲁士实施了俄罗斯化和普鲁士化①政策。俄语被强制规定为政府的官方语言和各级教育的教学语言。同样,普鲁士当局将德语作为中央和地方政府的官方语言,并引入教育系统。自 1871 年德国统一以来,德国在前波兰领土上强制推广德语,实现新德

---

① Germanisation,原文献中用的是"德国化",可能是因为普鲁士和德国有密切关系。

国领土的文化统一。第二次世界大战期间,纳粹政府于 1939 年将德语定为小学和职业学校的教学语言,并关闭了波兰的中学和大学。而到了社会主义时期,俄语又成为了学校的必修课,为社会的苏联化服务。与 1989 年之前波兰社会的外语传播历史相比,社会主义政权失势后,英语在波兰扮演着越来越重要的角色。然而不同的是,这一次促使英语传播的原因是波兰社会对学习英语的渴望和意愿(Sliwa & Fotaki, 2010)。

英语获得这种重要性是一个历史的发展过程。几个世纪以来,拉丁语和法语在波兰的外语教学中占据主导地位,1706 年波兰和英国签署贸易条约后,英语才进入人们的视野。波兰土地遭到分割后,许多波兰人离开了被占领土。同时美国早在 19 世纪 30 年代就以自由、机会和就业的承诺吸引了大量波兰侨民。最终,英语取代法语成为了波兰贵族的主要外语。第一个英语语言和文学项目于 1908 年在克拉科夫(Kraków)成立。1948 年,波兰学校停止了英语和大多数其他语言的教学。随后 1956 年,对英语的制裁有所减弱,尽管接触"母语者"和使用真实教学材料的机会有限。到 20 世纪后期,社会中的各个群体,尤其是年轻一代,对英语的兴趣与日俱增。现在,越来越多的波兰学生在学校学习英语,学校还设立了专门用途英语课程。根据英国文化委员会(1986 年)的数据,1980 年代末英语是波兰最重要的西方语言,而英国英语通常是学习的目标变体。总体来说,自 1989 年俄语作为一门必修外语被废除后,英语教学行业经历了前所未有的繁荣。这种繁荣与英语的社会声望有一定关系,因为许多波兰人将英语与西方联系在一起。在 20 世纪中后期,英语成为反抗苏联政府和"教育成就和就业能力"的象征。理想化的说英语的西方被视作现代化和创新的代名词,因而被认为是非西方国家可以参照的标准以及社会、经济、语言标准的来源。因此学习英语既有工具性的动机也有融合性的动机。英语使波兰人能够在波兰的英语系找到有声望的工作、在外国期刊上发表文章、与国外专业人士合作。同时,由于英语音乐、电影和新媒体的涌入,波兰人对英语和英语国家文化的迷恋非但没有失去势头,反而变得更加强烈。英语也被视为西方流行文化的载体,被认为可以让波兰人和现代自由的社会相符。据估计,在波兰,以英语为第二语言或额外语言的人口有 1 100 万人,波兰已成为欧洲主要的英语语言中心。在经历了几个世纪的分裂、入侵和政治压迫之后,波兰于 1990

年向世界敞开了大门,尤其是向英语敞开了大门。波兰人渴望说英语,这也增加了对英语教师、教学课程、私人教师和沉浸式学习营的需求。如今,波兰89%的学生在学校学习英语,英语迅速成为该国使用最广泛的外语(Kasztalska,2014)。

9.2.3.2 高等教育中的外语

波兰第三共和国于1999年加入北约,并于2004年成为欧盟的成员国。自此以后,波兰高等教育在欧洲教育模式下发展。作为波兰高等教育国际化的最新举措,《高等教育和科学法》(Law on Higher Education and Science)于2018年生效。该法案中多处明确提及要使用外语,以及在管理高等教育机构时必须要使用英语。

波兰教育体系的特点是中央和地方/地区责任相结合,同时允许根据不同的条件和当地情况进行灵活调整。换言之,波兰教育管理的特点是在中央框架下,地方和学校层面具有高度自治权(Sylvain Fraccola,2015)。在高等教育层面,科学和高等教育部制定并执行国家教育政策,但大学具有自主权,在语言政策事务中发挥着重要作用。2018年《高等教育和科学法》在组织高等教育机构结构方面赋予了高校更多的自主权和灵活性,因此各大学可以自由决定如何组织各自的语言课程(Jasienczyk-Krol,2021)。在给定的框架内,学校和地方当局可以自由决定方法、材料、教师的雇用以及某些科目。这种高度的地方和区域自治制度对语言的教学和学习产生了影响。尽管英语的教学在全国范围内分布相当均匀,但其他语言的教学显示出明显的区域分布:德语是西部省份的主要语言,法语的规模虽相对较小,但在一些南部省份却较为流行,而俄语是波兰东部省份的主要语言。此外,城镇多使用英语和德语,而农村地区则多使用俄语。

在波兰的高校,一方面,学生可以学习外语,从而探索其他国家的语言、文学、历史和文化;另一方面,还可以学习英语作为教学用语(EMI)的课程。波兰高等教育国际化的整体情况从高等教育和科学部提供的以下数据中可见一斑:表9-3列出了2017—2018学年中,113所公立大学和233所非公立大学所教授的外语课程数量和英语作为教学用语的课程数量。表9-4展示了使用不同教学语言的课程。从表9-4中可以看出与其他外语相比较英语的流行程度(Cierpich-Kozieł & Mańczak-Wohlfeld,2021)。

表 9-3 外语课程和英语作为教学用语课程(EMI)的数量

大学类型(2017/2018 学年)	外语课程	英语作为教学用语课程
公立(130 所大学中的 113 所)	181	476
非公立(267 所大学中的 233 所)	109	273
共计	290	749

表 9-4 外语课程:教学用语

大学	课程类型	英语	英语和波兰语	其他外语
公立(国有)	外语学习	10	20	149
	其他课程	190	253	35
非公立(私有)	外语学习	19	23	67
	其他课程	35	220	18
共计		254	516	269
		1 039		

如以上两表所示,2018 年,共有 290 门外语课程和 749 门英语作为教学用语的课程。通过比较使用英语(254)、波兰语和英语(516),以及其他外语作为教学语言的课程数量(269),可以看出英语在高等教育体系的广泛普及。因此,在波兰 1 039 门外语作为教学用语的课程中,绝大多数课程(770)采用英语,而仅有 269 门(26%)选用其他外语(Cierpich-Kozieł & Mańczak-Wohlfeld, 2021)。

从学习人数来看,2019 至 2020 学年,共有 116 万多名学生注册,4.5 万多人(4%)选择了英语作为唯一教学用语的课程。根据高等教育和科学部提供的另一份报告(2020 年 8 月),在英语作为教学用语的课程中,15 个最受欢迎的专业如表 9-5(Cierpich-Kozieł & Mańczak-Wohlfeld, 2021)。

表 9-5 波兰高校中最受欢迎的 15 个英语作为教学用语的专业

受欢迎程度排名	课程名称	选课学生人数
1	医学	7 676
2	管理	6 346
3	计算机科学	3 819

续 表

受欢迎程度排名	课程名称	选课学生人数
4	金融和会计学	1 849
5	国际关系	1 478
6	国内安全	1 261
7	牙科学	1 227
8	经济	1 054
9	建筑	943
10	国际经济关系	851
11	心理学	638
12	电子与通信	541
13	建筑和建筑系统工程	540
14	机械工程	523
15	兽医学	444

此外,除了英语作为唯一教学用语的课程外,波兰至少还有三种不同的使用当代通用语的教育模式:英语和波兰语作为共同教学用语课程模式;以波兰语作为教学用语、但选修课使用英语作为教学用语的课程模式;波兰语作为教学用语,与职业用途英语必修课程相结合的模式(Cierpich-Kozieł & Mańczak-Wohlfeld,2021)。但无论是哪一种模式,英语在其中都扮演着重要的作用。

由于大学的自治权以及组织和协调的缺乏,很难对大学的语言进行分析。因此,下文将介绍波兰两所知名大学的外语教育政策及具体实施(*Language Education Policy Profile Poland 2005—2007*)。

华沙大学颁布了一系列规定来组织其语言课程,同时也参考《欧洲语言共同参考框架》制定教学大纲与语言评价体系。华沙大学提供大约 50 种语言的课程(*Language Education Policy Profile Poland 2005—2007*)。该大学设有"语言中心"和"东方语言学院"。语言中心提供的语言课程包括荷兰语、英语、法语、德语、意大利语、挪威语、西班牙语、瑞典语、俄语[①]。东方语言学院

---

① https://docs.google.com/document/d/1WLIUAx_V734Sy5Ip9iDcsxi7Upzm856Vyl8spvh0BqQ/edit.

提供波斯语、捷克语、韩语、希腊语、土耳其语、希伯来语、俄语、日语、阿拉伯语、汉语等语言课程①。事实上,除了华沙大学,很多波兰的大学也提供汉语、日语或阿拉伯语的语言课程供学生学习,因为在经济全球化的时代,汉语、日语或阿拉伯语学习者的数量关乎国家语言能力,愈发受到关注。在选择教授汉语、日语和阿拉伯语这三种语言的众多原因中,其中两个重要的原因是中国经济实力的快速增长和阿拉伯语国家的文化的重要性。为了开发国家在这三个语种上的国家语言能力,目前波兰不仅在大学层面开展教学,还在中等教育中引入"体验课程"(taster courses)(*Language Education Policy Profile Poland 2005—2007*)。

科兹敏斯基大学创业与管理学院是波兰第一所引入英语课程的大学级机构。如今,该学院提供完全使用英语和德语教授的课程,并设立了德语和英语语言中心以及波兰-德国行政教育中心,该中心专注于发展与德国的学术和商业交流。提供的语言有零基础的汉语课,以及高起点的法语、西班牙语和俄语课程。该大学网站明确说明提供四种语言:波兰语、英语、德语和俄语②。

总而言之,波兰的大学是自治的,因此很难对大学的教育系统做出概括。但是到21世纪的第二个十年时,英语仍然是波兰各级教育中学习最广泛的外语。据波兰中央统计局2012年报告,89%的学生正在学习英语,同时学习英语的学生人数正在稳步增长,1999—2000学年至2010—2011学年增长了42%。德语是第二大热门语言,约36%的学生学习德语,其次是俄语、法语、西班牙语、拉丁语和意大利语,这些语言的课程各自只有不到5%的学生参加。在2010年至少学习一门外语的80.7万多名波兰大学生中,有65.76万人报名学习英语课程。由此可见英语的受欢迎程度。由于地理位置接近,英国长期以来一直是波兰英语教材(如教科书)的主要来源。课堂上使用哪种英语变体没有官方规定,因此如今波兰学生既接触美国英语,也接触英国英语(Kasztalska,2014)。

9.2.3.3 小结

综上所述,拉丁语、法语、俄语和德语都曾在波兰的外语教学中占据过主

---

① http://sjw.uw.edu.pl/en/.
② https://www.kozminski.edu.pl/en.

导的地位,但如今,英语却成为波兰从初等教育到高等教育期间最重要的外语,也是学习人数最多的外语。英语的这种重要性的形成有一个历史的发展过程,经历过几个世纪的分裂、入侵和政治压迫之后,随着苏联政府的失势、波兰加入北约和欧盟等,波兰国家和民众对英语的重视与日俱增,波兰甚至成为了欧洲国家主要的英语语言中心。除了英语学习外,英语作为教学用语的课程在波兰也颇受欢迎。值得一提的是,波兰出于国家语言能力的考虑,特别关注汉语、阿拉伯语和日语的学习,很多大学也提供这些语言和其他非通用语言的课程,但遗憾的是,尽管波兰提倡多语发展,波兰高校也提供多种语言,学生对非欧洲的语言学习几乎不感兴趣,而在欧洲语言之中,他们最感兴趣的仍然是英语。

9.2.4　罗马尼亚

罗马尼亚位于中欧、东欧和东南欧的十字路口。南与保加利亚接壤,北与乌克兰接壤,西与匈牙利接壤,西南与塞尔维亚接壤,东与摩尔多瓦接壤,东南紧邻黑海。根据罗马尼亚国家统计局 2011 年人口普查报告提供的数据,罗马尼亚稳定的人口超过 2 000 万。88.9% 的人口自称罗马尼亚人,其余 11% 的人口是居住在罗马尼亚领土上的 20 个少数民族。其中,匈牙利人占总人口的 6.5%,3.3% 的居民自称为罗姆人(Roma)。其他人口超过 2 000 万人的民族按降序依次为乌克兰人、德国人、土耳其人、俄罗斯人、俄罗斯利波万人和鞑靼人(Spiță, 2014)。因而,罗马尼亚具有丰富的语言和文化多样性。根据《宪法》(1991—2003),罗马尼亚语是该国的官方语言。据估计,91% 的人口以罗马尼亚语为主要语言,因此罗马尼亚是一个近似单一语言的国家(傅荣、王克非,2008),所有政府出版物、公共教育和法律合同均以罗马尼亚语书写。罗马尼亚是欧盟、北约和欧洲委员会的成员国。

9.2.4.1　罗马尼亚的外语教育简史和发展

外语教育在罗马尼亚的教育政策中一直占有重要地位。传统上,法语是罗马尼亚学习的主要外语,但在 1948 年至 1965 年间,在俄罗斯教育体系的强烈影响下,俄语成为罗马尼亚的必修外语。1966 年至 1978 年,罗马尼亚与世界建立了新的联系,因此,外语教学的传统发生了改变。自 1989 年以来,罗马尼亚一直在外语教学领域努力追赶,并取得了良好的效果。除了法语、英语、德语、俄语、意大利语和西班牙语等"传统"语言外,少数学校也教授日语(Ralea,2000)。在罗马尼亚,大约29%的人口会说英语,24%的人口讲法语。从小学到高等教育,英语是公立学校系统中教授的主要外语。紧随其后的是法语,法语课是公立学校系统中第二受欢迎的外语课。罗马尼亚是非法语国家中法语学习者人数最多的国家①。由于文化和语言的多样,国民中多语言的使用是常态。学生在进入大学前的整个12年学习的第一语言是罗马尼亚语,但同时也学习第二和第三外语,如英语、法语、德语、俄语、西班牙语、意大利语、希腊语、日语、葡萄牙语和挪威语,因此个人的语言资源丰富。大学里也提供这些多样的外语语种,因此学生可以继续学习一门已知的语言,或者选择学习一门新的语言,如瑞典语、芬兰语、丹麦语或汉语。在这些所有可选择的语言中,目前英语是多语者最常用的语言,这可能是因为英语是个人生活中最常遇到的一种语言,比如在互联网上英语使用广泛,同时英语也是一种十分必要的语言,因为它可以用于与其他语言使用者交流,而且,考虑到它的使用广泛性,英语也更容易学习。因此,大多数多语者的语言库存中都有英语的语言储备(Cîmpeanm,2020)。大多数罗马尼亚学生学习两种外语,通常是英语和法语。罗马尼亚教育部要求学生具备掌握一门国际语言的能力并达到国际标准,以便通过考试并进入高等教育阶段(Pierson & Odsliv,2012)。

在高等教育中,英语和法语排在第一位,其次是德语、意大利语、西班牙语、匈牙利语、俄语、阿拉伯语、日语和挪威语。截至2013年1月1日,这些语言课程的活跃程度从参加这些语言课程的学生人数中能够有所体现,如表9-6所示(Spiţă,2014)。

表9-6 基于全国学习总人数的外语学习者权重

语言	学生人数	人数百分比	权重排名
英语	1 725 201	55.3	第一
法语	1 228 278	39.4	第二
德语	139 545	4.47	第三

---

① https://www.worldatlas.com/articles/what-language-do-they-speak-in-romania.html.

续　表

语言	学生人数	人数百分比	权重排名
西班牙语	12 619	3.93	第四
意大利语	10 679	0.34	第五
俄罗斯语	2 802	0.09	第六
日语	229	0.007 3	第七
波兰语	167	0.005 3	第八
希腊语	77	0.002 5	第九
总人数	3 119 597		

如表9-6所示，排在前两位的是英语和法语，其学习者人数与排在第三位的德语学生人数相距甚远。英语排在第一的原因是其有益于全球化下传播的效率。法语排第二的原因是法语是罗马尼亚历史文化传统的一部分，从罗马化时代一直延续到现代。德语的地位正在加强，在许多教育单位中有取代法语学习的趋势。人们对西班牙语和意大利语的学习兴趣与日俱增，这除了源于它们共同的根源，还与西班牙和意大利是罗马尼亚移民劳动力的主要目的地这一事实有关。表9-7列出了从2013年1月11日开始，高校学生选择的前三种外语语种(Spiță, 2014)。

表9-7　18岁以上学生学习的第一外语和第二外语

	第一外语			第二外语		
	前三个选择	学生数量	百分比	前三个选择	学生数量	百分比
短周期的高等教育(18岁以上)	1. 英语	21 434	83.96	1. 法语	1 839	7.2
	2. 法语	3 329	13.035	2. 英语	991	3.88
	3. 德语	746	2.92	3. 德语	253	0.99

在罗马尼亚，城市地区，尤其是在大城市，语言的选择更加丰富，学生和家长可以在英语、德语、法语、西班牙语和俄语之间进行选择。总之，语言学习者和使用者有很多学习外语的机会，但外语学习大部分情况下都偏向英语(Kuiken & van der Linden 2013)。英语是罗马尼亚学习的主要外语，始终是学生外语课的首选，因为罗马尼亚本科生从幼儿园或一年级就开始学习英语。

英语作为外语的教学(EFL)在罗马尼亚高等教育体系中占有重要地位,并且是学术课程中的必修科目。调查显示70%的研究生课程采用英语授课(Bordean & Borza, 2013)。1991年,罗马尼亚大学加入了坦普斯(TEMPUS)计划后,罗马尼亚的几所大学开始开设外语如英语、法语和德语授课的课程(Bîrzea et al., 2006)。在过去十年中,罗马尼亚医学校开设或扩大以英语或法语授课的医学课程,如在2018/2019学年,罗马尼亚13所医学院中就有10所开设了英语课程,其中4所还开设了法语授课课程(OECD 2019)。尽管罗马尼亚承认英语在推动多语言、多元文化和多样性方面的阻碍作用,但是为了实现课程的全球化,吸引来自世界各地的教师和学生,罗马尼亚的大学不得不用英语传播其教育课程(Ciocoi-Pop, 2015)。

9.2.4.2 小结

在罗马尼亚,从小学到高等教育,英语是公立学校系统中教授的主要外语。进入大学前,学生可以选择英语、法语、德语、俄语、西班牙语、意大利语、希腊语、日语、葡萄牙语或挪威语作为第二外语或第三外语。进入大学后,可以继续学习这些语言,或者选择学习一门新的语言,如瑞典语、芬兰语、丹麦语或汉语。但在这些丰富的选择中,英语却是选择最多的人。这与他们从小就开始英语教学、全球化和美国流行文化的影响等紧密相关。同时,为了响应欧盟促进多语言发展的政策,罗马尼亚采取了相应的政策和措施,在小学和中学的义务教育中促进多样化的语言学习。但本文在梳理文献时发现,关于高等教育中外语教育的语言政策较少,因为国家授予高等教育机构高度的自治权,所以外语教育的政策和实施与当地的具体情况如外语语种的师资相关。从上述讨论中可以看出,罗马尼亚无论是为了国际化,吸引更多的外国学生,还是为了促进与其他欧盟国家在学术、就业市场等方面的交流,最终都强调和重视英语的重要性。

9.3 中东欧四国的多外语教育对我国的启示

本文研究的四个国家都是欧盟的成员国。欧盟特别重视保护联盟内部的语言和文化多样性,鼓励其所有公民在母语的基础上学会两种外语,并出台一系列的文件和规定,旨在起到引导和促进各成员国保护和发展语言多样性的作用。本文讨论的四个国家因其所具有的共同历史经历，以及各自不同的国情和自身特点，在语言教育政策和规划或多外语教育上都展现出相似的共性和独特的个性。虽然本文没有穷尽所有的中东欧国家的外语教育情况，但是梳理了不同收入水平的四个国家的多外语教育，揭示了这些共性和个性，对我们了解整个中东欧的语言教育情况有所裨益。另外，本章也希冀四国的多外语教育情况能为我国的多外语教育政策和规划提供借鉴和启示。以下本章将介绍四国外语教育对我国高校多外语教育的启示。

首先，缺乏统一的、国家层面的宏观外语教育政策与规划只会助长英语的强势地位。在四个国家中，只有匈牙利从2001年开始对高等教育阶段的外语学习语种和学习人数进行了官方统计，而其他三个国家均缺乏此类数据。这从一个侧面显示出匈牙利对高等教育阶段外语学习的重视，毕竟如前文所述，匈牙利在欧盟所有成员国公民的外语能力排名中是最后一名。另外三个国家，更多关注的是初等和中等教育中的外语学习情况，如保加利亚国家统计局最新发布的2022年保加利亚教育（*Education In The Republic Of Bulgaria* 2022）就对中小学阶段的外语语种和学习人数进行了详细的统计，但却没有提供高等教育阶段的相关数据。究其原因，可能是因为这三个国家的高等教育享有高度自主权，各个高校可以根据自身情况开设并制定外语课程。但这种高度的自主权也意味着这三个国家对高等教育阶段的外语教育没有实行统一的、国家层面上的语言规划和政策。而这样的做法会导致一个问题，即当一个国家没有从宏观的国家层面对高等教育机构的外语教育进行总体规划和设计并放任自流时，其结果只会助长英语的特权地位，正如本文研究的四个国家那样。以保加利亚为例，事实上各个高等教育机构都提供或多或少的不同的外语语种课程，但其结果是每所高校的外语教学都是以英语为主。更加令人担忧的是，在这些国家所关注并规划的初、中等的外语教育中，英语已经成为最主要的外语，再加上高等教育享有高度自主权，语言使用的多样性其实是难以得到保证的。同样，我国目前也没有统一的外语规划，没有统管外语的机构，国家外语能力建设一直缺乏顶层设计（董希骁，2019）。"长期以来，由于没有专门部门统摄管理外语教育问题，我国不少外语教育政策的出台并没有经过科学缜密的规划研究，往往是'长官意志'多于专家意见，从而难以应对外语教育实践中出现的问题"（沈骑，2017：14），因此"建构一个规划合理、定位科学的外语教育规划体系是中国外语教育规划的发展方向"(沈骑，2017：19)。虽然我国外语教育在质量和规模上都有了很大提高,但是外语教育事业的整体规划却很落后。我国的高考考生虽然可以选择小语种参加高考,但小语种的前期基础教育及后续大学外语的继续教育极其有限,导致中国非英语外语人才成长缓慢,数量极少,更无法实现普及。此外,语种布局不合理,多语种人才培养的格局尚未形成,导致我们连周边邻国的语言知识都不甚了解。高校外语教学需要考虑到"一带一路"沿线国家和地区的语言文化多样性,培养多语种能力,培养一精多专和一专多能的复合型人才(沈骑,2019)。我国的高等教育还是主要围绕英语开展,外语教育语种单一,非英语类的外语学习在高等学校的外语教育中占比极小,过分夸大英语教育,严重忽视其他外语语种。在"一带一路"倡议下,发展沿线国家语言的相关教育是当务之急。然而,目前我国大学所提供的外语语种和学习外语的人数都非常局限且出现地域发展的不均衡性。因此,从国家层面制定宏观的多外语教育政策对促进我国高校的多外语教育发展、培养多语人才而非仅仅是英语人才而言至关重要。

其次,充分利用并释放诸如"一带一路"的政策力量有利于我国多外语教育的发展。本文发现中东欧四国因其共同经历的世界政治和经济的变化在外语教育的发展历史上展现出一定的相似性,都经历了从苏联社会主义时期的俄语主导地位过渡转变到如今全球化下的英语霸权地位,现在尽管四国的高等教育都在不同程度上提供多种外语供学生学习,但实际上大部分学生都倾向于选择英语。这可以说是与各个国家的发展历史,或者说是中东欧国家过去的共同经历、现在正在共同经历的国家和世界性变化相关(如日益加深的全球化和国际化)、在这一进程中英语作为通用语的地位的不断提升、四个国家都是欧盟、北约、欧洲委员会的成员国等有关。具体而言,受全球化浪潮的裹挟,以及与其息息相关的国际化的引诱,尤其是对教育领域国际化的追求,四国的高等教育机构都非常重视英语能力的培养。另外,欧盟将其 23 种语言全部规定为官方语言的政策反而导致英语的广泛使用。英语不仅被用在欧洲官方会议上,也越来越多地被用于欧盟成员国的日常接触中。而教育系统又提升了英语的地位,如罗马尼亚的情况就是如此(Kuiken & van der Linden, 2013)。因而,英语的主导地位也得益于欧盟统一的语言多元化政策,这一政策的制定本是基于欧洲各国语言多样的现实,欧盟尊重并保护成员国语言文化的多样性。但是,这种包容的语言多元化政策让英语在教学中更容易占优势,英语成为了欧洲学生学习人数最多的外语。有学者甚至担心这会导致"唯英语的欧洲"的倾向(骆凤娟、莫海文,2015)。目前,中国同样面临着日益加剧的全球化和国际化、英语作为全球通用语难以撼动的霸权地位以及高校国际化的趋势。与欧盟内部存在的多外语不同,中国缺乏多外语教学的历史和现实,导致过去我国对多外语教育的重视程度不够,也缺乏类似"欧盟"这样的超国家组织所能提供的多外语发展资源和条件,因而我国非通用语能力是国家语言能力建设的短板,相对滞后,整体规划缺失,"目前仅有教育部在2015年以内部文件的形式,针对非通用语人才培养制定过初步规划……非通用语教育规划未纳入更宏观的视角"(董希骁,2020:103)。但是,2013年提出的"一带一路"倡议催化了我国非通用语,尤其是"一带一路"沿线国家的语言,包括本文回顾的四个中东欧国家的语言在内的发展。2012年,中国—中东欧国家合作机制正式确立。中国与"一带一路"沿线国家的交往与合作日益密切,英语以外的其他语言的重要性开始日益凸显,相关语种也迎来了发展的良好契机。以中东欧语种为例,现在人才的培养规模有所增长,中东欧语种专业布点数量爆发式增长,中东欧语种本科专业点总数在6年间从15个激增至71个,四川大学、长春大学等综合性院校都开设了中东欧语种专业。但我国的中东欧语种教育具有极强的政策敏感性,易受我国的宏观外语教育政策、与对象国的双边关系、学科基础的影响,相关专业建设也十分动荡,这些都不利于国家语言能力建设的长期发展(董希骁,2019)。我国应充分利用并释放"一带一路"带来的契机,打破英语在外语教学中的一家独大的地位格局,为高等教育中英语以外的其他语言创造生存和发展空间。

最后,语言学习者是语言政策不可忽略的、"隐形的"语言规划者,外语教育政策的成功贯彻和实施在很大程度上取决于外语学习者自己对不同语种外语的认知,而这种认知又受到无形的社会、政治和经济的宏观影响。从本章节的讨论中不难看出,尽管四个国家的高等教育中提供多种外语的教学,鼓励学生学习除英语以外的其他语言并掌握至少3种语言,但实际上在四个国家中学习最多的外语无一例外的都是英语,会使用3种或更多种语言的人数有限。"欧洲晴雨表"2012年的调查显示,四个国家的民众均一致认为英语对个人发展来说是最重要的语言,大部分民众会选择英语作为孩子将来学习的首要外语,能够使用英语进行对话的人数相较于能够使用其他外语如法语、德语、西班牙语、俄语等进行对话的比例是最高的,因此,对个人来说,英语无疑是最重要的语言。而英语的这种重要性在很大程度上与"语言工具论"的观点是密不可分的。上文指出,国家应该从宏观的层面对高等教育的外语教学进行规划和设计,但事实上在全球化和国际化以及新自由主义的影响下,语言的价值被视作等同于其工具性或者说实用价值,受到这种观点影响,语言的学习与否取决于该语言对升学、就业等实际利益的价值大小,自然最有用的语言就是英语,而其他语言的价值具有一定的局限性。如果仅从宏观的语言教育政策上试图通过自上而下的方式来改变外语教学现状,而不对这种在国家和社会上盛行的语言工具论的观点加以修正和改变,那么要转变英语独霸的外语教育现实将会是缓慢而困难的。有研究已经指出,尽管语言学习者在语言政策与规划过程中没有显性的权利,但他们却可以对这些政策进行反思,然后做出与语言学习相关的决定,因而,语言学习者是隐形的但极为关键的语言政策规划者,他们的选择和想法会在一定程度上改变语言的规划(An & Zheng, 2021)。因此,语言学习者的认知是外语教育政策不可忽略的重要能动者。

参考文献

An, N. & Y. Zheng. (2021). Language learners as invisible planners: a case study of an Arabic language program in a Chinese university. Current Issues in Language Planning, 23(4): 371-393.

Potolea, D., O. Istrate & S. Velea. (2006). Teacher Training: National Report — Romania. https://www.academia.edu/3356943/Teacher_Training_National_Report_Romania?auto=citations&from=cover_page.

Bordean, O.-N., & A. Borza. (2013). Internationalization of Higher Education Institutions: The Case of Romania. Procedia-Social and Behavioral Sciences, 92: 98-103.

Bulgaria. (2012). World Data on Education: Seventh edition 2010-11. http://www.ibe.unesco.org/en/document/world-data-education-seventh-edition-2010-11.

Cierpich-Kozieł, A. & E. Mańczak-Wohlfeld. (2021). The Englishization of Polish higher education. In R. Wilkinson & R. Gabriëls (eds.). The Englishization of Higher Education in Europe. Amsterdam: Amsterdam University Press.

Cîmpean, A. O. (2020). Multilingualism in Romania. In I.-Á. Farkas & A. Todea (eds.). The Science of Linguistics: Papers in Honour of Stefan Oltean. Presa Universitară Clujeană,

163-173.

Ciocoi-Pop, M. -M. (2015). A general overview of English as a foreign language in the contemporary romanian higher education. International conference KNOWLEDGE-BASED ORGANIZATION 21(2): 565-569.

Eubarometer. (2012). Europeans and their Languages-Factsheets Hungary-en. https://europa.eu/eurobarometer/surveys/detail/1049.

Fraccola S., D. Jarczewska, J. Peterka, B. Pont & D. T. Figueroa. (2015). Education Policy Outlook Poland. https://www.oecd.org/education/POL-country-profile.pdf.

Jasienczyk-Krol, N. (2021). English: Higher education's elephant in the room-A comparative case study of English language policies and practices at universities in Norway, Poland and Spain. Master thesis, University of Oslo, Oslo, Norway.

Kasztalska, A. (2014). English in contemporary Poland. World Englishes, 33(2): 242-262.

Kuiken, F. & E. van der Linden. (2013). Language policy and language education in the Netherlands and Romania. Dutch Journal of Applied Linguistics, 2(2): 205-223.

Ministry of National Education, Poland. (2005-2007). Language Education Policy Profile Poland. https://rm.coe.int/language-education-policy-profile-poland/16807b3c35.

Medgyes, P. & K. Miklósy. (2000). The Language Situation in Hungary. Current Issues in Language Planning, 1(2): 148-242.

Medgyes, P. & K. Miklósy. (2005). The Language Situation in Hungary: An Update. In R. B. Kaplan & R. B. Baldauf Jr. (eds.). Language Planning and Policy in Europe, Vol. 1. MULTILINGUAL MATTERS LTD.

Medgyes, P. & E. Öveges. (2004). Paved With Good Intentions: Foreign Language Policy in Hungary. Presented at TESOL Symposium on Social Responsibility. Brazil: Belo Horizonte,.

Medgyes, P. (2005). World-Language: Foreign Language Policy in Hungary. In P. Bruthiaux, D. Atkinson, W. Eggington, W. Grabe & V. Ramanathan (eds.). Directions in Applied Linguistics: Essays in Honor of Robert B. Kaplan. Bristol, Blue Ridge Summit: Multilingual Matters, 264-278.

OECD. (2019). Romania: A growing international medical education hub. In Recent Trends in International Migration of Doctors, Nurses and Medical Students. Paris: OECD Publishing.

Pavlenko, A. (2003). Language of the Enemy: Foreign Language Education and National Identity. International Journal of Bilingual Education and Bilingualism, 6(5): 313-331.

Pierson, D. C. & M. Odsliv. (2012). Perspectives and Trends on Education in Romania-A Country in Transformation. International Journal of Humanities and Social Science, 2(12): 5-13.

Ralea, C. -M. (2000). Foreign Language Teaching to Young Learners in Romania. In M. Nikolov & H. Curtain (eds.). An Early Start: Young Learners and Modern Languages in Europe and Beyond. Council of Europe, 93-99.

Śliwa, M. & M. Fotaki. (2010). "Catching up with 'civilisation': reflections on language spread in Poland. Journal of Organizational Change Management, 23(6): 689-709.

Spiță, D. (2014). Romania. In C. Fäcke (ed.). Manual of Language Acquisition (Volume 2). Berlin, Boston: De Gruyter, 593-612.

Stoicheva, M. & P. Stefanova. (2012). Academic Perspectives from Bulgaria. In M. Byram & L. Parmenter (eds.). The Common European Framework of Reference: The Globalisation of Language Education Policy. Blue Ridge Summit: Multilingual Matters, 86-95.

董希骁. (2019). 中国中东欧语种教育70年. 欧洲语言文化研究. (2):41-52.

董希骁. (2020). 我国非通用语产业发展现状及对策. 山东师范大学学报(社会科学版)65(5):99-106.

傅荣,王克非. (2008). 欧盟语言多元化政策及相关外语教育政策分析. 外语教学与研究(外国语文双月刊)40(1):14-19.

黎敏. (2020). "一带一路"沿线国家匈牙利的汉语教学现状及发展策略研究. 国际汉语教育(中英文)5(2):100-110.

骆凤娟,莫海文. (2015). 多样统一:欧盟语言教育多元化政策探析. 外国中小学教育(1):6-10.

沈骑. (2017). 中国外语教育规划:方向与议程. 中国外语14(5):11-20.

沈骑. (2019). "一带一路"外语教育规划的四大任务. 当代外语研究(1):23-25.

苏丹丹,陈君. (2021). 新世纪以来匈牙利外语教育政策改革探析. 华北理工大学学报(社会科学版)21(3):143-148.

肖珊,徐成慧,廖雅璐,董元兴. (2022). 保加利亚中文教学发展现状及前瞻研究. 国际中文教育(中英文)7(1):92-99.

杨荣华,任冰清. (2017). 20世纪以来匈牙利外语教育政策的发展及启示. 天津外国语大学学报24(2):59-64.

第十章

阿拉伯国家外语教育政策:成效与问题①*

◎ 廖 静

10.1 引言

自20世纪90年代起,全球化对世界人民的政治、经济和社会文化生活产生了深刻影响,国际交往日益频繁。22个阿拉伯国家地处三大洲(亚洲、非洲和欧洲)连接之地,包括位于西亚的沙特阿拉伯、阿拉伯联合酋长国(以下简称阿联酋)、卡塔尔等12个国家和位于非洲的埃及、阿尔及利亚、摩洛哥等10个国家。自古这里就云集了使用各种语言的人,如今这里的语言生活更是多语并存。针对这一现状,阿拉伯各国政府根据本国特点,逐步确立了以母语为主、多门外语兼修的多语教育政策,即一方面确保母语阿拉伯语在社会语言生活中的主导地位,另一方面也将以英语、法语为代表的多外语教学写入本国教育规划,以此应对全球化带来的诸多挑战。

然而,全球化让几乎所有发展中国家都面临着重要挑战——融入全球化过程中学习和使用的语言通常不是国民的母语。而"语言与文化认同具有'强相关'关系"(李宇明,2016),外语学习者在学习语言的过程中,势必受到语言对象国文化的影响,产生文化认同的冲突乃至改变。在阿拉伯国家,这一冲突

---

① 本章内容经过修改,相关内容曾以论文形式发表于廖静.(2021).阿拉伯国家外语教育政策:成效与问题.《语言战略研究》6(5):49-59.

* 本文为教育部人文社会科学研究青年基金项目"'一带一路'海湾地区高等教育国际化路径中的语言政策研究"(20YJC740026)的阶段性成果。

尤为突出。一方面,外语教育需要大力发展,以期适应全球化时代发展科技和建设现代化国家的需求。另一方面,外语教育需要进行规划,确保外语教育的发展不影响母语的主导地位,满足各国构建国家认同、民族认同和宗教认同的强烈意愿。这样的双重目的以不同形式体现在阿拉伯各国的外语教育政策上,是一系列社会规范、伦理道德、外部干预与地区传统、经济发展相互博弈、相互制约的结果。探讨阿拉伯各国如何在培养"多语"外语人才的同时保障"一个民族,一种语言"的母语教育,令阿拉伯国家的外语教育政策颇具独特性和研究价值。

我国和阿拉伯各国同属发展中的多民族国家,有着悠久的历史和灿烂的传统文化,也都有着被侵略、被殖民的屈辱记忆和迈向现代化、融入全球化的现实需求,探讨阿拉伯国家外语教育政策的成效与问题,对于我国政府管理与构建和谐的社会语言生活,增强国家外语能力,乃至推广汉语国际教育都有着重要的借鉴意义与参考价值。

10.2 研究设计

本章汇报的研究采用文本分析和质性访谈相结合的方式进行三角互证。

首先,本研究以历时和共时为线,从阿拉伯国家政府工作报告、教育部年鉴、研究论著、政府官网、学校官网等富文本途径搜集以阿拉伯语、英语撰写的关于外语教育政策的文本、论著和新闻,加以归类,重点为 2010 年后近十年的资料。在研读并翻译多语种原文的基础上,以表格形式(表 2 至表 5)呈现西亚和北非地区阿拉伯各主要国家的外语教育政策与实践途径,并结合国际局势、世界经济和社会流动等现代因素对外语教育政策的影响,分析各国外语政策得失。

其次,本研究采取质性研究方法,以半结构式访谈的方式收集了 15 名来自阿拉伯各国且有多门外语学习经历人员的数据,验证文本分析结论。研究初期,本章采用滚雪球方式搜集到 18 名有过多门外语学习经历的阿拉伯人对自身语言学习经历的陈述性回顾。随后,本着完全自愿的原则,我们采用目的性抽样方法,根据研究目的选择可能为研究问题提供最大信息量的样本,锁定 15 名来自不同地域、不同国家、有不同多外语学习经历的阿拉伯人进行深入访谈，他们分别来自沙特阿拉伯、埃及、摩洛哥等 8 个近年来政局稳定、综合实力较强且实施多外语教育实践的阿拉伯国家。在参与者的筛选方面，本研究遵循案例效用最大化原则，基于沙特阿拉伯（表中简称为"沙特"）、埃及的传统阿拉伯大国身份，认为其分别代表了阿拉伯国家所在的西亚和北非两大区域，故此分别选取了 4 名来自这两个国家的参与者，其他国家则多为 1 名参与者。受访者的基本信息详见表 10-1。

表 10-1　参与者的背景情况

参与者	性别	年龄/岁	国籍	职业	外语能力	第一外语开始阶段
P1	女	29	埃及	翻译	英语、汉语、法语	小学
P2	男	33	埃及	博士生	英语、汉语、法语、德语、俄语	小学
P3	男	32	埃及	商人	英语、汉语	小学
P4	男	17	埃及	高中生	英语	小学
P5	男	28	苏丹	导游	英语、汉语	小学
P6	男	40	苏丹	教师	英语	初中
P7	女	28	摩洛哥	翻译	英语、汉语、德语	小学
P8	女	35	突尼斯	教师	英语、汉语、法语	小学
P9	男	33	沙特	研究员	英语、汉语	小学
P10	男	28	沙特	公司管理	英语	小学
P11	男	39	沙特	研究员	英语、汉语	初中
P12	男	40	沙特	记者、作家	英语、汉语	小学
P13	男	40	伊拉克	研究员	英语、波斯语、库尔德语、塔吉克语、达利波斯语、南阿塞拜疆语	大学
P14	男	34	巴林	职员	英语、法语、西班牙语	小学
P15	女	13	阿联酋	初中生	英语、日语、德语	幼儿园

结合参与者初期的自我学习经历陈述，本研究的半结构式深入访谈以面

谈、邮件和使用实时聊天工具等形式进行，访谈内容包括参与者的外语选择、外语兴趣、外语资本、外语使用、语码转换、外语学习动机、外语学习体验、外语学习对个人日常生活、思维方式、行为习惯、社会融入、文化体验的影响等方面，每人访谈大约 30 到 40 分钟。

历时约 3 个月的访谈结束后，我们使用 QDA Miner Lite 对质性数据进行三级编码。围绕研究问题，我们对每个访谈内容进行细读，采用持续比较法（Merriam，2009）。首先对受访者提到的"不同语种""语言资源""语言学习动机"和"语言身份"等片段进行初级编码。接着，采用跨个案分析法（Miles，Huberman & Saldana，2014），在个案间进行持续比较，找到个案间的共性与特性。最后将文本分析和定性数据结合起来进行比较，回答研究问题。

10.3 推行一门外语为主、多门外语兼修的外语教育政策

以往的被殖民史和现代的全球化冲击给阿拉伯国家带来了语言生活中客观存在的"多语并存"的现状和需求。由此，阿拉伯各国政府普遍在国民教育体系中推行一门外语为主、兼修多门外语的教育政策，以期适应客观存在的多语生活，营造良好的社会语言环境，但各国外语教育政策的实施学段和教授语种不尽相同。

10.3.1 多个西亚阿拉伯国家推行英语＋多门外语的外语教育政策

西亚阿拉伯国家推行以英语为主，法语、德语为辅的外语教育政策，多自基础教育一年级开始教授第一外语，高年级阶段开始教授第二外语，详见表 10-2。

表 10-2 西亚主要阿拉伯国家的外语教育政策

国家	开始教授第一外语的时间	开始教授第二外语的时间	外语语种
沙特	四年级	大学	英语、法语、德语、日语、汉语、土耳其语、韩语、乌尔都语、印地语等
科威特	一年级	四年级	英语、法语、德语、日语、汉语、土耳其语、韩语、乌尔都语、印地语等

续　表

国家	开始教授第一外语的时间	开始教授第二外语的时间	外语语种
巴林	一年级	一至四年级，因校而异	英语、法语、德语、日语、汉语、土耳其语、韩语、乌尔都语、印地语等
卡塔尔	幼儿园	一至四年级，因校而异	英语、法语、德语、日语、汉语、土耳其语、韩语、乌尔都语、印地语等
阿曼	一年级	十一年级（德语/法语）(2012年起)	英语、法语、德语、日语、汉语、土耳其语、韩语、乌尔都语、印地语等
阿联酋	一年级/幼儿园	一至四年级，因校而异	英语、法语、德语、日语、汉语、土耳其语、韩语、乌尔都语、印地语等
黎巴嫩	一年级（法语）	七年级（英语）	英语、法语、德语、日语、汉语、土耳其语、韩语、乌尔都语、印地语等
叙利亚	一年级	七年级（法语）	英语、法语、德语、俄语等
约旦	一年级	大学	英语、法语、德语、韩语、汉语、俄语、土耳其语等

注：数据由作者根据阿拉伯国家教育部官网、学校官网、政府工作报告、年鉴、学术论文等整理而来。

如表 10-2 所列，西亚阿拉伯国家的英语教学普遍始于基础教育起步阶段，只有沙特阿拉伯开始最晚，始于四年级，且只有它和约旦这样阿拉伯宗教文化较为浓厚的国家到大学才开始教授第二外语。其他大部分国家都在基础教育高年级阶段引入以法语、德语为主的另一门外语，其中叙利亚因和俄罗斯关系特殊，较早引入俄语。

10.3.2　多个北非阿拉伯国家推行法语＋多门外语的外语教育政策

相较西亚阿拉伯国家偏重以英语为主的外语教育，北非阿拉伯国家则更偏向以法语为主，以英语、德语、西班牙语等多种外语为辅的多语教育，只是近年来英语的权重越来越大，逐渐与法语分庭抗礼。详见表 10-3。

表 10-3　北非主要阿拉伯国家的外语教育政策

国家	开始教授第一外语的时间	开始教授第二外语的时间	外语语种
埃及	幼儿园（英语）	四年级	英语、法语等

续　表

国家	开始教授第一外语的时间	开始教授第二外语的时间	外语语种
苏丹	三年级（英语）	大学	英语、法语等
利比亚	五年级（英语）	十年级	英语、法语、意大利语等
突尼斯	三年级（法语）	六年级	英语、法语、德语、西班牙语等
摩洛哥	三年级（法语）	九年级（英语）	英语、法语、德语、西班牙语等
阿尔及利亚	三年级（法语）	九年级（英语）	英语、法语、德语、西班牙语等

注：数据由作者根据阿拉伯国家教育部官网、学校官网、政府工作报告、年鉴、学术论文等整理而来。

如表 10-3 所列，北非阿拉伯国家的外语教育不同于西亚国家之处主要有 4 点：一是第一外语教学开始较晚，多始于三年级；二是马格里布①地区教授的第一外语是法语，埃及、苏丹的第一外语首推英语；三是北非阿拉伯国家较早引入第二外语学习；四是除法语、德语以外，北非国家的第二外语语种偏好西班牙语、意大利语，西亚国家则偏好土耳其语、印地语等。这是因为北非国家地理上距离西班牙和意大利近，交往频繁；而西亚海湾石油国则是土耳其、印度和巴基斯坦籍劳工的聚集地。

综合表 10-2、表 10-3 不难发现，阿拉伯国家的外语教育呈现 3 个特点：一是普遍重视外语教育，外语教学年限长，起步早，多始于小学一年级；二是第一外语是英语或法语，区别在西亚阿拉伯国家首推英语，北非阿拉伯国家首推法语；三是普遍自基础教育阶段开始推行多门外语教学，即施行英语/法语＋其他外语的多外语教育政策。本研究搜集的质性访谈数据也印证了该结论，参与本研究的 15 名受访者中，11 人（73%）自小学起学习第一外语，1 人自幼儿园起学习第一外语，12 人（80%）有过两门以上的外语学习经历，6 人（40%）自小学高年级阶段起学习第二外语。

---

① 马格里布：北非西部诸国的总称，包括摩洛哥、阿尔及利亚、突尼斯，有时也包括利比亚西部的黎波里、塔尼亚一带。见《中国大百科全书》（世界地理卷）。

10.4 推行教学媒介语多元化的外语教育政策

全球化、国际化对经济发展和跨文化交际的深层次要求,使英语作为教学媒介语"传授学术科目"(Dearden,2015)成为非英语国家高等教育领域的普遍做法。而在阿拉伯国家,以阿语+外语(英语/法语/英语和法语)作为理工科类专业教学媒介语的现象非常普遍,英语是高等教育阶段最普遍的授课语言,基础和中等教育阶段的私立学校也常以外语教授理工科专业。

10.4.1 多个阿拉伯国家推行英语作为教学媒介语的外语教育政策

作为国际贸易和国际交流的主要语言(郑咏滟、高雪松,2016),英语是目前阿拉伯国家推行最广泛的教学媒介语,部分国家和学校甚至从小学开始用英语教授理工科专业。详见表10-4。

表10-4 英语作为教学媒介语的阿拉伯国家

国家	基础教育和中等教育	高等教育
沙特	教育部规定,除阿语和宗教学科外,其他课程可用外语教授。公立学校以阿语授课为主,私立学校的教学语言多为阿/英双语	大学理事会可以在必要时决定是否用其他外语授课
科威特	公立学校以阿语授课为主,私立学校的教学语言多为阿/英双语	英语是绝大部分理工科专业的第一教学语言,也是大学中的学术交流语言
巴林	公立学校以阿语授课为主,私立学校的教学语言多为阿/英双语	1986年,巴林埃米尔颁布的第12号法令第1条第6款规定:"在必要的情况下,董事会可以根据大学委员会的建议,决定是否用其他语言教授部分课程和科目。"
卡塔尔	公立学校以阿语授课为主,私立学校的教学语言多为阿/英双语	英语是绝大部分理工科专业的第一教学语言
阿曼	公立学校以阿语授课为主,私立学校的教学语言多为阿/英双语	英语是主要的授课语言
阿联酋	英语是除阿语和宗教学科外的教学语言	英语是主要的授课语言

续　表

国家	基础教育和中等教育	高等教育
约旦	公立学校以阿语授课为主，部分私立学校科学类课程的教学语言是阿/英双语	英语是科学院和医学院的第一教学语言，也是其他多个专业的第一教学语言
黎巴嫩	英语是物理、化学、生命科学和信息技术类课程的授课语言	1994年部长会议通过的国家新课程规定，法语和英语皆可作为教学语言
埃及	英国、美国和加拿大的学校阿/英双语教学；法国学校阿/法双语授课；德国学校阿/德双语授课	自然科学学科多用英语授课，"特殊专业可适当用其他语言教学"

注：数据由作者根据阿拉伯国家教育部官网、学校官网、政府工作报告、年鉴、学术论文等整理而来。

如表10-4所列，绝大部分阿拉伯国家的私立学校从基础教育阶段开始用英语教授理工科类课程，高等教育阶段的英语授课更是得到官方政策支持。在黎巴嫩和埃及，英语和法语同为教学媒介语，因法国在当地殖民历史较长，故法语也是学校授课语言之一。如黎巴嫩教育部规定：一至五年级，30%的课程用英语教授，30%的课程用法语教授；六年级及以上，60%的课程可以用法语教授，40%的课程可以用英语教授（马哈茂德·赛义德等，2011）。又如埃及教育部2016年第291号法案规定，"要至少为学生提供一种第二语言来学习科学、艺术和实用创新领域的新知识"①，该语言可以是英语，也可以是法语或德语。

10.4.2　部分阿拉伯国家推行法语作为教学媒介语的外语教育政策

部分阿拉伯国家因历史上长期被法国殖民，国民法语普及度较高，现代继续沿用法语作为教学媒介语。

如表10-5所列，不同于其他阿拉伯国家，马格里布三国主要用法语作为教学媒介语，但受英语强势国际地位的影响，近年来英语的教学占比越来越大，逐渐在基础和中等教育阶段与法语分庭抗礼。

---

① 阿拉伯语原文参见 https://pt.slideshare.net/sdraomn/291-66274690。

表 10-5　法语作为教学媒介语的阿拉伯国家

国家	基础教育和中等教育	高等教育
突尼斯	公立学校阿语授课为主,私立学校阿/法双语教学	法语是经济等理科课程的授课语言
摩洛哥	公立学校阿语授课为主,部分私立学校用法语/英语教授技术、贸易、工业和艺术类课程	法语是技术和自然科学学院的唯一教学语言
阿尔及利亚	公立学校阿语授课为主,部分私立学校用法语/英语教授部分课程	法语是科学类学科的授课语言

注:数据由作者根据阿拉伯国家教育部官网、学校官网、政府工作报告、年鉴、学术论文等整理而来。

10.4.3　个别阿拉伯国家坚持以阿拉伯语作为唯一教学媒介语的语言教育政策

苏丹、利比亚和叙利亚是少有的几个坚持以阿拉伯语作为唯一教学媒介语的阿拉伯国家。其教育部文件规定,阿拉伯语是所有课程的唯一教学语言,私立学校也不例外,但并不禁止部分学校的部分课程用英语或法语教授。如叙利亚部分私立学校在教学大纲中规定,除阿拉伯语以外的第二语言可以被当作数学类拓展课的教学语言(马哈茂德·艾哈迈德·萨伊德,2012),阿勒颇大学等高校也开设有以法语或英语为授课语言的课程。

综上所述,绝大部分阿拉伯国家都推行或实际践行了以英语或法语作为理工科类课程教学媒介语的外语教育政策,且授课学段呈低龄化趋势。这是因为,一方面以英语为教学媒介语是当今世界非英语国家教育国际化的普遍做法;另一方面阿拉伯国家既缺乏理工科类课程的历史教学经验,也欠缺该领域的专业师资、教材等教学必备元素,以至于阿拉伯语未能很好地进入学术领域,只能在理工科课程教学中践行"拿来主义"。本章的质性访谈材料也印证了该结论,如突尼斯籍的 P8 在回顾自己的学习经历时说,从高中学段开始,学校就用法语教授数学、物理和化学,教材也用法语编写。

10.5 外语教育政策与母语教育政策的平衡

语言是人类最重要、最常用的交际工具。正因为语言是一种交际工具,掌握何种语言也就与社会利益、经济利益等产生联系(李宇明、王春辉,2019)。在阿拉伯世界,受固有部落文化和殖民历史的影响,掌握、使用何种语言还与国家安全、民族认同等多个文化认同范畴紧密关联。因此,阿拉伯各国在鼓励外语教育的同时,都非常重视平衡外语与母语教育,即一方面大力鼓励外语教育,在教育规划中明确外语教育的必要性和重要性;另一方面也不遗余力地反复在教育规划中强调母语的先导和主体地位。

10.5.1 强化母语教育的文化认同

强调外语教育地位低于母语教育,乃至服务于母语教育和民族文化,是所有阿拉伯国家外语教育政策的一个核心倾向,且国家综合国力越强,越强调母语教育的主体地位。

在沙特阿拉伯,1970年颁布的第一部教育政策文件开篇明确指出,沙特阿拉伯教育的首要任务是"符合伊斯兰民族国家的要求"[①]。沙特阿拉伯学生学习外语的目的是为阿拉伯语服务,让学生通过学习外语,深入感受阿拉伯语在语言形式和思维方式上的美,从而加深对阿拉伯语的理解和鉴赏。文件同时强调外语学习应服务于阿拉伯民族综合素质的提升:

> 有必要让学生学习外语,至少应让他们从生活层面上习得外语,这样才能增加他们的学识,培养他们的文化素养和创新能力。以此将阿拉伯的文化知识传播到世界其他国家,传播伊斯兰教,服务全人类。同时,也迫切需要外语学习者将外国有用的科学文化知识翻译成阿拉伯语,丰富阿拉伯语词汇,尽可能地让所有国民都能接触到外国的有益的科学文化知识(阿卜杜·马吉德·以萨尼,2012)。

[①] 阿拉伯语原文参见沙特高教部《教育政策文件》,https://uqu.edu.sa/ssbaqawi/28045。

埃及《文件翻译规范法案》第 949 条规定:"阿拉伯语是埃及唯一的司法语言,若司法审判时没有将外国语翻译成阿拉伯语则被视为违法。"①

不仅沙特阿拉伯、埃及这样的阿拉伯传统大国重视母语教育的基础和首要地位,其他诸如卡塔尔、叙利亚等国政府也非常重视阿拉伯语在本国语言生活中的主导地位。例如,卡塔尔《反歧视民事诉讼法》第 16 条和第 68 条规定:"阿拉伯语是法庭语言,所有用非阿拉伯语撰写的法律文书必须翻译成阿拉伯语,庭审时的语言也必须是阿拉伯语,若诉讼双方或证人不懂阿拉伯语,应通过阿拉伯语翻译转述。"②

对此,多名受访者也都认为阿拉伯语是他们的"母语"(P2、P5、P6、P13、P15),是"身份的集中体现"(P6)、"民族文化之根"(P6)、"文明影响中最深层次的东西"(P6),外语学习"不影响母语身份"(P2)。

10.5.2　强调外语教育的工具认同

强化母语教育的同时,阿拉伯各国还积极推广外语教育,将外语视作学习现代科学技术、跟上时代发展的必备工具,要求学生熟练掌握以英语为代表的多门外语。概括而言,阿拉伯国家对外语教育的工具认同有两个特点:一是"重理轻文";二是奉行实用主义,首重英语。

"重理轻文"指绝大部分阿拉伯国家直接将外语作为理工科课程的教学语言,高等教育阶段尤为如是。在西亚,科威特、卡塔尔、阿曼和黎巴嫩四国立法允许将英语或法语作为大学的授课语言,在其他如沙特阿拉伯、巴林、阿联酋、叙利亚和约旦等国,法律允许大学理事会自行决定使用何种语言授课(详见表10-4、表 10-5)。在北非,马格里布三国用法语作为大学自然科学类课程的授课语言。"重理轻文"不仅体现在高等教育阶段,部分阿拉伯国家(黎巴嫩、约旦、突尼斯、摩洛哥和阿尔及利亚)的私立学校甚至在小学阶段就开始用外语直接教授理工类课程。阿拉伯国家直接用外语教授理工科类课程,是为了更好地用外语学习西方现代科学技术。但外语只是工具,不涉及文化。本研究

---

① 阿拉伯语原文参见埃及法院 2010 年《文件翻译规范法案》,https://www.cc.gov.eg/judgment_single?id=111265710&ja=86104。

② 阿拉伯语原文参见卡塔尔司法部 2009 年第 54 号《反歧视民事诉讼法》,https://www.almeezan.qa/RulingPage.aspx?id=563&language=ar&selection=。

67%的受访者认为,学习外语只是为了"交流"(P1、P3、P4、P5、P7、P8、P9、P10、P11、P13)。阿联酋受访者(P15)称:"父母要求我学习德语,以便我以后可以去德国读大学。他们认为,去德国的大学学医是非常大的成就。"

阿拉伯国家外语教育对语种的实用主义偏好也体现了这种工具性认同。英语被认为是"世界的语言"(P5、P9),是"同外国人交往过程中必须用到的工作、学习语言"(P1),"可以让说这门语言的学习者更加便捷地交往"(P6)。

综上所述,我们不难发现,阿拉伯国家的语言教育政策重视突出母语的主导地位,乃至认为外语教育应该为母语教育构建民族认同的功能服务。这一点在沙特阿拉伯、埃及等阿拉伯大国中表现得尤为突出,如沙特阿拉伯不仅将外语教学推迟至四年级开始,还在教育部文件中提出,沙特阿拉伯学生学习外语的目的是服务阿拉伯语,让学生更好地领会阿拉伯语之美,培养阿拉伯民族自豪感。其他如卡塔尔、阿联酋、突尼斯、摩洛哥等语言生活较为多样化的国家,也非常强调阿拉伯语在教育中的主体性,如突尼斯教育部规定,包括外语教材在内的所有教材必须由本国编写,体现阿拉伯特色。

10.6 阿拉伯国家外语教育政策的问题与思考

10.6.1 阿拉伯国家外语教育政策的问题

10.6.1.1 外语教育政策对外语工具性功能的狭义理解客观上削弱了母语的主体性

人类学和社会语言学的研究表明,语言表征了一个民族的历史文化与使用者的价值观念,语言和文化身份二者之间相互建构(Trofimovich & Turuševa 2015)。因此,语言教育与国家和民族的认同不能分开。在阿拉伯国家,因为外语学习可以带来"上大学"(P4、P15)、"工作机会"(P3、P4、P5、P6、P7、P10、P12、P14)、"经商"(P3、P6)等实际性功用,多个阿拉伯国家推行直接用外语(英/法)教授理工科类课程的外语教育政策,以期更好地服务于外语学习者"获取更大收益"(P6)、"获得丰厚物质回报"(P2)的需求。

研究发现,阿拉伯国家对外语工具性功能的狭义理解,即仅将外语理解为国际交流和学习西方现代化科学技术的工具,忽视外语的文化背景,这在客观上削弱了阿拉伯语母语的主体性,不仅动摇了阿拉伯语的官方语言地位,也使阿拉伯民族文化随着阿拉伯语在语言生活中的式微而丧失从前的主流地位,带来"阿拉伯语危机"(廖静,2018)。这一点在阿拉伯青年身上突出表现为崇洋媚外,嫌弃本土文化。生活在巴林、卡塔尔等海湾石油国的年轻人甚至更习惯在日常生活中使用英语。这些青年出生于当地较为富裕的家庭,从小就读于当地国际学校,成年后赴英美等国接受高等教育。他们更习惯在日常交际中使用英文,也更适应英美文化。现如今,以英语和英语文化为主的多外语和多元文化充斥在阿拉伯人的日常生活中,一定程度上挤占了母语和母语文化的生活空间。例如 P15 提到:"我在日常生活中经常使用英文……喜欢看日本的动画和电影……我还会说德语和日语,因为父母希望我以后去德国或日本学医……阿语嘛,已经不能满足我的知识需求了。"

10.6.1.2 语言专设机构的缺位造成外语教育政策部分目标未能实现

近年来,"阿拉伯语危机"引起各界广泛关注,多个阿拉伯国家出台语言政策加强标准阿拉伯语教育,希望拓展母语在社会语言生活中的使用范围和提高使用频率,但因缺乏有执行力的专设机构统一进行语言规划和语言管理,导致在外来语言文化面前,本土阿拉伯语文化居于弱势地位,以致部分语言政策目标不能实现。例如阿联酋政府在推行多语外语教育时,因没有特定机构根据政府的政治理念实施这一语言决议,政府的语言政策虽然出台,却没有配套的路线图,也没有出台强制性的让全民执行的计划。这突出表现在母语阿拉伯语未能很好地进入学术领域,既没有实现该国在《愿景 2021 国家议程》中规定的"让阿拉伯语成为学术语言",也没有实现《阿拉伯语语言宪章》中设定的"科技术语阿拉伯化"的目标;约旦也因同样的问题没有实现"2025 愿景"中倡导的阿拉伯语资源数字化的目标。

针对这一问题,近年来,开罗、大马士革、喀土穆、拉巴特等地的阿拉伯语学会做了很多促进标准阿拉伯语进入学术领域的工作,如迪拜世界阿拉伯语大会每年都邀请国际知名阿拉伯语专家学者齐聚阿联酋,为阿拉伯语的学术化献计献策。但正如表 10-4、表 10-5 所示,在阿拉伯国家,用外语作为理工类课程媒介语的现象仍普遍存在,且授课学段呈低龄化趋势。本研究认为,缺乏专设语言机构协调、统一各语言机构和专家的意见是主要原因。

开罗、大马士革等地的语言机构和专家学者们对什么是标准的阿拉伯语、什么是精准的阿拉伯语翻译有不同的认知和解读,且每一个体都认为自己翻译出来的阿拉伯语表述是最纯正、最标准的阿拉伯语。而学术术语通常立意深远,内涵丰富,同一术语的不同阿拉伯语表述会在实际沟通中带来极大的理解误差和交流障碍。通常类似情况发生几次后,交流双方就会不自觉地主动选择用外文原文表述这一特定术语。对阿拉伯学生来说,高中学段以上的学生感受尤为明显。对此,参与本研究的多个受访者也表达了类似观点。例如,P7 认为:"即使都说标准阿拉伯语,每个国家也有自己的发音偏好,并以此彰显独特的身份认同。比如同一个音,摩洛哥人发/s/,突尼斯人发/th/,埃及人和叙利亚人发/t/。"同时,P10 指出:"就说'邮件'吧,阿拉伯语就有好几个表述,比如 brīd al-ktrūnī, rsālĭ al-ktrūnĭ, aīml,开始大家还用 brīd al-ktrūnī,现在大家都喜欢直接用 e-mail。"

10.6.2　对我国外语教育的建议

10.6.2.1　我国外语教育政策应在促进跨文化交流的同时,服务于汉语发展

研究发现,尽管阿拉伯国家努力平衡母语和外语在国家语言生活中的地位,积极构建母语的文化认同和外语的工具认同,但他们对外语工具功能的理解,造成国家外语教育规划虽没有损害外语的工具性,却削弱了阿拉伯语母语的主体性,没有实现如沙特阿拉伯阿齐兹国王提出的阿拉伯语国际服务中心旨在"向全世界推广阿拉伯语、传播阿拉伯伊斯兰文化、推动阿拉伯语的传承和与世界各主要语言的交流"的宗旨,反而造成了"阿拉伯语危机"。

基于此,建议我国在进行语言生活治理时,应该避免狭义理解外语的工具性,重视外语的文化功能,充分认识到母语教育和外语教育相得益彰、互补共生的关系。即在语言习得层面上,重视语言符号性对语言习得的影响,认识到学得好母语才能学得好外语,反之亦然;而在文化认同层面上,重视外语教育的交际工具作用和母语教育的认同思维作用。重视语言教育在文化传承和文化认同中扮演的重要角色,维护国家话语主体的社会身份和民族身份认同,在通过外语教育促进跨文化交流的同时,重视通过母语教育建构国民的知识和认知体系。对此,建议规范科学术语翻译,提升汉语的学术语言地位,增强汉语推广新知识的能力。与此同时,还应鼓励"中国学术走出去",通过中华学术精品外译等项目增强汉语创造新知识的能力。

10.6.2.2 我国应强化专设机构职能,统筹外语教育政策规划

研究发现,尽管阿拉伯语是阿拉伯 22 个国家的官方语言和国民的母语,但因缺乏统一的机构制定语言规划并负责在各国实施,导致阿拉伯语学术化这一重要语言政策目标无法实现,继而不仅严重影响了阿拉伯语的文化认同功能,还严重削弱了阿拉伯语对世界的知识贡献。须知,阿拉伯语之所以能从阿拉伯半岛古莱氏方言发展成为联合国 6 种工作语言之一,并影响了土耳其语、波斯语等多门语言,得益于阿拉伯帝国统治时期阿拉伯语的迅速传播。帝国时期,阿拉伯语不仅是政治和外交语言,还是学术语言,是科学的工具,可以用来表达最高深的科学思想和哲学概念,成为传播穆斯林文明的工具(默父,2000:310)。帝国时期,希腊、印度、波斯等学术著作的阿拉伯化在哈里发全面负责翻译的统一机构"智慧宫"中完成。"书同文、行同伦"的语言政策不仅缔造了多元、辉煌的阿拉伯伊斯兰文明,还构建了西亚、北非地区不同人群共同的阿拉伯文化认同,为现在的阿拉伯共同体奠定了基石。回顾阿拉伯语发展史,若要全面实现语言政策中期望的母语文化认同功能,亟须专设机构做统一的语言规划,并付诸实践。

相较阿拉伯国家,我国有多个部门涉及语言研究和语言教育规划管理有关的工作,这是中国语言生活管理的特点和优势,但"就领导体系而言,我国还没有专门主管外语教育的机构"(张天伟,2021)。对此,建议我国进行语言生活治理时,可强化专设语言文字管理机构的职能,统一协调规划包括外语在内的语言教育政策,并负责执行。

10.7 结语

在阿拉伯国家,对外语的工具性理解直接导致了阿拉伯人对外语语种的学习偏好以务实、实用为导向,适时而变,突出表现在阿拉伯人并不执着于某一种外语及其所承载的外国文化,而是兼容并蓄。这一开放包容的语言态度和近年来中国经济的飞速发展相互作用,为汉语进入阿拉伯国民教育体系提供了前所未有的机遇。事实上,得益于中国经济近些年来的高速发展和中阿经贸合作往来的不断深入,多个阿拉伯国家表现出强烈的"向东看"意愿,主动对接我国"一带一路"倡议,纷纷通过颁布法令、政令等方式将汉语教学纳入本

国外语教育规划。沙特阿拉伯、阿联酋、埃及等国先后将汉语纳入国家中小学教育体系。2018年,阿联酋教育部部长侯赛因·哈马迪在一次公开发言中表示,以汉语为首的新兴经济体语言,已然成为国际交流的重要语言。学习汉语将为阿联酋学生进入中国大学深造以及将来帮助阿联酋企业进入巨大的中国经济市场提供帮助。侯赛因同时还表示,以汉语为主的亚洲语言使用,提高了阿联酋的教育层次,并建议以语言为契机,加强与亚洲发展中国家在人工智能领域的合作①。对此,多名受访者也表示,汉语是"未来的语言"(P9、P12),是"世界第二大经济体的语言"(P12),是"政府鼓励民众学习的语言"(P12)。

由此,面对阿拉伯国家外语教育规划近年来出现的汉语学习者普遍化、低龄化等新的多语发展窗口期,结合其外语政策的工具认同,建议我国在汉语国际传播时淡化意识形态,突出汉语的工具性价值,积极融入阿拉伯国家现存的多语和多元文化语言生活形态,努力将汉语纳入和英语、法语、西班牙语并列的多级语言生活中,以此提升中国在阿拉伯国家的影响力,加深阿拉伯民众对中国国力的感知。

参考文献

Dearden, J. (2015). English as a medium of instruction — A growing global phenomenon. British Council. Accessed at https://www.Britishcouncil.org.

Miles, M. B., A. M. Huberman & J. Saldana. (2014). *Qualitative Data Analysis: A Methods Sourcebook* (third edition). Thousand Oaks, CA: Sage.

Merriam, S. B. (2009). *Qualitative Research: A Guide to Design and Implementation*. San Francisco, CA: Jossey-Bass.

Trofimovich, P. & L. Turuševa. (2015). Ethnic identity and second language learning. *Annual Review of Applied Linguistics* 35: 234-252.

阿卜杜·马吉德·以萨尼.(2012).阿拉伯语与语言政策规划战略.《阿拉伯语、伊斯兰大学的与时俱进研讨会》(阿拉伯语),第367页.

李宇明,王春辉.(2019).论语言的功能分类.《当代语言学》21(1):1-22.

李宇明.(2016)."语言与认同"是社会性、现实性都非常强的学术话题.《语言战略研究》21(1):64-71.

廖静.(2018).标准阿拉伯语危机现象与分析——兼谈对汉语国际传播的启示.《当代外语

---

① 参见 https://arabic.arabianbusiness.com/content/345047。

研究》(5):16-22.

马哈茂德·艾哈迈德·萨伊德.(2012).阿拉伯语、外国语在阿拉伯世界的教学情况.《大马士革阿拉伯语学会杂志》(阿拉伯语)2012(87):9-10.

马哈茂德·赛义德,等.(2011).教育阿拉伯化总体规划.《阿拉伯联盟的教育、文化和科学(突尼斯)》(阿拉伯语).

默父.(2000).《阿拉伯帝国》,西安:三秦出版社.

张天伟.(2021).我国外语教育政策的主要问题和思考.《外语与外语教学》(1):13-20.

郑咏滟、高雪松.(2016).国际学术发表的语言生态研究:以中国人文社科学者发表为例.《中国外语》(5):75-83.

第三部分

复旦模式

第十一章

复旦多语教学模式探索[①]

◎ 郑咏滟

11.1 引言

改革开放四十余年来,中国外语教育取得了举世瞩目的成就,为国家发展、社会进步做出了巨大贡献。随着中国经济、社会、文化发展经历了恢复调整、迅速发展、逐步完善等阶段,中国外语教育形成了从小学、中学、大学再到专业外语的一整套教育体系(沈骑、鲍敏,2018),我国成为了世界上的外语学习大国。根据调查[②],全国有 4.1 亿人学过至少一种外语,其中 93.8% 为英

[①] 本章内容经过修改。相关内容曾以论文形式发表:郑咏滟.(2020).综合性大学外语专业复语人才培养探索——以复旦大学英西双语模式为例.《外语教育研究前沿》3(1):8-14+86。

[②] 中国语言状况调查于 1997 年 1 月获批,2001 年 3 月完成数据收集,大部分调查结果由中国语言状况调查督导小组于 2006 年发布。

语,7.1%为俄语,2.5%为日语,另外0.3%为其他外语(Wei & Su,2012)。全国有近3.9亿人具有不同程度的英语能力,这足以证明我国外语教育,尤其是英语教育的成果。然而这一数据也体现出英语的比重过高,语种结构失衡,限制了其他非英语外语语种的发展空间①。

随着"一带一路"倡议、全球治理和共建"人类命运共同体"理念的相继提出,"建设国家语言能力"这一议题引起了政府和学界的广泛重视(如李宇明,2011;文秋芳等,2011;魏晖,2015;赵世举,2015;文秋芳,2016a)。李宇明(2011:1)率先将"国家语言能力"定义为"国家处理海内外各种事务所需要的语言能力,其中也包括国家发展所需要的语言能力"。国家语言能力包括五个方面:语种能力、国家主要语言的国内外地位、公民语言能力、拥有现代语言技术的能力和国家语言生活管理水平,其中,公民语言能力是国家语言能力在微观层面的个体实现。中国在参与和推进"一带一路"倡议和全球治理的过程中,各行各业的从业人员都需要以前所未有的开放度与来自众多国家的同行进行合作及竞争交流,仅掌握一门外语势必会削弱交流的广度和深度。李宇明(2008,2011)指出,目前外语教育的"单一外语倾向"不符合我国未来发展的外语战略,语言教育的目标应从"单言单语人"逐渐过渡到"多言多语人"。这对我国的外语教育规划提出了新要求。

为了适应不断变化的国际环境,主动服务国家发展需要,我国外语界已经意识到国家语言能力建设的重要性和迫切性。2015年,全国外语院校和综合性大学纷纷开设"一带一路"沿线国家语种专业和课程。例如,北京大学从2015年秋季正式启动"一带一路"课程项目,教授40门语言课程,对"一带一路"语言文化普及和语言人才培养起到了先锋示范作用(丁超,2017)。2018年,教育部高等教育司召开加强公共外语教学改革工作会议,提出加强非外语专业的第二、第三公共外语教学,启动了新一轮的公共外语教学改革试点工作。这些变化充分体现了我国外语教育规划从"英语独大"到"多语并进"的转型趋势。

---

① 我国外语界将联合国的6种工作语言(汉语、英语、法语、俄语、阿拉伯语、西班牙语)以及德语、日语定义为"通用语",其余的所有语言相应地统称为"非通用语",逐渐取代以往将英语之外的外语统称为"小语种"的提法。但是,本文谈及的外语语种多指英语以外的其他通用语种和非通用语种,所以用"多外语"或"非英语"来指称。

在此背景下，本文聚焦综合性大学开展外语专业复语人才的培养路径，介绍和分析复旦大学外文学院的英西双语培养模式，为促进我国高校外语复语人才培养、提升国家外语能力提供启示和建议。

11.2 高等院校多外语教育现状与挑战

为了满足国家发展需要，各外语类院校纷纷增设非通用语本科专业（董希骁，2017；文秋芳，2016b），培养非通用语专业人才。此外，高校也纷纷开设面向非外语专业大学生公共外语课程，例如上文提及的北京大学于 2015 年启动的"一带一路"课程项目。北京大学还依托元培学院，设立了外国语言与外国历史专业，积极尝试外语专业的复合人才培养模式（丁超，2017）。在"非通用语种热"的浪潮中，语言类大学或民族院校一马当先（Han et al., 2019），其他类型院校纷纷跟进。

尽管我国高等院校的多外语教育蓬勃发展，但也面临不少挑战。国内外学者，如文秋芳（2016b）、张天伟（2017）、Han et al. (2019)纷纷建言献策。英国学者保韦尔斯（Pauwels, 2011）在审视英语国家的高等院校外语教育时提出，语言教育规划的三个关键因素包括学习者、师资和课程设置。以下我们将以这三个关键因素为框架，讨论综合性大学外语专业复语人才培养模式。

11.2.1 学习者

从当今中国对外语语种的实际需求来看，英语仍然是涉外活动中使用最多的语言，英语作为国际通用语的地位几乎无法撼动（戴曼纯，2016）。英语的工具性和实用性大大高于其他语种，因此，英语能力在就业市场上成为无可取代的硬核能力。各个语种在语言市场（linguistic market）中并非平等，而是由各自携带的语言资本构成层级结构（Park & Wee, 2012），英语处于这个语言层级的顶端，形成了一种"英语 vs. 非英语"的结构性不平等。非英语外语专业就业面相对较窄，发展机会相对较少，本科毕业生专业对口就业率偏低（Han et al., 2019；董希骁，2017），甚至出现非通用语专业学生需要凭借英语能力找工作的情况（Wang & Zheng, 2021），大大打击了学生选择非英语语种作为专业的积极性。英语能力扮演着"守门员"（gate-keeper）的角色，即学生必须首先拥有英语能力才能谈及其他语种能力，否则便会催生内心的巨大焦虑(Zheng et al., 2019)。同时，非英语语种的学习资源较少，学习者很难接触到，也很难激发其学习兴趣。由此可见，学生的个人需求和国家语言教育规划的战略需求形成了显性冲突，而如何调和这对矛盾是多外语教育规划首先需要面对的挑战。

我国非英语外语专业的生源也是多外语教育发展需要面对的挑战。非英语外语专业的生源主要来自高考招生，只有部分高校能招收少量语种的高起点保送生，难以选拔出具有语言天赋、学有所长的学生进入非英语外语专业学习，有些学生甚至因不适应外语学习而退学(张天伟，2017)。在某些省市，许多非英语语种专业采用提前录取的方式，有些学生为了进入知名大学而无奈选择进入该语种专业学习，最终学习缺乏内驱力(Wang & Zheng, 2021; Zheng et al., 2019)。

11.2.2 师资

师资问题是世界一流大学外语教育项目普遍面临的问题(Pauwels, 2011)，我国亦不例外。英语教育在近30年间逐渐普及，而非英语外语教育的发展时间短、速度快，师资短缺成为相关院校普遍面临的问题。以北京外国语大学欧洲语言文化学院为例，截至2016年底，教育部批准的23个非通用语学位项目中，有8个项目均只有一名专职教师，其他项目的专职教师也不超过3名(董希骁，2017)。又如，天津外国语大学亚非语学院有14个非英语语言项目，但总共只有36名专职教师，每个项目的专职教师平均人数不到3名，泰语、缅甸语、柬埔寨语、豪萨语和印地语专业均只有一名专职教师(Han et al., 2019)。同时，由于某些语种专业教师的学历层次偏低，后续师资培训的力度也未能及时跟上，繁重的教学任务使教师没有足够的时间进行学术研究。然而，学术发表恰恰是现今高等教育国际竞争态势下学者个人不可或缺的符号资本(Zheng & Guo, 2019)，科研能力不足成为非英语外语教师职业发展的最大障碍，也为今后我国多外语教育宏观发展埋下了隐患(Han et al., 2019; Tao et al., 2019)。

在师资不足的情况下，很多非英语外语专业转而聘请外籍教师，但外籍教师缺乏稳定性，全外文授课使教学质量、价值观等方面难以得到监督(董希骁，

2017)。笔者所在的复旦大学外文学院开设了丹麦语选修课,聘请的丹麦外教使用英语对初学者授课,而有的学生恰恰因为英语不够好,难以跟上进度,最终放弃了丹麦语的学习。这从一定程度上助推了英语在中国多外语课堂环境中的"守门员"作用,体现出英语作为通用语和其他非通用语之间的张力(Zheng et al., 2019)。

11.2.3 课程设置

课程设置涵盖正规学校教育的诸多方面,包括语种分布、项目结构、预期目标、教学内容等(Pauwels,2011)。近几年我国的非英语外语教育虽发展迅猛,却也存在一哄而上的问题,缺乏顶层设计和统一规划,导致某些紧缺语种开设不足,部分语种重复建设,学生就业出现问题(文秋芳,2016b;董希骁,2017;张天伟,2017;沈骑,2019),这些均体现了课程设置中语种分布规划不足的问题。在谈及我国多外语教育的不足时,有学者往往以美国高校的外语语种开设能力为参照标尺(戴曼纯,2012,2016;张天伟,2017)。2009 年,美国高校开设的语言课程覆盖了 259 种语言,包括 244 种非通用语(张天伟,2017),但是,这种比较忽略了美国作为一个移民国家,其外语教育发展和其移民人口分布息息相关。宫同喜(2019)考察了美国高校外语学习者与美国境内各语种移民的数量关系,发现当今美国高校开设的主要现代外语大都是移民人群使用的祖语。因此,美国高校的外语教育除了传承文明、促进国际交流、维护国家安全等,还承担了服务社区移民语言需求的功能,这与中国高校外语教育显著不同。中国外语教育始终围绕国家改革开放,主动服务全球治理和"一带一路"建设(沈骑、鲍敏,2018;沈骑,2019),所以更应该立足本土需求,注重开设语种的实际效用。

除了语种布局,语言学习的能力目标也难以校准。文秋芳(2016b)指出,北京大学在全校范围内开设的非通用语选修课既无密度,又无强度,学生通过一年半的选修仅能达到《欧洲语言共同参考框架:学习、教学、评估》(简称《欧框》)中初级学习者 A2 的水平,到真正需要使用时很难发挥沟通交流作用。另一方面,很多非英语外语专业的课程设置为了增强吸引力,纷纷引入了"多语种+"的复语型、复合型人才培养模式,如北京外国语大学推行的"非通用语+通用语"的模式(苏莹莹,2017),天津外国语大学推行的"非通用语+第二学位(经济学、管理学或法学)"的模式及上海外国语大学提出的"非通用语＋英语＋相近外语"的模式(如波斯语专业的学生需要同时学习英语和与波斯语相近的土耳其语)三种外语培养目标,但是,文秋芳(2016b)、Han et al.(2019)都对这些培养目标提出了质疑,认为零起点的外语学习需要大量的投入和时间,在现有高校外语专业学制框架下,四年掌握一门语言已属不易,遑论再掌握一门以上语言或另一个专业。由此可见,针对非语言类专业学生的学习目标过低,而针对语言类专业学生的培养目标又过高,这些问题亟待科学论证。

由以上分析可见,在全球英语的强势影响下,外语教育界固然意识到增加外语语种、推广多外语教育的迫切性,但是在具体操作层面,如何吸引学习者投入非英语外语学习,如何保证师资质量,如何有效布局语种并设置合适的能力目标,都是外语教育规划者需要审慎思考的问题。与此同时,非通用语教育的主力军依然是外语类大学和民族院校,其他类型院校的参与度有限。综合性院校的优势在于其专业设置全面,文、理、工、医的专业领域人才培养路径完备。培养具有多种外语能力的国际化人才需要逐渐从原有的"语言＋专业"模式扩展到"专业＋语言"模式(沈骑,2019),这就需要不同类型的院校参与进来,探索新型复合型人才培养模式。复旦大学外文学院作为综合性大学的外语人才培养基地,逐渐形成了"一体双翼"的多外语人才培养模式。

11.3 复旦大学外文学院"一体双翼"多外语人才培养模式

复旦大学外文学院从 2011 年开始实施多元化、多层次的大学外语课程体系,其中一项重要举措就是根据复旦大学国际化人才培养发展战略,充分考虑部分学有余力的学生对第二外语学习的需求,从单一英语能力培养过渡到多语种外语能力培养(季佩英、范烨,2017),逐步形成"一体双翼"的多外语教学体系。

一方面是面向全校非外语类专业学生,由外文学院大学英语教学部牵头为全校本科生开设了法语、德语、俄语、日语、朝鲜语、西班牙语、葡萄牙语等第二、第三外语公共课程。2016 年 3 月,复旦大学外文学院成立了多语种中心,专门负责全校学生的第二、第三外语公共课程,在原有语种的基础上又增开了瑞典语、丹麦语、现代希伯来语、阿拉伯语,选课人数达到每年 3 000 人次左右。

从 2019 年 9 月开始,多语种中心推出了"德语""法语"系列的第二外语课程,并嵌入了复旦大学"2+X"本科培养体系,在各个专业学生中推进公共外语选修,培养既懂专业又通外语的"一精多会""一专多能"国际化人才。

另一方面是面向外语类专业学生的复语能力培养。以下将对照保韦尔斯(Pauwels,2011)提出的学习者、师资、课程设置三个关键因素,重点评析复旦大学外文学院的"英西双语"专业人才培养模式。

11.3.1 "英西双语"专业人才培养的规划和实施

复旦大学外文学院从 2015 年开始在英语专业试点开展"英西双语"人才培养。选择西班牙语作为第二外语主要有以下三点考虑。首先,西班牙语在当今世界是一门区域通行语言,是联合国 6 种工作语言之一,也是一些重要的国际经济、政治组织的官方语言。其母语使用人数超过五亿,仅次于汉语,在使用广度上仅次于英语;西班牙语作为外语学习和第二语言使用的人数在全世界也名列前茅(曹羽菲,2015)。鉴于西班牙语在国际事务中的重要性,西语能力是我国公民积极参与国际事务和全球治理需要具备的重要外语能力。其次,近年来我国和西班牙、拉丁美洲的经贸往来不断升温,人员交往日益频繁,西班牙语人才的社会需求逐年增加,毕业生都有比较好的出路(郑书九等,2011),体现了学习西班牙语对个人的实用价值。前期我们对英语专业学生进行了摸底调查,结果显示他们对西班牙语有较高的认知度,学习意愿较强。最后,复旦大学外文学院从 2015 年开始筹划恢复西班牙语言文学系,并于 2017 年恢复建制,师资充足,有能力为英语专业开设西班牙语第二外语课程。

从 2015 年 9 月开始,在时任外文学院院长曲卫国教授的推动下,复旦大学外文学院开始实施"英西双语"培养计划。具体做法如下:

> (1) 在《高等学校英语专业英语教学大纲》和《英语专业本科教学质量国家标准》对第二外语课程规定的框架下,将原计划在第五、第六和第七学期讲授的 12 学分第二外语(西班牙语)课程调至第三和第四学期完成,每学期 6 学分,每周 6 学时,对英语专业二年级学生进行密集授课。学生在正常的英语学时外,一学年课堂学习加课外辅导共约 250 小时。学生课外平均每周会花 5 至

10小时来巩固和提高西班牙语语言能力。因此,这是一种双外语密集学习模式。

(2) 完成一学年的西班牙语密集学习后,学生在自愿的基础上任选西班牙三所知名大学(马德里自治大学、阿尔卡拉大学和格拉纳达大学)中的一所进行一学期的海外交流。由于英语专业学生有学分转换的基本要求,因此,学生需要到对方大学的英语语言文学系进行交流,修读英语专业相关课程,同时外文学院也与对方大学商定,学生可以付费修读对方大学提供的西班牙语语言课程,每周6学时,继续通过密集的语言课程巩固西班牙语语言能力。

复旦大学外文学院的"英西双语"人才培养模式从2016年9月开始实施,至2020年的四年里,共计70人参与。对这些学生的跟踪调查显示,他们在大学二年级下学期举行的英语专业四级考试中的平均分为84.2,均达到了"优秀"等级,说明密集的西语学习并未影响学生的英语学习,其英语学习也取得了良好效果。同时,学生的西语水平在密集学习模式下得到了巩固。结束海外学习回国之后,学生的西语水平基本处于《欧框》中级水平B1—B2级别,在后续访谈中学生均表示有意愿继续学习西班牙语,向成为独立使用者的方向努力。不难看出,在该模式下培养的学生的第一外语和第二外语均达到了比较理想的水平。

11.3.2 "英西双语"模式特色剖析

前文提及我国多外语教育规划面临着学习者、师资和课程设置三个方面的挑战。以下将从这三个方面分析复旦大学"英西双语"模式如何应对这些挑战。

第一,综合考虑学习者因素。为了调和学生的个人需求和国家语言教育规划的战略需求之间的显性冲突,我们采取了两个做法:其一,在英语水平较高的英语专业学生群体中进行复语人才培养模式探索。外文学院英语专业的学生中有80%由全国外国语中学保送,学生本身英语水平较高、语言学习能力较强,可以完成繁重的双外语学习任务并取得较好成效。同时,由于他们已经具有较高的英语水平,社会上普遍存在的缺乏英语技能引起的对自身竞争力不足的焦虑往往不会对他们造成太大影响。其二,我们选择了实用价值更高的西班牙语作为第二外语,利用语言的工具型价值吸引学生自愿加入密集的复语学习项目,以规避体制压力可能带来的内驱力缺失风险。文秋芳(2016b:29-30)建议,协调国家或社会需求、兼顾个人发展和语言学习的内在规律,一方面可以通过宏观控制和顶层设计进行调节,另一方面"在志愿的基础上挑选具有语言天赋的学生,让其学习多语或'非通用语+其他专业'"。实践证明,这项建议非常适切。我们追踪这批学生发现,与西班牙语专业学生相比,英语专业学生学习西语的内驱力更强,通过双外语学习的积极体验更能构建出鲜明的多语使用者身份(Zheng et al., 2019;鹿秀川、郑咏滪,2019)。

第二,保证高质量师资。复旦大学外文学院实施的"英西双语"模式是基于现有的师资和国际化资源。作为一所综合性大学的外文学院,其外语语种开设数量并不算多。因此,我们战略性地在已有的外语专业中选取第二外语,而非凭空选择没有前期基础的外语项目进行试点。西班牙语二外课程建设与西班牙语恢复建系的筹划活动同步进行。复旦大学西班牙语系现有一名正高级职称教师,所有年轻师资均具有西班牙语博士学位。就全国西语专业师资平均水平来看,其年龄分布、学历职称情况都相对较好,有效避免了师资不足或不稳定可能带来的潜在问题。同时,外文学院得到了西班牙桑坦德银行的资金支持,聘请了塞万提斯学院派驻的西班牙语外教,在校内开设了关于拉美国情、拉美社会文化等通识类课程,为培育更大的西班牙语二外学习群体奠定了基础。因此,复语人才培养的成功取决于该语种项目的内功和外援,二者缺一不可。

第三,创新课程设置。首先,我们改变了英语专业传统的为期三个学期、每周四个学时的第二外语课程设置。根据文秋芳(2016b)的建议,我们增加了第二外语课程的频次,改为两个学期、每周六个学时的第二外语课程设置。其次,在课程设置方面突破传统思维,在培养多语能力的方针指导下将英语专业学生送到非英语国家大学的英语系进行交流。复旦大学与世界上250多所大学签订了海外交流协议。外文学院在校际框架内积极拓展与多所西班牙大学的国际交流,打破了"英语专业学生去英语国家交流"的传统思维。该项举措从本质上突破了"单语思维"的束缚,将英语视作国际通用语而非英语本族语者的语言(Zheng,2014),充分考虑到了学习者的多语能力库存和多语能力发展需求。学生在双外语学习中的学习目标也符合实际,从学习过程中能够获得成就感,从而进一步促进了他们的多外语学习。

总之,该模式符合本校本院的办学特色和实际条件,扎根于综合性大学本身的特色,积极拓展海外交流,使多外语人才培养得以落实。在"英西双语"模式成功的基础上,外文学院有计划陆续推出"英法双语""英德双语""英日双语"模式,进一步拓展多外语人才的培养宽度。

11.4 结语

当今世界跨国移民、文化交流日益频繁,多语制已成为一种新常态。然而,近年来国际形势多变,英国脱欧和美国特朗普政府的孤立主义加剧了未来世界范围内高等院校多外语教育的不确定性(Lanvers *et al.*,2018)。与之相反,在全面参与全球治理、积极构建"人类命运共同体"的目标指引下,我国外语教育在新型复合型国际人才培养、高端外语人才培养和中国国际话语权的构建等方面不断谋求新的举措和新的发展。其中,丰富外语教育语种、提高公民多种外语能力和构建具有中国特色的多语能力人才培养体系是重要的组成部分。本文着重介绍了复旦大学外文学院针对外语类专业学生的"英西双语"复语型人才培养模式,其特点在于挑选语言学习能力较强、英语水平较高的学生,利用现有师资和语种建设力量选取适合本校、本专业的第二外语,设置密集的第二外语课程,并结合海外交流项目全面提升学生的双外语能力。

中国外语学习人口数量庞大,我国的外语教育改革很可能成为在亚洲推进多语种教育的先行者,甚至能够最终打破世界多语教育的现有格局。外语类院校、民族院校、综合性院校和理工类院校在多外语教育规划和发展中都各具特色,亟待探索出满足国家需要、推动国家外语能力建设的多外语人才培养新路。

参考文献

Han, Y., X. Gao & J. Xia. (2019). Problematising recent developments in non-English foreign language education in Chinese universities. *Journal of Multilingual & Multicultural Development* 40: 562-575.

Lanvers, U., H. Doughty & A. S. Thompson. (2018). Brexit as linguistic symptom of Britain retreating into its shell? Brexit-induced politicization of language learning. *The Modern Language Journal* 102: 775-796.

Park, J. S. -Y. & L. Wee. (2012). *Markets of English: Linguistic Capital and Language Policy in a Globalizing World*. New York: Routledge.

Pauwels, A. (2011). Future directions for the learning of languages in universities: Challenges and opportunities. *The Language Learning Journal* 39: 247-257.

Tao, J., K. Zhao & X. Chen. (2019). The motivation and professional self of teachers teaching languages other than English in a Chinese university. *Journal of Multilingual & Multicultural Development* 40: 633-646.

Wang, Z. & Y. Zheng. (2021). Chinese university students' multilingual learning motivation under contextual influences: A multi-case study of Japanese majors. *International Journal of Multilingualism* 18(3): 384-401.

Wei, R. & J. Su. (2012). The statistics of English in China. *English Today* 28(3): 10-14.

Zheng, Y. (2014). A phantom to kill: The challenges for Chinese learners to use English as a global language. *English Today* 30(4): 34-39.

Zheng, Y. & X. Guo. (2019). Publishing in and about English: Challenges and opportunities of Chinese multilingual scholars' language practices in academic publishing. *Language Policy* 18: 107-130.

Zheng, Y., X. Lu & W. Ren. (2019). Profiling Chinese university students' motivation to learn multiple languages. *Journal of Multilingual & Multicultural Development* 40: 590-604.

曹羽菲.(2015).全球化背景下西班牙语言教育战略变革方略探析.《语言政策与语言教育》(1):50-55.

戴曼纯.(2012).以国家安全为导向的美国外语教育政策.《外语教学与研究》(4):585-595.

戴曼纯.(2016).我国外语人才需求抽样调查.《外语教学与研究》(4):614-624.

丁超.(2017).对我国高校外语非通用语种类专业建设现状的观察分析.《中国外语教育》(4):3-8.

董希骁.(2017)."一带一路"背景下我国欧洲非通用语种人才培养刍议.《中国外语教育》(2):8-15.

宫同喜.(2019).20世纪中期以来美国高校外语教育语种布局的移民人口因素分析.《复旦外国语言文学论丛》(1):1-11.

季佩英,范烨.(2017).多元化多层次大学外语课程体系设置与实践——以复旦大学为例.《中国外语教育》(3):9-16.

李宇明.(2008).当今人类三大语言话题.《云南师范大学学报(哲学社会科学版)》(4):21-26.

李宇明.(2011).提升国家语言能力的若干思考.《南开语言学刊》(1):1-8.

鹿秀川,郑咏滟.(2019).中国大学生英西双语动机探索研究.《复旦外国语言文学论丛》(1):28-36.

沈骑.(2019).新中国外语教育规划70年:范式变迁与战略转型.《新疆师范大学学报(哲学社会科学版)》(5):68-77.

沈骑,鲍敏.(2018).改革开放以来的中国外语教育规划.《语言战略研究》(5):21-31.

苏莹莹.(2017)."一带一路"非通用语人才培养模式的思考与探索.《中国外语教育》(2):3-7.

魏晖.(2015).国家语言能力有关问题探讨.《语言文字应用》(4):35-43.

文秋芳.(2016a).国家语言能力的内涵及其评价指标.《云南师范大学学报(哲学社会科学版)》(2):23-31.

文秋芳.(2016b)."一带一路"语言人才的培养.《语言战略研究》(2):26-32.

文秋芳,苏静,监艳红.(2011).国家外语能力的理论构建与应用尝试.《中国外语》(3):4-10.

张天伟.(2017).国家语言能力视角下的我国非通用语教育:问题与对策.《外语界》(2):44-52.

赵世举.(2015).全球竞争中的国家语言能力.《中国社会科学》(3):105-118.

郑书九,刘元祺,王萌萌.(2011).全国高等院校西班牙语专业本科课程研究:现状与改革.《外语教学与研究》(4):574-582.

第十二章

中国学生多外语语音习得的路径研究[①]

◎ 刘佳琦　鹿秀川　曾　婷

12.1 引言

第三语言(L3)习得(Third Language Acquisition,TLA)的过程中,学习者会受到他们的母语(L1)或第二语言(L2)的影响(Williams & Hammarberg, 1998; Cenoz et al., 2001),这种影响在语音习得方面尤为明显(De Angelis, 2007; Onishi, 2016)。虽然,母语与非母语迁移在 L3 语音学习领域已经受到了一些关注,但在早期的研究中,母语迁移仍然被认为是影响 L3 习得的最主要因素,跨语言迁移因素并未得到足够重视(Ringbom, 1987; Pyun, 2005)。并且相对 L3 词汇和形态语法研究而言,L3 的语音习得研究是一个年轻的学科分支,还有较大的研究空间(Hammarberg & Hammarberg, 2005; Llama et al., 2010)。因此探究多语语音习得路径并厘清多语语音习得中的关键问题,既能为 L3 习得框架的构筑添砖加瓦,也能为多语环境中的语音教学实践提供科学可行的方案。

塞音是唯一为所有语言具备的辅音音类(Henton et al., 1992: 65),可以此作为切入点深入考察多外语语音习得路径的跨语言迁移现象。尤其在外语

[①] 本章内容经过修改,相关内容曾以论文形式发表于 Liu J. Q., T. Zeng & X. C. Lu. (2019). Challenges in multi-language pronunciation education: A cross-linguistic study of Chinese students' perception of voiced and voiceless stops. *Circle of Applied Linguistics for Communication* 79: 99-118.

学习初期,目标语清浊塞音体系习得对教学者和学习者往往是一个难点。以往的塞音习得研究,大多以母语背景各异的英语学习者为研究对象(Flege,1992)。在二语习得(Second Language Acquisition,SLA)研究文献中,关于L2塞音习得研究已有丰硕的成果。大量实验研究证明L1的音系特征对L2塞音VOT值的迁移影响(如Flege,1987;Flege & Hillenbrand,1987)。高级二语学习者能够区分母语与目标语言的相应VOT区间,其生成的L2VOT值也更接近于母语者(Caramazz et al.,1973;Flege,1987,1991)。然而,迄今为止鲜有研究探索第三语言习得中的语音发展模式,该领域的研究在深度和广度上都有待提高(Trembley,2007;Llama et al.,2010;Wunder,2010;Wrembel,2014;Liu,2019)。

随着中国外语教学环境的变化,第二语言习得框架下的语音习得研究成果显然已经无法全面地解释和预测多外语环境下的塞音习得问题。本研究针对中国大学中,除英语外,学习人数较多的日语、俄语、西班牙语专业的学习者,开展了清浊塞音感知习得跨语言研究。本研究旨在,比较中国学生的L3塞音种类感知差异,明确学习者的多语背景对L3塞音感知的影响,从而厘清多外语语音习得的路径。

12.2 文献综述

本研究从以下三个方面阐述以往的相关研究成果。第一,归纳并比较L1汉语普通话、L2英语、L3日语/俄语/西班牙语的塞音体系异同;第二,总结以往的塞音习得研究成果;第三,阐明本研究的理论框架。

12.2.1 L1、L2、L3的塞音体系

学界一般通过观察塞音的持阻阶段声带振动①(prevoicing)和除阻后的送气性(aspiration),来判断语言系统中的塞音音位对立。本研究的参与者以汉语普通话为L1。吴宗济(1988)从生理和声学的角度综合分析了汉语普通话

---

① 文中的带音性(prevoicing),是指浊塞音持阻阶段的声带振动现象。

的送气和不送气塞音体系①。值得关注的是,文中明确指出中国人区别汉语普通话的送气音和不送气音的关键是气流量的大小。学习者 L1 的清浊塞音嗓音起始时间 Voice Onset Time②(VOT)如表 12-1 所示,从中作者发现汉语普通话塞音体系中,清送气音的 VOT 值区间为 92.5 ms 至 102 ms,清不送气音的 VOT 值区间为 6 ms 至 14.5 ms(表 12-1 参照了鲍怀翘、林茂灿,2014)。

表 12-1　汉语普通话的送气音和不送气音的 VOT 平均值

有声性	调音部位	送气性	VOT
无声	双唇 Labial [p^h]	送气	92.5 ms
无声	齿龈 Alveolar [t^h]	送气	102 ms
无声	软腭 Velar [k^h]	送气	96.5 ms
无声	双唇 Labial [p]	不送气	7.5 ms
无声	齿龈 Alveolar [t]	不送气	6 ms
无声	软腭 Velar [k]	不送气	14.5 ms

在中国的外语教学环境中,英语是主导的外语(Chang,2006),在大学期间开始第三语言(L3)学习的学生通常都有英语作为第二语言(L2)的学习经历。Lisker & Abramson(1964)的实验结果证明,英语的词首浊塞音常常不伴随声带前振,即持阻时声带不振动。克拉特(Klatt,1975)和多彻蒂(Docherty,1992)的研究发现,英语母语者的词首浊塞音都不伴随声带前振,VOT 为正值(表 12-2)。Ladefoged & Keith(2011:57)明确指出,英语词首的 p、t、k 是清送气音,而 p 和 b 的主要区别并不在于清浊,而在于是否送气。英语中的/p/是伴随送气的清音,而/b/是不送气(或者浊音)塞音。/b/是否是浊音,主要取决于 b、d、g 在单词中所处的位置。大多数英语母语者的词首塞音 b、d、g 发音中,持阻阶段声带不振动,VOT 为正值。

---

① 汉语方言的清浊塞音体系较为复杂(赵元任,2011)。例如,吴方言分为清送气塞音、清不送气塞音、浊塞音,均自成音位,具有区别意义的功能。本研究的对象是以汉语普通话为母语的学习者。

② Voice Onset Time 是指除阻至嗓音起始的时间(the interval between the release and the onset of vocal fold vibration),是决定塞音有声性的重要特征(Lisker & Abramson 1964; Abramson & Lisker 1970; Abraham 1977)。

表 12-2 英语词首塞音的 VOT 平均值

	Klatt(1975)	Docherty(1992)
/p/	47 ms	42 ms
/t/	65 ms	64 ms
/k/	70 ms	63 ms
/b/	11 ms	15 ms
/d/	17 ms	21 ms
/g/	27 ms	27 ms

与汉语、英语的塞音体系相比,日语、俄语、西班牙语的塞音体系各有不同。(1)日语的词首塞音呈两分,分别是清送气音[pʰ、tʰ、kʰ]和浊音[b、d、g](《国际音标使用指南》1999:117)。清水克正(1993)针对 6 种亚洲语言的词首清浊塞音的有声性声学特征进行了调查。结果显示:日语的词首塞音 VOT 平均值分别为[b]-89 ms,[pʰ]41 ms。(2)俄语的清塞音为清不送气音,浊塞音的持阻阶段伴随声带振动(Lisker & Abramson, 1964; Kulikov, 2012)。(3)西班牙语的清塞音 p、t、k 在除阻后紧跟着元音,送气段较短,而浊塞音呈现明显的声带前振特征(Abramson & Lisker, 1973; Ladefoged & Sandra, 2012)。

归纳上述研究成果,作者将五种语言中具有区别意义功能的清浊塞音音位加以整理。本研究所涉及的五种语言中,L1 汉语普通话和 L2 英语的词首塞音通过送气性来区分音位,而 L3 日语、俄语和西班牙语则通过持阻阶段有无声带前振来区别清浊塞音音位。

12.2.2 塞音习得研究

在二语塞音习得研究领域,James Emil Flege 针对不同母语背景的英语学习者开展了大量实证性研究。弗利奇(Flege, 1992: 577)发现,学习者的母语塞音体系与英语塞音习得有着密不可分的关系。如果学习者母语的清塞音 VOT 值较小,那么英语中介语的清塞音 VOT 值也较小,或者发音介于母语与英语之间。在感知方面,博恩和弗利奇(Bohn & Flege, 1993)的研究发现,在习得早期阶段,西班牙人英语学习者的词首塞音感知正确率与 L1、L2 的塞音类别映射关系有关,而不是单纯地取决于塞音 VOT 值。在针对中国人学习者开展的研究中,弗利奇(Flege,1992:568)证明,中国人英语学习者在习得早期不能感知/p/和/b/的声学区别,无法分辨英语的清浊塞音。福冈昌子(福岡昌子,1995)、刘佳琦(劉佳琦,2011)针对中国人的日语清浊塞音感知习得进行了实证研究,结果证明清浊塞音双向混淆现象明显,元音间塞音的感知和生成尤为困难。刘佳琦(劉佳琦,2011)认为清浊塞音之所以难以分辨,可能是受到了母语与二语音系结构的差异性和相似性的共同影响。

在第三语言习得研究领域,也有研究将视线聚焦于塞音 VOT 模式习得,并取得了一些成果(Trembley,2007;Llama et al.,2010;Wrembel,2014)。比较值得一提的是 Wrembel(2014)的研究,该研究通过探索第三语言学习者的塞音 VOT 模式的相互作用现象,来阐释语音习得中的跨语言影响因素。文中介绍了两个平行研究,语言组合分别为:(1)L1 波兰语,L2 英语和 L3 法语;(2)L1 波兰语,L2 英语和 L3 德语。研究通过比较多语学习者在三种语言系统中的 VOT 值,揭示了多语学习者的独特 L3 中介语 VOT 模式。该研究参与者的 L1 与 L2 清塞音结构之间存在较大差异性,他们产出的 L3VOT 值均介于 L1 和 L2 平均 VOT 之间,呈现折中值。L3 学习者很有可能受到 L2 英语清塞音的较长 VOT 特征的影响。该研究结果在一定程度上证实了 L3 习得中跨语言影响的假设。除此之外,该论文还提出学习者在学习三门或更多外语时,表现出更强的元语言意识。他们主动地建立新外语音系格局,以区别母语或已经获得的其他外语。但遗憾的是该研究只观察了清塞音 VOT 模式,却没有全面地分析 L1、L2、L3 清浊对立音系结构的习得模式以及其中的跨语言影响。并且该研究只分析了塞音习得中的产出模式,并没有涉及塞音类别感知模式。作者认为只有全面剖析学习者的清浊塞音对立体系的感知与产出双模态的发展特征,才有可能捕捉多外语语音习得路径的全貌。

12.2.3 理论框架

无论是 SLA 还是 TLA,学者在预测或分析习得表征时,总是围绕着语言的差异性和相似性这两个关键词。早期研究认为习得难易度取决于目标语言与母语的差异性,差异越大,习得越难。拉多(Lado,1957)提出的对比分析假说(The Contrastive Analysis Hypothesis,CAH),通过比较母语和目标语言的差异,来预测和解释习得现象。埃克曼(Eckman,1977)在 CAH 的基础上提出了标记性差异假说(Markedness Differential Hypothesis,MDH),尝试用语言的标记性(markedness)特征来解释语言习得的差异性问题。之后埃克曼(Eckman,1991)进一步改良了 MDH,提出中介语结构一致性假说(Interlanguage Structural Conformity Hypothesis,ISCH)。以上这些理论假说的讨论核心在于语言之间的差异性。当目标语言的特征与母语存在差异时,学习者将难以习得。然而在实际习得研究过程中,作者发现有些习得现象无法单从语言之间的差异性来预测和解释。

20 世纪 70 年代始,奥勒和兹亚荷塞尼(Oller & Ziahosseiny,1970)提出 L1 和 L2 的相似性给语言习得带来的影响。该研究认为,L1 与 L2 相比,不同的语言现象比相似的语言现象容易习得。之后,费利奇(Flege,1987)提出了等价分类(equivalence classification)的概念。他认为,相似的语言现象之所以难以习得,是因为学习者通过分类,认为这类目标语言现象与母语相同,因此习得停滞。反而是那些新的或与母语相差较大的语言现象容易被学习者察觉到,因此习得更快。费利奇(Flege,1995)的言语学习模型(Speech Learning Model,SLM)总结道:"L2 音与最接近的 L1 音之间的语音差异越大,就越有可能分辨出两者之间的语音差异。"(The greater the perceived phonetic dissimilarity between an L2 sound and the closest L1 sound, the more likely it is that phonetic differences between the sounds will be discerned)"(Flege,1995:239)。该模型还指出 L2 学习者有可能创建一个中介语类别,该类别可能偏离 L1 和 L2,通过"妥协"或"混合"VOT 值来区别两种语言。梅杰和金姆(Major & Kim,1999)在弗利奇的研究基础上,提出了相似性差别率假说(Similarity Different Rate Hypothesis,SDRH),对语言习得的差异性和相似性作了进一步的探讨。相似度较低的语言现象较早习得,而语言的标记性特征是一个中介因素。换言之,给习得带来不利影响的是语言间的相似性,而非差异性。陈(Chan,2014)调查了粤方言 ESL 的英语语音感知习得情况。研究结果显示,粤方言 ESL 的英语感知与母语和英语的语音相似度存在密不可分的关系,并且证实了相似性对目标语言语音习得的不利影响。以上这些研究都证明了 L1 和 L2 的相似性不利于习得。

在此基础上,林邦和贾维斯(Ringbom & Jarvis,2009:106)从跨语言习得和教学的角度进一步剖析了跨语言相似性的重要影响。他们指出语言间相似性对学习者的语言学习和表达的影响比差异性更直接。学习者不断尝试在目标语言和先前获得的任何语言之间建立联系，且更倾向于寻找相似之处，而不是差别。研究还指出了学者必须分清实际相似性和假定相似性。实际相似性可以在语言学层面进行研究，而假定相似性则发生在学习者的认知层面。学习者会建立过度简单化的跨语言映射关系，即假定的相似性关系，以减少习得工作量，这样的操作往往不利于习得。

根据上述文献综述，作者得知先前的塞音习得研究主要关注于 L1 母语迁移，且大多以英语学习者为研究对象。虽然也有研究通过声学实验验证了塞音习得中的跨语言影响，但成果还存在一定局限性。在中国大学外语教育环境中，多外语学习者大多拥有 10 年以上的英语学习经历，多语教师和学习者面临的是复杂的语言环境。弄清中国学生的多外语语音习得路径就是研究团队的研究初衷。本研究以汉语普通话母语者为研究对象，研究他们在习得不同 L3 塞音类别感知时的特征及其成因。另外，本研究聚焦学习者 L1、L2、L3 间存在的清浊对立音系结构的差异性和相似性特征，分析 L3 塞音类别感知中的跨语言影响。以下是本研究的两个研究问题。

(1) 学习者的 L1、L2 音系结构是否会影响 L3 清塞音感知？如何影响？
(2) 学习者的 L1、L2 音系结构是否会影响 L3 浊塞音感知？如何影响？

12.3 研究方法

12.3.1 实验参与者

本章节中感知实验的参与者一共有 58 名，其中女性 46 名，男性 12 名，年龄在 18 岁至 20 岁。参与者都拥有健全的听觉和发音能力。参与者包括日语学习者 20 名，俄语学习者 19 名，西班牙语学习者 19 名。他们分别是中国大学的日语、俄语、西班牙语专业的学生，进入大学才开始学习该外语，学习时间为 1 个月。他们已完成外语发音和书写阶段的学习，均为初级外语学习者。本研究对参与者的出生地和家庭语言做了严格限定。参与者均在中国北方或西北方方言片区出生生活。其母方言的塞音体系与汉语普通话一致。参与者均拥有 10 年以上的英语学习经历。本实验的参与者可以分为以下三组：

(1) L1 汉语普通话,L2 英语,L3 日语(N=20);
(2) L1 汉语普通话,L2 英语,L3 俄语(N=19);
(3) L1 汉语普通话,L2 英语,L3 西班牙语(N=19)。

感知实验的语音刺激分别由日语、俄语、西班牙语母语者男女各 1 名(共 6 名)提供。语音刺激提供者的年龄在 25 岁至 45 岁,他们是在华留学生或外语教师。他们的成长地分别为,日语母语者:东京、大阪;俄语母语者:莫斯科、莫斯科,西班牙语母语者:塞哥维亚、马拉加。

12.3.2 实验语料

实验的语音刺激为日语、俄语、西班牙语各 24 个,另外增加了 50%(12 个)的非刺激语。这些语音刺激分别由相应语种母语者男女各 1 名朗读,因此每个语种各有 48 个语音刺激被用于感知实验。刺激具体为双唇音 p、b,齿龈音 t、d,软腭音 k、g,分别位于单音节、双音节词的词首位置。塞音后续元音统一为[a],语音刺激中没有重音音节。语音刺激请见本章末附表。

12.3.3 实验步骤

12.3.3.1 实验刺激的设计

作者将 48 个语音刺激分别放入相应语言的承载句,日语"これは_____"、俄语"Вот_____"、西班牙语"Es_____"。每个语音刺激让母语者朗读 3 遍,切取第二次发音作为感知实验的语音刺激。录音在安静的隔音环境中进行,录音设备为 TASCAM DR-44WL 线性 PCM 录音器(采样频率 44.1 kHz,量子水平 16 bit),AKG C544L 头戴式电容麦克风。音频保存为.wav 文件,以备声学分析。

本研究利用 Praat 6.0(Boersma & Weenink,2009)制作了感知实验的语音刺激。首先实验者在语音刺激前插入了 400 ms 空白音频,以控制前后刺激间保持一定间隔。然后加入基频为 500 Hz,时长为 400 ms 的合成音作为实验起始信号,以唤起参与者的注意。随后又添加了 1 000 ms 空白音频,以确保参与者有足够的时间观察并理解电脑屏幕上显示的选项。

12.3.3.2 感知实验

本研究使用 Praat 6.0 的"Experiment MFC 6"脚本进行感知实验。实验设备为笔记本电脑,SONY MDR-ZX110NC 降噪耳机。学习者在安静的环境下,头戴耳机,面向电脑屏幕。电脑屏幕上显示的是由"Experiment MFC 6"脚本随机排序的语音刺激最小对立元(如图 12-1)。学习者用鼠标选择所听到的语音刺激。

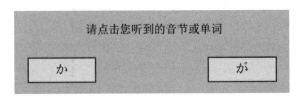

图 12-1　PRAAT 6.0 "EXPERIMENT MFC 6"感知实验画面

在进入正式实验之前,学习者需要完成关于母语背景以及外语学习经历等的问卷,并且完成一个小型感知实验来适应实验设备和步骤。该小型实验的步骤与正式实验类似,但内容不相关。每人正式实验耗时大约 10~15 分钟,每五个语音刺激结束后,都安排了适当的休息时间。实验结束后,由 Praat 自动收集学习者的感知正确率和反应时长,实验者将其保存为 EXCEL 文件,以便后期处理。

12.3.4　数据分析方法

声学语音学与感知语音学领域的众多研究成果证明,语音有声性与诸多声学特征有关。比如,词首清浊塞音在持阻阶段是否有声带振动(prevoicing)、除阻时是否伴随送气(aspiration)(Klatt,1975)、持阻时长(closure duration)、F1 起始共振峰与转轨(F1 onset formant and transitions)等。其中 prevoicing 及 aspiration 则直接关系到除阻至嗓音起始的时间,是用来判定语音有声性的重要特征。研究中可以用嗓音起始时间(Voice Onset Time, Lisker & Abramson, 1964; Abramson & Lisker, 1970; Abraham, 1977)直观地捕捉到这两项声学特征。因此本研究中主要观察和比较 L1、L2 和 L3 清浊塞音的 VOT 以及它与感知正确率之间的关系。

本章运用 SPPAS 1.8.6(Bigi, 2017)并结合人工检验对语音刺激进行标注。然后,作者利用丹尼尔·贺斯特(Daniel Hirst, Ver. 2010/10/30)提供的"analyse_tier.praat"脚本,分层提取已标注的语音刺激的声学参数。本研究使用 R 3.4.0 (R Core Team, 2014)进行数据整理、统计分析、数据可视化。

12.4 研究结果

作者首先测量了三组 L3 学习者的 L2 英语的塞音 VOT 值,并与 L1(汉语普通话)的 VOT 参考值分别进行了比较。其次,作者分别记录了三组 L3 学习者的清塞音及浊塞音的感知正确率,并进行了相关的统计分析。具体结果如下。

12.4.1 英语塞音的习得现状

为了明确实验参与者的 L2 塞音体系习得情况,作者针对学习者进行了 L2(英语)清浊塞音生成实验。录音步骤、实验器材和本章 12.3.3.1 一致。调查语料是以/p、t、k/和/b、d、g/为词首的单音节词,如"park、bark"等。作者对生成实验数据做了声学标注,并采集了 VOT 值。通过 One-Way ANOVA 分析,作者发现三组学习者的 L2 英语清浊塞音 VOT 值之间,不存在显著差异(清塞音:$F(2, 171)=1.769, p=0.174$、浊塞音:$F(2, 171)=2.908, p=0.057$)。这表明在进行本实验时,三组学习者的 L2 英语塞音习得情况不存在显著差异。

学习者的英语清浊塞音 VOT 值的分布情况如图 12-2。作者从图 12-2 发现学习者的 L2 词首塞音 VOT 的分布区间大致为:清塞音 p、t、k 在 65 ms 至 95 ms,浊塞音 b、d、g 在 10 ms 至 25 ms 之间。学习者生成的 L2 词首塞音 VOT 值都大于 0,清浊塞音之间的主要区别在于 VOT 值的大小。学习者以 30~35 msVOT 为界区分 L2 清浊塞音。

为了明确本研究参与者的 L1 和 L2 清浊塞音 VOT 值之间的关系,作者将图 12-2 中的英语塞音数据与表 12-1 中列出的汉语普通话塞音 VOT 参照值区间相比,发现学习者 L1 和 L2 的清塞音 VOT 区间基本重叠,L1 清不送气音、L2 浊塞音的 VOT 区间也相似度较高。

12.4.2 L3 塞音感知实验结果

针对中国学生的 L3 清浊塞音感知实验结果(图 12-3)显示,L3 学习者

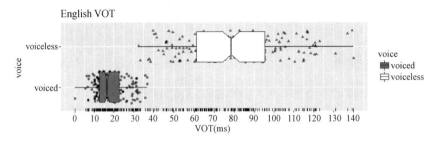

图 12-2　学习者 L2 的清浊塞音 VOT 分布情况

(NNS)的感知正确率(ACC)低于母语者(NS),具有显著差异。独立 t 检验的结果为:(1)日语清音 $t(146)=7.038$,$p<0.0001$,日语浊音 $t(479)=3.79$,$p<0.0001$;(2)俄语清音 $t(455)=16.99$,$p<0.0001$,俄语浊音 $t(455)=12.32$,$p<0.0001$;(3)西班牙语清音 $t(111)=7.64$,$p<0.0001$,西班牙语浊音 $t(80)=6.17$,$p<0.0001$。

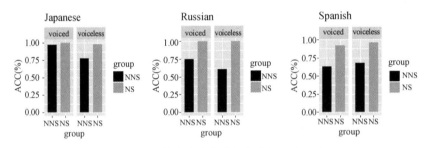

图 12-3　L3 的清浊塞音感知实验的平均正确率

L3 清浊塞音感知实验的平均正确率如图 12-3 所示。其中日语和俄语的浊塞音感知正确率均高于清塞音,西班牙语学习者的清浊塞音感知正确率之间不存在显著差异。配对 t 检验的结果为:(1)日语 $t(479)=-9.194$,$p<0.0001$;(2)俄语 $t(455)=-4.34$,$p<0.0001$;(3)西班牙语 $t(455)=1.45$,$p=0.147$。

12.4.3　L3 清塞音的感知实验结果

通过感知实验,首先作者发现 L3 学习者组的清塞音感知正确率低于母语者组。值得关注的是,三组 L3 学习者的清塞音感知正确率存在差异,One-

Way ANOVA 的结果为 $F(2, 69)=3.676, p=0.03$。利用 TukeyHSD 进行事后检验,作者发现日语学习者的清塞音感知正确率要高于俄语学习者($p=0.02$),而俄语与西班牙语学习者之间($p=0.25$)、日语与西班牙语学习者之间($p=0.53$)未发现显著差异。

其次,作者将学习者的 L3 清塞音感知正确率与感知实验刺激的 VOT 值进行了相关性分析,结果如图 12-4 所示。皮尔森系数相关分析的结果为:日语 $r=0.41$、俄语 $r=0.32$、西班牙语 $r=0.20$。作者发现:(1)日语学习者的正确率与实验刺激的声学参数 VOT 值之间存在显著相关性,VOT 值越接近于 0,清塞音的感知正确率越低。据此,作者推测 VOT 值的大小是日语学习者感知清塞音的关键线索;(2)俄语、西班牙语学习者的正确率与实验刺激的声学参数 VOT 值之间不存在显著相关性。换言之,俄语和西班牙语清塞音的 VOT 值没有成为中国学习者判断清浊塞音的有效线索。

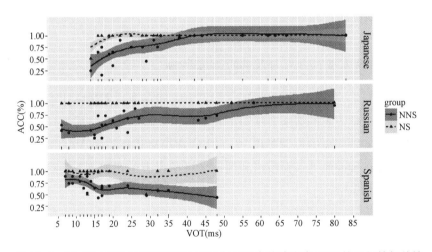

图 12-4　L3 学习者的感知正确率(ACC)与母语者的清塞音 VOT 值之间的相关性

12.4.4　L3 浊塞音的感知实验结果

在之前的结果报告(图 12-3)中,作者得知:(1)日语和俄语的浊塞音感知正确率要高于清塞音的;(2)西班牙语的清塞音和浊塞音的感知正确率之间不存在显著差异。通过声学分析,作者发现感知实验所使用的母语者语音刺激中,浊塞音 VOT 值都小于 0。它们的 VOT 均值分别为,日语 -74.42 ms、俄语—95.46 ms、西班牙语—88.25 ms。学习者 L1 清不送气音和 L2 浊塞音的 VOT 都大于 0,与 L3 浊塞音的声学特征存在较大差异性,而中国人学习者的 L3 浊塞音的感知正确率却高于或等于清塞音。换言之,对中国学习者来说,L3 塞音体系中的浊塞音感知并未难于清塞音。

其次,作者将学习者的 L3 浊塞音感知正确率与感知实验刺激的 VOT 值进行了相关性分析①。统计结果为日语 $r=0.02$、俄语 $r=0.16$、西班牙语 $r=0.01$。该结果表明学习者的 L3 浊塞音感知正确率与语音刺激的 VOT 值之间不存在显著相关性,VOT 值的大小并没有成为中国学习者感知 L3 浊塞音的有效线索。本研究结果说明,学习者对于 L3 浊塞音的感知不取决于 VOT 值的大小,关键在于 VOT 值的正负。换言之,L3 浊塞音是否拥有带音性特征才是中国学习者感知浊塞音的关键。

12.5 讨论

12.5.1　L3 清塞音感知习得及其跨语言影响

通过感知实验,作者发现三组 L3 学习者之间存在清塞音感知正确率的差异。其中日语学习者的清塞音感知正确率高于俄语学习者。另外日语学习者的正确率与实验刺激的声学参数 VOT 之间存在显著相关性,VOT 值越小,清塞音的感知正确率越低。而俄语和西班牙语学习者的正确率与 VOT 值之间未发现显著相关性。

感知实验使用的清塞音语音刺激 VOT 值分布区间如图 12-5 所示。作者通过观察图 12-5 发现三种 L3 的 VOT 值及其分布区间存在一定差异。日语的清塞音 VOT 均值(30 ms)较大,以 35.08 ms 为中位数,其 SD(18.48)也较大。相对而言,俄语和西班牙语的清塞音 VOT 中位数(俄语 20.5 ms、西班牙

---

①　在数据分析过程中,作者同时标注并采集了感知实验语音刺激的 VOT、持阻时长、元音时长、基频以及元音 F1 起始频率的参数。因考虑到语速(speaking rate)的影响,作者还采集了 VOT 与元音的比率(VOT/vowel ratio)。并且将这些参数与学习者感知正确率做了相关性分析,结果皆显示无显著相关性。由于篇幅原因,这里只列举 VOT 值与正确率的相关性分析结果,省略其他。

语 15 ms)均小于日语的,VOT 整体区间都小于 30 ms,且 SD(俄语 17.93、西班牙语 9.60)较小。30 ms VOT 是一个具有普遍意义的声学参量。基斯(Keith,2003:101-102)提到,一系列跨语言研究结果显示大多语言都以 30 ms VOT 为界来区分送气音和不送气音。基斯还指出这种语言普遍性其实受制于人类感知机制。

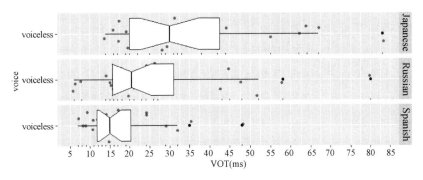

图 12-5 三语的清塞音 VOT 值的分布区间

语言习得是一个长期的动态过程,学习者可能在母语模式和目标语言模式之间建立中间立场或妥协,而这种妥协也同时映射出两种语言的特征(Flege,1981)。博恩和弗利奇(Bohn & Flege,1993)的研究发现,在习得早期阶段,西班牙人英语学习者的词首塞音感知正确率与 L1、L2 的塞音类别映射关系有关。学习者在习得过程中,会借用 L1 或 L2 的音系特点来感知 L3 的语音。由此推测,在 L3 习得初期,学习者有可能将 L3 的语音信息与 L1 或 L2 进行比较,并在原有的语音体系的基础上进行感知习得。三组学习者的 L1 清送气音的 VOT 值区间为 92.5 ms 至 102 ms(表 12-1),L2 清送气音的 VOT 值区间为 65 ms 至 95 ms(图 12-2),这两个区间都远大于 30 ms。在三组学习者的 L3 中,与俄语、西班牙语相比,日语清塞音的 VOT 值较大,均值为 30 ms,中位数为 35.08 ms。相比之下,日语清塞音拥有与学习者 L1 和 L2 清塞音相近的 VOT 区间。这使得学习者更容易注意到日语清塞音的送气性,将清浊塞音区分开,因此感知正确率较高。

然而与 L3 日语相比,L3 俄语和西班牙语清塞音的感知正确率较低。作者通过分析得知三组学习者 L1 清不送气音的 VOT 值区间为 6 ms 至

14.5 ms(表 12-1),L2 浊塞音的 VOT 值区间为 10 ms 至 25 ms(图 12-2)。L3 中的俄语与西班牙语的清塞音 VOT 区间与学习者的 L1 不送气音、L2 浊塞音 VOT 区间十分接近。奥勒和兹亚荷塞尼(Oller & Ziahosseiny,1970)、弗利奇(Flege,1987,1995)、梅杰和金姆(Major & Kim,1999)等的二语习得理论假说都指出了母语和外语的相似性不利于习得的观点。本研究结果表明当 L1 清不送气音、L2 浊塞音 VOT 区间与 L3 的清塞音区间相似时,容易产生音位感知混淆,习得效果较差。又如林邦和贾维斯(Ringbom & Jarvis,2009:106)提及了跨语言相似性对习得的影响要大于差异性,尤其是习得初期的学习者容易建立过度简单化的跨语言映射关系,即假定的相似性关系,这往往不利于习得。在本研究中,L3 俄语与西班牙语的清塞音 VOT 区间,与学习者的 L1 不送气音、L2 浊塞音 VOT 区间十分接近。学习者很可能在认知层面建立了音位间的过度简化映射关系,从而造成感知混淆。本研究结果还证明这一假设不仅适用于 L2 习得,在中国学生习得 L3 语音时同样可能发生。当 L1 与 L2 的塞音体系相近,它们可能对 L3 的塞音体系习得产生合并影响。

总结以上讨论结果,作者有理由认为:(1)学习者的 L3 清塞音感知正确率与 VOT 值的区间和离散程度密切相关。日语清塞音的 VOT 均值较大,且离散程度较大,因此中国人学习者可以依据其 VOT 值进行清浊分辨。然而俄语与西班牙语清塞音的 VOT 值区间小于 30 ms,且离散程度小,因而其 VOT 值没有成为中国人学习者判断清浊塞音的有效线索;(2)学习者在 L3 语音习得初期,L3 的音位感知范畴还没有建立,因而很有可能利用过于简化的跨语言映射关系进行感知,当 L1、L2 和 L3 之间代表不同音位的 VOT 区间相似时,学习者容易产生音位感知混淆,这将不利于多外语语音习得。

12.5.2　L3 浊塞音感知习得及其跨语言影响

实验结果证明,虽然学习者的 L1 不送气音和 L2 词首浊塞音的 VOT 值都大于 0,与 L3 浊塞音的声学特征(VOT 小于 0)存在较大差异性,但中国人学习者的 L3 浊塞音的感知正确率却高于或等于清塞音。早期的二语习得研究往往将习得困难归咎于母语与目标语言间的差异性(Lado,1957;Eckman,1977,1991)。然而等价分类(Flege,1987)和 SLM 模型(Flege,

1995)指出,与母语相似度较高的目标语言语音特征之所以难以习得,是因为学习者将它们分类或等同于母语的语音特征。而新的或相似度较低的目标语言语音特征更容易习得,则是因为学习者更容易注意到母语和目标语言间的差异性。

VOT 值是一个连续型变量,但受到人类的范畴感知(categorical perception)机制的制约,学习者对于塞音音位的类别感知能力远高于分辨模糊声学特征的能力(Liberman et al.,1957)。如果学习者能分辨出 L3 与 L1 或 L2 之间的差异,并将两者区分为两类音,则有利于 L3 感知范畴的建立。反之,如果学习者难以区分相似度较高的目标语言特征,就不会对语言间的差异性进行进一步的验证和再现,这将导致感知困难(Kingston 2003)。本研究的 L3 与 L1 或 L2 的浊塞音体系间的最大差异在于有无带音性。当学习者感知到带音性特征,就能够较顺利地分辨出浊塞音。

拉姆博(Wrembel,2014)的两组 TLA 清塞音 VOT 模式习得研究结果在一定程度上证实了 L3 习得中跨语言影响的假设。与此同时,该论文还提出学习者在学习三门或更多外语时,表现出更强的元语言意识。他们主动地建立新外语音系格局,以区别母语或已经获得的其他外语。然而遗憾的是,该研究并未全面分析 L1、L2、L3 清浊塞音类别感知的习得模式以及其中的跨语言影响,而单考虑了清塞音的情况。本研究结果证明了 TLA 浊塞音类别感知习得模式也具有相似特征,多外语学习者能够通过比较母语或已经获得的其他外语,更好地感知 L3 浊塞音特征,以构建新外语音系格局。这个发现与弗利奇(Flege,1995)的言语学习模型不谋而合,学习者的语音系统在整个生命周期中始终保持适应性,并且可以修改和重构新语音格局。

基于本实验的实证数据与讨论结果,作者认为虽然 L3 学习者的感知正确率低于母语者,但学习者的 L3 浊塞音感知正确率高于或等于清塞音的。这一结果表明,与清塞音相比学习者对于 L3 与 L1 或 L2 间的浊塞音差异性更敏感。换言之,正因为学习者的 L1 和 L2 的词首塞音中基本不存在带音性特征,才使得 L3 的词首浊塞音的差异性更为显著。学习者的注意力得到提升,从而促进感知习得。

12.6 结语

我国的高等教育正面临前所未有的复杂多语转向，厘清多外语学习者的语音习得路径已经成为当务之急。本章针对以汉语普通话为母语(L1)的学习者开展了 L3(日语、俄语、西班牙语)词首塞音感知习得实验，并同时考虑了学习者的 L1 和 L2(英语)塞音体系对 L3 习得的跨语言影响。通过实证研究，首先，作者弄清了 L3 清塞音的感知与语音刺激的 VOT 值区间相关，而 L3 浊塞音的感知则主要取决于带音性特征的有无。其次，作者还验证了 L3 清塞音的习得困难来自 L3 与 L1 和/或 L2 的音位区间的相似性，而 L3 浊塞音的感知正确率之所以高于或等于清塞音，则是因为 L3 与 L1 或 L2 间的显著差异性。研究结果证明 L3 塞音习得的困难主要来自 L3 与已知先前语言间的相似性，而非差异性。

本章研究结果为 SLM 模型(Flege, 1995)和 SDRH 假说(Major & Kim, 1999)提供了来自多语习得领域的有力证据。研究结果也证明，多外语语音教学的挑战既来自语言的本身，又与 L1、L2 和 L3 之间的差异性和相似性密不可分，并且直接影响到多外语语音教育的成败。因此基于本研究成果，作者想对多语环境下的外语语音教学提出以下建议。第一，教师必须了解学习者的 L1、L2 以及作为目标语言的 L3 的语音特征，并理解它们之间的差异性和相似性；第二，教师必须利用多语间的差异性和相似性来预测习得问题，改善教学方案；第三，教师必须明确指出并鼓励学习者利用实际相似性，以防止依赖过分简单化的假定相似性。

本研究也存在一些局限。随着习得程度的不断加深，多外语语音习得路径会发生变化，也可能磨蚀、停滞或倒退。研究者必须进行追踪实验才能明确语言习得中语音空间重构的动态过程。这需要新的实验设计才能够实现。

参考文献

Abramson, A. S. (1977). Laryngeal timing in consonant distinctions. *Phonetica* 34(4): 295-303.

Abramson, A. S. & L. Lisker. (1970). Laryngeal behavior, the speech signal and phonological simplicity. *Actes du xe Congres International des Linguistes* 4: 123-129.

Abramson, A. S. & L. Lisker. (1973). Voice-timing perception in Spanish word-initial stops. *Journal of Phonetics* 1(1): 1-8.

Bigi, B. (2017). *SPPAS: The automatic annotation and analyses of speech (Version 1.8.6)[Computer software]*, http://www.sppas.org.

Boersma, P. & D. Weenink. (2009). *Praat: Doing phonetics by computer (Version 6.0) [Computer program]*, http://www.fon.hum.uva.nl/praat.

Bohn, O. S. & J. E. Flege. (1993). Perceptual switching in Spanish/English bilinguals. *Journal of Phonetics* 21: 267-290.

Caramazza, A., G. Yeni-Komshian, E. Zurif & E. Carbone. (1973). The acquisition of a new phonological contrast: The case of stop consonants in French-English bilinguals. *Journal of the Acoustical Society of America* 54: 421-428.

Cenoz, J., B. Hufeisen & U. Jessner. (2001). *Cross-linguistic Influence in Third Language Acquisition: Psycholinguistic Perspectives*. Clevedon: Multilingual Matters.

Chan, A. Y. W. (2012). Cantonese English as a second language learners' perceived relations between "Similar" L1 and L2 speech sounds: A test of the Speech Learning Model. *The Modern Language Journal* 96(1): 1-19.

Chan, A. Y. W. (2014). The perception and production of English speech sounds by Cantonese ESL learners in Hong Kong. *Linguistics* 52(1): 35-72.

Chang, J. (2006). Globalization and English in Chinese higher education. *World Englishes* 25(3-4): 513-525.

De Angelis, G. (2007). *Third or Additional Language Acquisition*. Clevedon: Multilingual Matters.

Docherty, G. J. (1992). *The Timing of Voicing in British English Obstruents*. Berlin: Foris Publications.

Eckman, F. (1977). Markedness and the contrastive analysis hypothesis. *Language Learning* 27(2): 315-330.

Eckman, F. (1991). The structural conformity hypothesis and the acquisition of consonant clusters in the interlanguage of ESL learners. *Studies in Second Language Acquisition* 13(1): 23-41.

Flege, J. E. (1981). The phonological basis of foreign accent: A hypothesis. *TESOL Quarterly* 15(4): 443-455.

Flege, J. E. (1987). The production of "new" and "similar" phones in a foreign language: Evidence for the effect of equivalence classification. *Journal of Phonetics* 15(1): 47-65.

Flege, J. E. (1991). Age of learning affects the authenticity of voice onset time (VOT) in stop consonants produced in a second language. *Journal of the Acoustical Society of America* 89(1): 395-411.

Flege, J. E. (1992). Speech learning in a second language. In C. Ferguson & L. Menn (eds.). *Phonological Development: Models, Research, and Application*. Timonium, MD: York Press, 565-604.

Flege, J. E. (1995). Second language speech learning: Theory, findings and problems. In W. Strange (ed.). *Speech Perception and Linguistic Experience: Issues in Cross-language Research*. Baltimore: York Press, 233-277.

Flege, J. E. & J. Hillenbrand. (1987). A differential effect of release bursts on the stop voicing judgments of native French and English listeners. *Journal of Phonetics* 15(2): 203-208.

Hammarberg, B. & B. Hammarberg. (2005). Re-setting the basis of articulation in the acquisition of new languages: A third-language case study. In B. Hufeisen & R. Fouser (eds.). *Introductory Readings in L3*. Tübingen: Stauffenburg Verlag, 11-18.

Henton, C., P. Ladefoged & I. Maddieson. (1992). Stops in the World's Languages. *Phonetica* 49(2): 65-101.

International Phonetic Association. (1999). *Handbook of the International Phonetic Association: A Guide to the Use of the International Phonetic Alphabet*. Cambridge: Cambridge University Press.

Keith, J. (2003). *Acoustic and Auditory Phonetics (Second Edition)*. Malden, MA: Blackwell.

Kingston, J. (2003). Learning foreign vowels. *Language and Speech* 46(2-3): 295-349.

Klatt, D. H. (1975). Voice Onset Time, frication, and aspiration in word-initial consonant clusters. *Journal of Speech, Language, and Hearing Research* 18(4): 686-706.

Kulikov, V. (2012). *Voicing and Voice Assimilation in Russian Stops*. Ph. D. dissertation, Iowa, University of Iowa.

Ladefoged, P. & F. D. Sandra. (2012). *Vowels and Consonants (Third Edition)*. West Sussex: Wiley-Blackwell.

Ladefoged, P. & J. Keith. (2011). *A Course in Phonetics (Sixth Edition)*. Boston: Wadsworth.

Lado, R. (1957). *Linguistics Across Cultures*. Ann Arbor: University of Michigan Press.

Liberman, A. M., K. S. Harris & H. S. Hoffmand. (1957). The discrimination of speech sounds within and across phonetic boundaries. *Journal of Experimental Psychology* 54(4): 358-368.

Lisker, L. & A. S. Abramson. (1964). A cross-language study of voicing in initial stops: Acoustical measurements. *Word* 20(3): 384-422.

Liu, J. Q. (2005). Chugoku hogen washa niyoru nihongo yusei/musei haretsuon no chikaku ni kansuru ichikosatsu [A study of the stop voicing contrast by Chinese learners of Japanese: Based on dialect of China]. *Waseda daigaku Nihongo kyoiku kenkyu [Waseda Journal of Japanese Applied Linguistics]* 6: 79-89.

Liu, J. Q. (2019). Daisan gengo toshiteno nihongo haretsuon no chikaku syutoku nitsuite [The perceptual acquisition of L3 Japanese stop contrasts by Mandarin Chineses peakers]. *Waseda Nihongo Kyoikugaku [Waseda Studies in Japanese Language Education]* 26(1): 127-146.

Llama, R., W. Cardoso & L. Collins. (2010). The influence of language distance and language status on the acquisition of L3 phonology. *International Journal of Multilingualism* 7(1): 39-57.

Major, R. C. & E. Kim. (1999). The similarity differential rate hypothesis. *Language Learning* 49(1): 151-183.

Oller, J. W. & S. M. Ziahosseiny. (1970). The contrastive analysis hypothesis and spelling errors. *Language Learning* 20(2): 183-189.

Onishi, H. (2016). The effects of L2 experience on L3 perception. *International Journal of Multilingualism* 13(4): 459-475.

Pyun, K-S. (2005). A model of interlanguage analysis: The case of Swedish by Korean speakers. In B. Hufeisen & R. Fouser (eds.). *Introductory Readings in L3*. Tübingen: Stauffenberg Verlag, 55-70.

R. Core Team. (2014). *R: A language and environment for statistical computing (Version 3.4.0) [Computer program]*, https://www.r-project.org.

Ringbom, H. (1987). *The Role of the Mother Tongue in Foreign Language Learning*. Clevedon: Multilingual Matters.

Ringbom, H. & S. Jarvis. (2009). The importance of cross-linguistic similarity in foreign language learning. In H. Michael & J. Catherine (eds.). *The Handbook of Language Teaching*. West Sussex: Wiley-Blackwell, 106-118.

Shimizu, K. (1993). Heisa shiin no onseiteki tokutyou: yuseisei/museiseiteki gengokan hikaku nitsuite [A cross-language study of phonetic characteristics of stop consonants: With reference to voicing contrasts]. *Journal of Asian and African Studies [Azia/afurika gengo bunka kenkyu]* 45: 163-176.

Tremblay, M. C. (2007). L2 influence on L3 pronunciation: Native-like VOT in the L3 Japanese of English-French bilinguals. Presented at the Satellite Workshop of ICPhS XVI. Freiburg, Germany.

Williams, S. & B. Hammarberg. (1998). Language switches in L3 production: Implications for a polyglot speaking model. *Applied Linguistics* 19(3): 295-333.

Wrembel, M. (2014). VOT patterns in the acquisition of third language phonology. *Concordia Working Papers in Applied Linguistics* 5: 750-770.

Wunder, E. (2010). Phonological cross-linguistic influence in third or additional language acquisition. Presented at 6th New Sounds. Poznań.

鲍怀翘,林茂灿.(2014).《实验语音学概要》.北京:北京大学出版社.

福冈昌子.(1995).北京語/上海語を母語とする日本語学習者の有声・無声破裂音の横断

的及び縦断的習得研究.《日本語教育》,87:40-53.
刘佳琦.(2011).《日本語有声/無声破裂音の習得及び教育》.首尔:新星出版社.
吴宗济.(1988).普通话发音不送气音/送气音区别的实验研究.《中国语言学报》3: 256-283.
赵元任.(2011).中国方言当中的爆发音的种类.《赵元任语言学论文集》.北京:商务印书馆,443-448.

附表　实验语料一例

语言	单音节		双音节	
日语	ぱ[pʰa]	ば[ba]	ぱさ[pʰasa]	ばさ[basa]
	た[tʰa]	だ[da]	たさ[tʰasa]	ださ[dasa]
	か[kʰa]	が[ga]	かさ[kʰasa]	がさ[gasa]
俄语	па[pa]	ба[ba]	пабо[pabo]	бабо[babo]
	та[ta]	да[da]	тадо[tado]	дадо[dado]
	ка[ka]	га[ga]	каго[kaɡo]	гаго[ɡaɡo]
西班牙语	pa[pa]	ba[ba]	pamo[pamo]	bamo[bamo]
	ta[ta]	da[da]	tapu[tapu]	dapu[dapu]
	ca[ka]	ga[ɡa]	cami[kami]	gami[ɡami]

注:词首音节为感知刺激。

第十三章

中国大学生英西双语动机探索研究①

◎ 鹿秀川　郑咏滟

13.1 引言

随着全球化进程的不断推进,国际政治经济贸易领域的交流日益加深,全球范围内人才跨国流动日益频繁。全球化对社会方方面面产生巨大影响,外语教育就是其中之一(Lo Bianco, 2014)。英语凭借英美国家强大的政治经济实力成为国际交往的主要通用语言,在各国的外语教育体制中也占据统治地位。葛拉多(Graddol, 2006)认为,英语已经成为一种"基本教育技能",英语在各国外语课程中一枝独秀的地位被称作外语教育的"新正统"(new orthodoxy),英语二语者的数量也在全球范围内迅速增长(Graddol, 2010)。这种趋势也反映在外语学习动机的研究里。最近一项研究发现,过去10年国际二语动机研究中,72.67%的研究是关于英语学习动机的,而中国语境下的动机研究几乎不涉及英语之外的其他语种(Boo et al., 2015)。可见,英语作为唯一外语语种的语言教育规划长期占据我国高校外语教育主体,与其他语言"竞争"有限的教育空间(李宇明, 2016)。

然而,全球化的另一面是提倡多元文化和多语制。越来越多的学者认识到并倡导语言教育研究的"多语转向"(the multilingual turn, Ortega, 2013;

---

① 本章内容经过修改,相关内容曾以论文形式发表,参见:鹿秀川、郑咏滟. (2019). 中国大学生英西双语动机探索研究.《复旦外国语言文学论丛》(春季刊):28-36.

May,2014)。"多语制"(multilingualism)作为关键词在过去12年间在应用语言学期刊的出现频率增长11%,成为国际学界新热点(Lei & Liu, 2018),体现出在世界语言竞争体系中多语与英语的博弈。一段时间以来,很多语言学家从不同的角度指出了多语制的好处,主张推广多语教育。(Adesope et al., 2010; Cenoz & Gorter, 2011)随着我国"一带一路"倡议的提出与全面推进,国家也意识到长期以来英语作为唯一外语语种的外语教育使掌握多种外语能力的"复语型"人才非常紧缺(沈骑,2015),并启动了高校中针对扩大外语语种的公共外语教学改革。教学改革成功与否很大程度取决于学习者,而动机是学习者重要的个体差异因素,是维持二语学习者学习热情、决定其学习成败的重要情感因素(王欣、戴炜栋,2015)。在"多语转向"和"一带一路"的大背景下,培养多语人才离不开对其多语学习动机的研究。李炯英、刘鹏辉(2015)在回顾了我国近10年来的相关研究后发现,国内外语动机研究的视角还有待扩展,尤其是涉及非英语的其他外语学习动机研究仍然非常匮乏。也就是说,国内现有外语动机研究大多以英语学习者为考察对象(文秋芳,2001;戴炜栋、王栋,2002;高一虹等,2002,2003;周燕等,2011),大学生多语学习或是双外语学习的动机领域的研究还有待进一步开拓。我国高校的外语教育和"复语型"人才的培养任重道远,唯有将社会对外语教育的需求和大学生们学习外语的个人期望相结合,才能顺应时代潮流,培养出兼有社会抱负和个人理想的外语人才。因此,本研究通过聚焦中国一流大学中英语专业学生双外语学习动机问题,试图衔接微观层面的个人语言学习需求和宏观层面的外语教育改革,以小见大,折射出在我国推广多语教育的挑战和机遇。

13.2 文献回顾

13.2.1 语言学习动机的理论进展

第二语言学习动机一直以来是二语习得研究的重点领域。二语学习动机最早有加德纳(Gardner, 1985, 2001)提出的"融合型"和"工具型"动机,前指学习者为了融入二语目标社区而学习一门语言,后者则指学习者为了某些实用目的而学习语言。然而,在全球英语的浪潮下,英语逐渐与英美文化内核脱离,更多与全球文化、全球流动联系在一起。在此背景下,"融合型—工具型"的分类仍然强调学习者融入"本族语者"的目标社区,很难捕捉今日学习者学习英语的动机特征(Yashima 2002; Csizér & Dörnyei, 2005)。由此,多尔内伊(Dörnyei, 2005, 2009)提出"二语自我动机系统"(L2 Motivational Self System, L2MSS),从自我认同的角度重新定义语言学习动机。二语动机自我分为"理想二语自我"(ideal L2 self,即在人们理想中二语学习应具有的特征)和"应该二语自我"(ought-to L2 self,即人们相信为了避免负面结果而应该具有的特征)。当学习者试图缩小现实自我与理想自我或应该自我之间的差距时便产生学习动力,即会付出努力。两种自我意识都受到学习者所处的环境中切身体验的影响。该理论框架逐渐成为二语学习动机研究的主流框架,实证研究硕果累累,详见布等人(Boo, et al., 2015)的综述。

但是,多尔内伊本人也承认,"二语自我动机系统"是基于全球英语的背景下提出的,英语学习自我动机意识和非英语学习动机的一些重要特征或存在分歧(Dörnyei & Al-Hoorie, 2017)。学界开始从多语学习视角反思二语自我动机系统中的"本族语者偏见""单语主义偏见"等(Ushioda & Dörnyei, 2017)。例如,亨利(Henry, 2017)提出"理想多语自我"(ideal multilingual self)的概念,认为不同语言分别具有相对应的理想自我、二语自我意识和三语自我意识交互作用,多语自我意识从中浮现。潮田(Ushioda, 2017)则认为应该从"多元语言能力"的理论视角切入,不应仅仅提倡针对某种特定语言的工具型学习动机,而应聚焦全面建构的多语学习自我,强调多语使用者的超语(translingual)、超文化(transcultural)能力与交际实践。这些新的理论进展都表明非英语学习动机研究对进一步推动语言学习动机的理论建构具有重要意义。

13.2.2 多语学习动机的实证研究

近10年来对英语作为二语的动机研究发展迅速,但是对英语以外语言的研究刚刚起步。鉴于英语的全球传播,所有非英语语言学习都不能忽略英语学习这一大背景(Dörnyei & Al-Hoorie, 2017),故应重点考察不同语言动机的相关互动。已有结果显示,英语对其他研究学习会产生抑制作用。在匈牙利展开的一系列语言学习动机研究发现,同时学习英语和德语导致两种语言相互竞争,二语英语学习动机会抑制三语德语学习动机(Csizér & Dörnyei, 2005; Dörnyei et al., 2006; Csizér & Lukács, 2010)。Henry(2010,2011)在瑞典的研究也指出,英语与其他语言竞争有限的认知资源和时间,从而导致英语成为参考框架,抑制其他语言学习。从社会层面上讲,由于英语在社会各个领域的通用性,社会上普遍产生"英语足够"的想法,从而抑制了个人对其他语言的学习投入(Cabau-Lampa, 2007)。

然而,也有一些研究认为英语可以促进其他语言学习。在泰国一项研究表明,大学生在学习了英语之后选择了第三种语言,一方面因为他们自认为英语能力方面很难再有提升空间,另一方面由于大家都会说英语,英语失去了其溢价价值,所以需要学习第三种语言增强自身竞争力(Siridetkoon & Dewaele, 2017)。中国台湾一所大学的调查也发现,不同语言被赋予了不同价值,学生认为日语、德语学习更有利于今后就业,而法语、韩语的学习则更与文化兴趣相关(Huang et al., 2015)。但由于亚洲的非英语学习动机研究十分匮乏,大学生的多语学习动机尚不明朗。

在中国语境中,曹洪霞、俞希(2009)对日英、俄英双语专业的大学生进行了英语学习观念的调查,结果显示他们在英语学习上表现出强烈的工具型动机,且会受到主修语种的负迁移影响。赵绩竹、李守石(2014)提出了英语专业学生学习第二外语的动机主要分为学习发展工具型、语言学习兴趣型、工作发展工具型、文化学习兴趣型和从众型几种,并且指出英语学习动机的强弱和第二外语学习动机的强度可能呈正相关性。

英语在过去30年在外语教育中一语独大,"英语足够"与"英语失去溢价价值"两种对立思潮在本土语境中也频频交锋。基于此,本研究聚焦中国的英语专业大学生,探讨他们具有足够的英语能力后为何还要选择投入学习第二门外语。通过社会科学领域的一种创新研究方法"Q方法"(Q methodology),我们对学生同时学习英语和西班牙语的双外语学习动机进行分析,在中国语境下探讨全球英语对多语学习动机的多重影响。本研究拟回答两个问题:

1) 英语专业的学生在已有英语能力之后,学习第二外语西班牙语的动机是什么?

2) 在双外语学习的过程中,英语和西班牙语学习动机有什么关系?

13.3 研究方法

13.3.1 研究对象

本研究的参与者是 35 名大学生(6 名男生、29 名女生),研究期间他们是东部沿海地区的一所重点综合性大学的英语专业二年级学生。他们平均年龄均在 18 到 20 岁,母语均为汉语,都以英语为第二语言(专业学习)、西班牙语为第三语言(二外学习)。英语专业课每周有 12—14 个学时。这些学生已经有超过 7 年英语学习的经验,根据奥尔特加和伯恩斯(Ortega & Byrnes, 2008)的标准,他们的英语水平约等同于《欧洲共同语言参考框架》的 B2—C1 水平之间。

从 2016 年起该大学的英语系开始实施一学年 12 个学分的西班牙语二外集中授课课程,一年结束后学生可以选择去西班牙大学交流。这 35 名学生在大学二年级伊始自愿选择了这门二外课程。课堂培训加课外辅导共约 250 小时,在课外平均会花每周 5—10 小时以巩固和提高西班牙语语言能力。因此,他们可被视作英语、西班牙语双外语同时学习的典型代表。本研究进行的时候他们刚刚开始学习西班牙语两个月左右。

13.3.2 研究方法——Q 方法

本章节使用 Q 方法并结合访谈数据进行。Q 方法最早由物理学家斯蒂芬森(Stephenson)于 1935 年提出,是量化和质性研究结合的一种数据分析手段(Watts & Stenner, 2012)。该方法以往在管理学、公共政策学领域较为常见,近年开始引入语言研究(Irie & Ryan, 2015)。作为一个研究主观性的方法,Q 方法的独特之处是让主体(subjects)直接表述他们的内在世界,并且在稳定地描绘其主体性后,研究者可以进行系统、科学的量化考察。该方法使我们可以从学习者自身的角度探索他们对于语言学习的主观认知,如观点、意见、态度、信念、价值观等,并对其进行分类。由此可见,虽然本研究考察学习者的语言学习动机和态度等主观内容,但通过 Q 方法可以将其变得可量化可操作。换句话说,Q 方法将定性研究引入定量领域,结合相关性、因素分析技术等定量分析方法,能够更大程度上提供信息的深度。

参与者对一组观点进行排序,以参与者的主观认知为行变量,以参与者个体为列变量,考察两者的相关性以呈现被试者主观认知的分类特点。Q 方法的研究步骤主要包括:(1)收集 Q 论汇(concourse);(2)开发 Q 样本(Qset);(3)选择被试者(成为 P 样本);(4)进行 Q 排序(Qsorting);(5)解释和分析。Q 方法之外,本研究还在测试结束后对参与者进行回溯性访谈,以达到辅助结果分析的目的。

13.3.3 数据收集与分析

参照 Q 方法的主要研究步骤,具体操作如下。

第一步:基于茨瑟和多尔纳伊(Csizér & Dörnyei,2005)、多尔纳伊(Dörnyei et al., 2006)问卷中使用的语言学习动机和态度命题,我们罗列了对两种语言和其对应文化的不同观点、态度、信念及学习体验的陈述,并将其标序。本文作者依次对这些陈述阅读评判,挑出最具有代表性的 60 个不同陈述,以此构成 Q 样本。35 个参与者则成为本研究的 P 样本。

第二步:我们让 35 名参与者在规定的时间、地点内按照指导语要求将 60 个陈述的序号填入 Q 分类量表中,形成 35 个 Q 排序(Qsort)。该量表从"最不同意"到"最同意"将 Q 样本包括的 60 个陈述排序为 13 级,呈强制性正态分布,如图 13-1 所示。

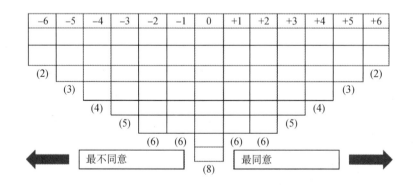

图 13-1　Q 排序量表

第三步:收集好所有数据之后,我们用 PQmethod 软件对 35 个 Q 排序进行处理和分析。通过形心提取法(centroidex traction),萃取出 Q 样本(学生动机和态度)和 P 样本(学生)之间的矩阵关系。彼此具有高相关性的排序被定义为 Q 因子,即为学生动机的分类类型。依据简易性、清楚性、特殊性、稳定性原则,本研究认为两个因子的模型最符合参考标准。对因子进行方差极大旋转(varimax rotation)后,软件会自动使得每一个 Q 排序只和一个因子有最高相关度,并根据公式自行标注出每一个被试者的因子负荷量(当其负荷量$\geqslant$ $2.58\div\sqrt{n}$,$n=60$ 时,负荷有效)。在我们的参与者中,有 19 名参与者的 Q 排序被归类入因子 1,有 9 名参与者的 Q 排序被归类入因子 2,有 6 名参与者则显示双因子同时负荷,还有 1 名被试者无法实现因子负荷,也就是说该名被试者与因子 1 和因子 2 都没有相关性,双因子同时负荷和无法负荷的学习者不在本研究讨论的范围内。具体分类详见表 13-1。

表 13-1 被试者分组情况表

分组	Q 排序的分类
因子 1(单英语学习动机)	Q1,Q2,Q3,Q4,Q6,Q11,Q14,Q15,Q16,Q18,Q19,Q20,Q24,Q25,Q28,Q29,Q30,Q33,Q35
因子 2(多语学习动机)	Q5,Q7,Q10,Q21,Q26,Q27,Q31,Q32,Q34
双因子同时负荷	Q8,Q9,Q12,Q17,Q22,Q23
无法负荷	Q13

根据因子 1 和因子 2 与每项陈述之间的关系,PQmethod 会自动给出每个因子的序列值,这个合成的 Q 排序就是被试者主观视角的概括,帮助我们评价在不同因子中不同陈述的显著性。每个陈述也会在其归属的因子分类下获取一个 Z 值。例如,陈述 16"我必须把英语学好,否则会影响我的绩点",在因子 1 内的赋值为 6(表示归为因子 1 的学生总体非常同意这个陈述),在因子 2 内的赋值为−2(表示归为因子 2 的学生对此陈述较不同意)。根据每个因子内陈述获取的 Z 值,我们将因子 1 定义为"英语工具动机",将因子 2 定义为"多元文化动机"。由此,我们依据每个因子中显著性最高的陈述来描述两个类别的多语学习动机和态度,在质性描述的同时辅以学生的访谈数据,回答研究问题。

13.4 结果与讨论

本节具体分析和讨论因子 1 和因子 2 的 28 名参与者的多语学习动机和态度。以下先讨论两组共性,再分别讨论两组差异。

13.4.1 两组动机的共性

表 13-2 列出了两组学习者都同意或都不同意的陈述和各个陈述对应的 Z 值。不难看出,两组学生因为都是外语专业学生,所以他们不接受外语学习上的失败(陈述 33)。同时,他们普遍认同全球化蕴含的多语和多元文化,不同程度地认为仅有一种英语并不足够(陈述 38),也期望成为多语者(陈述 37),说明他们都具有一定程度的"多语理想自我"。这种动机也解释了为什么他们自愿选择高强度的西班牙语课程,对西班牙语学习投入精力。就西班牙语动机而言,他们都喜欢西班牙语课,表明良好的三语学习体验。然而,他们都不希望变成西班牙人或拉美人,说明传统意义的"融合型"西语学习动机并不适合这个群体,有必要进一步探究他们的英西双语学习动机。

表 13-2 两组均同意与均不同意的陈述和对应 Z 值

	陈述	因子 1 英语工具动机	因子 2 多元文化动机
都同意	24. 我很喜欢我的西班牙语课。	5	6
	35. 我很羡慕会讲好几种外语的人。	4	3
	37. 这个世界需要很多种不同的语言,而不应该只有一种英语。	4	4
都不同意	53. 我希望将来能变得像西班牙或拉美人一样。	−5	−4
	38. 因为英语是世界通用语,所以学外语只要把英语学好就足够了。	−4	−6
	33. 我在学习英语遇到困难时,我会安慰自己:"没关系,学不好外语也没事儿。"	−5	−4

无论是因子 1 还是因子 2 的学生,都在访谈中表达"仅有英语不够"的观点,例如 Q20(因子 1)说:"我是英语专业的,现在只会英语真的不行,觉得必须多学一门东西,感觉西语会比较实用。"Q34(因子 2)说:"光学好英语肯定是不行的,西语以后肯定会有用。"

13.4.2　因子 1:英语工具动机

分析结果表明,19 名学习者可归类为因子 1。表 13-3 归纳了他们最同意和最不同意的陈述(Z 值为+6、+5、-6、-5 的陈述):

表 13-3　因子 1 的动机态度描述

	最同意		最不同意
+6	5. 我认为将来我会一直继续我的英语学习。 16. 我必须把英语学好,否则会影响我的绩点。	-6	19. 我必须把西班牙语学好,否则将来找不到好工作。 33. 我在学习英语遇到困难时,我会安慰自己:"没关系,学不好外语也没事。"
+5	24. 我很喜欢我的西班牙语课。 48. 我喜欢看英美国家的文化产品(例如音乐、电视剧或者电影)。 55. 我希望有朝一日去英美国家交流或生活。	-5	2. 我愿意投入最多的精力来学习西班牙语。 8. 我先把时间分配给西班牙语,剩余的时间来学习英语。 53. 我希望将来能变得像西班牙或拉美人一样。

这组学生虽然有良好的西班牙语学习体验(陈述 24),但是仍然将英语学习置于优先地位。他们有意愿一直坚持学习英语,对英美国家文化有兴趣,也希望能够去英美国家交流(陈述 5、48、55)。同时他们将英语学习和自己的大学成绩紧密结合(陈述 16),不允许自己在英语学习中失败(陈述 33)。他们并不认为西班牙与自己的未来发展有太大关系(陈述 19),缺乏西班牙语的"融合型"动机(陈述 53),所以在时间分配上优先考虑英语(陈述 8)。我们挑选了在因子 1 中负荷值最高的学生(即该类动机的代表性学生)的访谈数据,侧面证明这些观点:

Q16:我平时学习上花在英语的时间肯定要多于西语。我花这么多时间和精力学英语就是为了能取得好的绩点,这对我以后肯定有好处。西语的话,我把它看作二外,没有专业课那么重要。不过还是很喜欢西语的,只是在心理上,英语更加重要一些,毕竟专业课成绩是不能忽视的。

　　Q35:我平时每天花在英语上两到三个小时,西语的话一个小时,毕竟我是英语专业的学生,英语的学习任务是首要的。我觉得大学期间学语言的话,主要是和绩点挂钩,毕竟绩点会影响以后出国。我想多学一门语言是因为光有英语不够,我以后主要想从商,感觉多一门语言有点优势。

　　对以上两名学生的访谈表明,语言学习和他们的成绩联系紧密,英语专业学生的身份认同催生了他们的责任感(即应该二语自我),他们认为必须将大部分精力投入英语学习,在双外语学习过程中英语占主导位置。当然,正如以上 Q35 同学所说,他们也意识到了只有英语不够,所以主动选择学习西语,表明初步具有"多语理想自我",但是学习英语的工具型动机抑制了学习西语的文化动机,体现出英语和西语在多语学习者动机系统中的相互竞争。

13.4.3　因子 2:多元文化动机

　　9 名学生可归类在因子 2,表 13-4 归纳了他们最同意和最不同意的陈述(Z 值为+6、+5、-6 和-5 的陈述)。

表 13-4　因子 2 的动机态度描述

	最同意		最不同意
+6	24. 我很喜欢我的西班牙语课。 43. 我觉得西班牙语是一种很吸引人的语言。	-6	38. 因为英语是世界通用语,所以学外语只要把英语学好就足够了。 44. 我选西班牙语是觉得这门语言比较简单。
+5	10. 我能够想象在未来的某一种工作(或学习、生活)场景中我流利地使用英语。 54. 我认为学习一门外语需要了解这个国家的文化和生活。 56. 我希望有朝一日能去西班牙语或拉丁美洲交流或生活。	-5	20. 因为我英语不错,所以将来我西班牙语不好也没关系。 32. 我在学习西班牙语遇到困难时,我会安慰自己:"没关系,反正还可以用英语。" 33. 我在学习英语遇到困难时,我会安慰自己:"没关系,学不好外语也没事儿。"

和第一组"英语工具动机"不同,这组学生具有英语理想自我(陈述10),却并不和绩点挂钩,更倾向于为了文化的原因学习外语(陈述54)。他们具有良好的西语学习体验(陈述24),选择西语更多的是出于对语言和文化的兴趣(陈述43、44、56)。他们并不否认英语的重要性(陈述33),但同时强调多元语言观,不同意只有英语就足够(陈述20、38),也不认为英语能力可以替代西班牙语能力(陈述32)。以下选取了因子2负荷值最高的学生访谈数据补充:

Q21:世界并不光是英语的世界,世界是各国各民族的世界,不应该只有一门语言或一种文化。尽管现在英语作为通用语有非常重要的地位,但我还是有学习更多语言、了解更多文化的愿望。如果将来有机会的话,我愿意去西语国家生活、学习、工作。

Q31:我也没有特别在意我的英语或者西语学习成绩,我还是希望自己的语言能力真正得到提高。现在学习英语真的蛮局限的,我希望自己技能再多一些。

Q34:我很喜欢西语文化,我是马德里竞技的铁粉,我自己也是学校的女足队员,所以之前就很想学西语,虽然对这门语言我的了解并不算多。光学好英语肯定是不行的,西语以后肯定会有用的。如果有机会,我不仅想去西班牙,还想去拉美待上一阵,体验当地社会文化,肯定很有意思。

对以上3名学生的访谈体现出这些学习者并不特别在意与绩点密切相关的工具型学习动机,而是更强调多语学习附带的多元文化性,而且都表达了要去西语地区体验当地社会文化。但是值得注意的是,正如第4节所述,在陈述53"我希望将来能变得像西班牙或拉美人一样"上他们持否定态度(Z值为-4),说明他们并不具有典型的西语学习融合型动机,学习西语更多是因为希望在英语能力之上拓展自己的语言技能,实现一种多语自我的愿景。

13.4.4 讨论

根据以上结果,我们可以绘制出英语专业学生选择学习第三语言西班牙语的两类动机特征(见图13-2)。

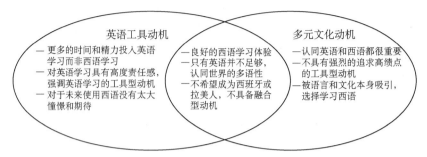

图 13-2　英语专业学生学习西班牙语的双外语动机分类

针对第一个研究问题，英语专业学生在已有英语能力之后学习第二外语西班牙语的动机主要来源于他们对当今世界提倡的多元文化和多语制的认同，特别是他们普遍认同当今世界仅有英语能力是不够的。这点结果并不符合欧洲以往研究中"英语足够"的想法（Cabau-Lampa，2007；Henry，2010，2011），相反却支持了在亚洲地区对三语学习的研究结果（Huang et al.，2015；Siridetkoon & Dewaele，2017）。这说明欧洲语境和亚洲语境并不相同，也从侧面说明英语在中国教育体制中占有的主导性地位为学生打下英语基础的同时也催生了学生对学习其他语言的渴望。

我们发现参与者呈现出两种不同的学习动机。第一组学生强调英语的工具型动机，尤其重视自己的绩点。我们又深入研究这组学生的访谈，发现他们对西班牙语学习同样折射出工具型倾向，比方说 Q20 提出"只会英语真的不行，觉得必须多学一门东西，感觉西语会比较实用"，Q35 表示"我想多学一门语言是因为光有英语不够，我以后主要想从商，感觉多一门语言有点优势"。可见，在他们心中语言学习是为了"更为实用性的目的与目标"（Gardner，2001）。这也和以往对亚洲学生英语学习多为工具型动机的研究结果相符（Warden & Lin，2000；Lamb，2004）。

相反，第二组学生并不避讳"学习西语可能将来有用"这样的话语，但和第一组最大区别在于他们对"当地文化"的兴趣，学习西班牙语是为了更多的文化接触。如果说学习英语主要是因为教育体制的要求，那么自主选择西语则更为了扩充自身语言库存（linguistic repertoire），更符合"语言多元能力"（linguistic multi-competence，Ushioda，2017）框架下对多语学习动机的论述。尽管他们并无意愿"融入"目标语社区，但是他们愿意让另一种文化的因素进入自己的生命空间,即"有意愿让自身的行为、语言和文化积累变得更为丰富"(Ushioda,2017：475)。从另一角度讲,"融合型"动机依旧对应的是单一目标语,难脱"单语主义偏见"的窠臼。本研究中学习者在多语学习中体现出的"多元文化动机",从一定程度上超越了单一语种的目标,体现出"超语""超文化"(Ushioda,2017)特征,这说明多语学习并非若干个单语的简单叠加,而是更强调全面建构的多语学习自我意识。

针对第二个问题,我们认为英语和其他语种的关系取决于学习者对语言学习本质的态度。当学生进行多语学习的时候如有工具型倾向,那么英语的工具型动机远远大于其他语言,英语或许对其他语言产生抑制作用。正如本研究第一类学习动机,学习者大多把时间精力分配给与绩点结合更紧密的英语学习,而非更能实现其多语理想自我的西语学习。相反,第二类学习动机更强调多元文化和多语互融,英语变成催化剂,催生出多学一门语言、丰富文化积累的动机。

13.5 结语

本章聚焦中国高校英语专业学生学习西班牙语的双外语学习动机,采用创新的 Q 方法,挖掘出两类不同的动机类型——英语工具型和多元文化型。我们基于数据对两种动机类型进行了深入探讨。多元文化型动机和传统的"融合型"动机有相似之处,但是超越了后者的单语主义倾向,更强调多种语言在学习者动机系统中的整体建构性,在一定程度上丰富了多语学习动机的理论视角。此外,Q方法作为一种衔接量化研究和质性研究的方法,为本研究挖掘出具有代表性的数据,在今后以参与者主体意识为研究对象的实证研究中可进一步推广。本研究对于中国学生的双外语学习动机的讨论也从一个侧面为我们提供了中国语境下大学生学习非英语外语的第一手资料,为我们了解"一带一路"背景下中国培养"复语型"外语人才所面临的现实情况提供了信息。

本文试图衔接微观个体的外语学习和宏观层面的外语教育规划,从大学生双外语动机研究的切入点出发,探讨中国大学生进行双外语学习的具体特点。在本研究中无论是第一类"强调英语学习的工具型动机"的学习者还是第二类"多元文化动机"的学习者都强调英语学习的重要性,也都阐明了对其他外语学习的渴望,且这种渴望与语言本身的应用性和语言背后的文化环境息息相关。这对高校课程规划和设置有重要启示。英语作为国际通用语的地位固然不容忽视,但大学英语教学应向"通用英语＋"型转变(王守仁,2016),在重视英语教学之外,还应鼓励双外语和多外语教学,为学生提供多种外语选择。在教授第二外语过程中,除了夯实语言基本技能,更应为学生提供与语言相关的文化历史等人文课程,以文化体验促语言进步,以语言沟通推文化融入。从外语教师方面来看,尤其是对非英语的其他外语教师来说,应该首先清楚国家的外语人才需求方向,并认识到学习者的外语动机和目标,从超语、超文化身份建构的角度激励学生,而非一味使用工具型动机激励策略。同时,创造更多的课内课外机会,增加外语的可及性(何冰艳,2018),让学生充分了解和使用语言,感受语言背后的文化,激发学生对语言的渴望,并引导其将自身语言渴望与国家社会需求相结合,培养其成为走在国家需求前线的综合"复语型"人才,推动公共外语教学改革的成功实施。

由于本研究的样本量较小,且 Q 方法在语言学习研究中尚较少使用,认同度不足,本研究结论的可推广性需要后续大样本的量化研究进一步核实。

参考文献

Adesope, O., T. Lavin, T. Thompson & C. Ungerleide. (2010). A systematic review and meta- analysis of the cognitive correlates of bilingualism. *Review of Educational Research* 80(2): 207-245.

Boo, Z., Z. Dörnyei & S. Ryan. (2015). L2 motivation research 2005-2014: Understanding a publication surge and a changing landscape. *System* 55: 145-157.

Cabau-Lampa, B. (2007). Mother tongue plus two European languages in Sweden: Unrealisitc educational goal? *Language Policy* 6: 333-358.

Cenoz, J. & D. Gorter. (2011). Focus on multilingualism: A study of trilingual writing. *The Modern Language Journal* 95: 356-369.

Csizér, K. & Z. Dörnyei. (2005). Languagelearners' motivational profiles and their motivated learning behavior. *Language Learning* 55(4): 613-659.

Csizér, K. & G. Lukács. (2010). The comparative analysis of motivation, attitudes and selves: The case of English and German in Hungary. *System* 38(1): 1-13.

Dörnyei, Z. (2005). *The Psychology of the Language Learner: Individual Differences in*

Second Language Acquisition. Mahwah, NJ: Lawrence Erlbaum.

Dörnyei, Z. (2009). The L2 motivational self system. In Z. Dörnyei & E. Ushioda (eds.). *Motivation, Language Identity and the L2 Self*. Bristol: Multilingual Matters: 9-42.

Dörnyei, Z. & A. Al-Hoorie. (2017). The motivational foundation of learning languages other than Global English: Theoretical issues and research directions. *Modern Language Journal* 101(3): 455-468.

Dörnyei, Z., K. Csizér & N. Németh. (2006). *Motivation, Language Attitudes and Globalization: A Hungarian Perspective*. Clevedon: Multilingual Matters.

Gardner, R. C. (1985). *Social Psychology and Second Language Learning: The Role of Attitudes and Motivation*. London, England: Edward Arnold.

Gardner, R. C. (2001). Integrative motivation and second language acquisition. In Z. Dörnyei & R. Schmidt (eds.). *Motivation and Second Language Acquisition* (Vol. Tec. Rep. No. 23). Honolulu, HI: University of Hawai'i, Second Language Teaching and Curriculum Center: 1-19.

Graddol, D. (2006). *English Next: Why Global English Can Mean the End of English as a Foreign Language*. London: British Council.

Graddol, D. (2010). Will Chinese take over from English as the world's most important language? *English Today* 26(4): 3-4.

Henry, A. (2010). Contexts of possiblity in simultaneous language learning: Using the L2 Motivational Self System to assess the impact of global English. *Journal of Multilingual and Multicultural Development* 31(2): 149-162.

Henry, A. (2011). Examining the impact of L2 English on L3 selves: A case study. *International Journal of Multilingualism* 8(3): 235-255.

Henry, A. (2017). L2 motivation and multilingual identities. *Modern Language Journal* 101(3): 548-565.

Huang, H. T., C. C. Hsu & S. W. Chen. (2015). Identification with social role obligations, possible selves, and L2 motivation in foreign language learning. *System* 51: 28-38.

Irie, K. & S. Ryan. (2015). Study abroad and the dynamics of change in learner L2 self-concept. In Z. Dörnyei, P. D. MacIntyre & A. Henry (eds.). *Motivational Dynamics in Language Learning*. Bristol: Multilingual Matters: 343-367.

Lamb, M. (2004). Integrative motivation in a globalizing world. *System* 32: 3-19.

Lei, L. & D. Liu. (2019). Research trends in applied linguistics from 2005 to 2016: A bibliometric analysis and its implications. *Applied Linguistics* 4(3): 540-561.

Lo Bianco, J. (2002). Domesticating the foreign: Globalization's effects on the place/s of second language: The Japanese EFL context. *Modern Language Journal* 86: 54-66.

曹洪霞,俞希.(2009).日英、俄英双语专业学生英语学习观念调查.《外语界》5:33-41.

戴炜栋,王栋.(2002).一项有关英语专业学生语言学习观念的调查分析.《外语界》5:24-29.

高一虹,程英,赵媛,周燕.(2003).《中国大学生英语学习社会心理:学习动机与自我认同研究》.北京:外语教学与研究出版社.

高一虹,赵媛,程英,周燕.(2002).大学本科生英语学习动机类型与自我认同变化的关系.《国外外语教学》4:18-24.

何冰艳.(2018).从DST看二语习得的多语转向.《外国语文》34(3):91-98.

李炯英,刘鹏辉.(2015).我国外语学习动机研究:回顾与思考(2004—2013).《外语界》2:34-43.

李宇明.(2016).语言竞争试说.《外语教学与研究》48(2):212-225.

沈骑.(2015)."一带一路"倡议下国家外语能力建设的战略转型.《云南师范大学学报(哲学社会科学版)》5:9-13.

王守仁.(2016).谈中国英语教育的转型.《外国语》39(3):2-4.

王欣,戴炜栋.(2015).基于"二语动机自我系统"理论的二语动机策略实证研究.《外语教学》36(6):48-52.

文秋芳.(2001).英语学习者动机、观念、策略的变化规律与特点.《外语教学与研究》3:105-110.

赵绩竹,李守石.(2014).大学生外语学习动机的实证分析及启示——以英语专业二外学习动机为例.《外语研究》2:40-45.

周燕,高一虹,臧青.(2011).大学高年级阶段英语学习动机的发展——对五所高校学生的跟踪调研.《外语教学与研究》43(2):251-260.

重要术语中英对照

§

《世界语言战略》	World Language
《公共教育法》	Public Education Act
《国家核心课程》	National Core Curriculum
《高等教育和科学法》	Law on Higher Education and Science
中东欧	Central and Eastern Europe
中东欧国家	Central and Eastern European Countries
中介语结构一致性假说	Interlanguage Structural Conformity Hypothesis,ISCH
二语自我动机系统	L2 Motivational Self System,L2MSS
全英文学位课程	English Medium Instruction,EMI
公选课教育	liberal education
分组教学	team teaching
功能整体性观点	holistic view
动态双语制	Dynamic Bilingualism
动态多语模型	Dynamic Model of Multilingualism
动态系统理论	Dynamic Systems Theory
双层语言	diglossia
双语整体观	wholistic view of bilingualism
嗓音起始时间	voice onset time
增润课程	enhancement program
多语制	multilingualism

多语因素	multilingualism factor
多元能力	multi-competence
多语库存	multilingual repertoire
多语教育	multilingual education
学科英语课程	English-in-discipline courses
守门员	gate-keeper
对比分析假说	The Contrastive Analysis Hypothesis
平行语言使用政策	parallel language use
应该二语自我	Ought-to L2 Self
持阻阶段声带振动或带音性	prevoicing
教学超语实践	Pedagogical Translanguaging
整体语言库存	whole linguisitic repertoire
新自由主义	Neoliberalism
服务学习	service learning
术语缺失	Domain Loss
标记性	markedness
标记性差异假说	Markedness Differential Hypothesis
核心课程	core curriculum
欧洲高等教育质量保证协会	European Association for Quality Assurance in Higher Education
澳门圣保禄学院	College of St. Paul of Macao
理想二语自我	Ideal L2 Self
相似性差别率假说	Similarity Different Rate Hypothesis
瞬时多语社区	transient multilingual community
第三语言习得	Third Language Acquisition
第二语言习得	Second Language Acquisition
等价分类	equivalence classification
精进教育	gateway education
联合增长项	connected growers
聚焦多语制	Focus on Multilingualism

英语作为教学媒介语	English as Medium of Instruction，EMI
英语及其他语言中心	Centre for English and Additional Languages
英语友好课程	English friendly course
范畴感知	categorical perception
言语学习模型	Speech Learning Model
语文教育中心	Center for Language Education
语码转换	code-switching
语言信念	language belief
语言处理	languaging
语言多元能力	linguistic multi-competence
语言实践	language practice
语言市场	linguistic market
语言干扰	language interference
语言库存	linguistic repertoire
语言接触	language contact
语言管理	language management
语言管理框架	Model of Language Policy
语言系统	language system
语言纯粹主义	Linguistic Purism
语言维持	language maintenance
语言边界模糊化	softening boundaries between languages
语言迁移	language transfer
超语实践	translanguaging
辅修项目	minor program
除阻后的送气性	aspiration
顶尖全球化大学计划	Top Global University Project，TGUP
高等教育教育国际化	International of Higher Education，IHE

图书在版编目(CIP)数据

高等教育国际化背景下的多语教育与复旦模式/郑咏滟,黄婷主编.—上海：复旦大学出版社,2024.5
ISBN 978-7-309-17310-9

Ⅰ.①高… Ⅱ.①郑… ②黄… Ⅲ.①外语教学-教学研究-高等学校 Ⅳ.①H09

中国国家版本馆 CIP 数据核字(2024)第 032537 号

高等教育国际化背景下的多语教育与复旦模式
郑咏滟　黄　婷　主编
责任编辑/唐　敏

复旦大学出版社有限公司出版发行
上海市国权路 579 号　邮编：200433
网址：fupnet@fudanpress.com　http://www.fudanpress.com
门市零售：86-21-65102580　团体订购：86-21-65104505
出版部电话：86-21-65642845
上海华业装潢印刷厂有限公司

开本 787 毫米×960 毫米　1/16　印张 18.5　字数 293 千字
2024 年 5 月第 1 版第 1 次印刷

ISBN 978-7-309-17310-9/H·3344
定价：48.00 元

如有印装质量问题,请向复旦大学出版社有限公司出版部调换。
版权所有　　侵权必究